Das Leben ist zu kurz für lange Arme

Matze Lawin

Das Leben ist zu kurz für lange Arme

Empowerment zur radikalen Selbstakzeptanz

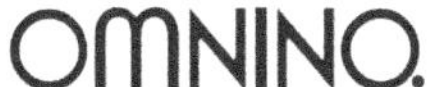

Impressum

Bibliografische Informationen der Deutschen Nationalbibliothek
Die Deutsche Nationalbibliothek verzeichnet diese Publikation in der Deutschen Nationalbibliografie; detaillierte bibliografische Daten sind im Internet über http://dnb.d-nb.de abrufbar.

ISBN: 978-3-95894-274-5 (Print)

Inhalt

Umwege

erhöhen die Ortskenntnis

Per Anhalter zum Orient

Endlich Sommer. Das Abitur am Gymnasium in Bad Oeynhausen mit Ach und Krach geschafft. Der Notendurchschnitt reicht lediglich dafür aus, mich an der Pädagogischen Hochschule in Göttingen im Fachbereich Behindertenpädagogik einzuschreiben. Nach all den Klausuren und Prüfungen der letzten Monate packt mich das Fernweh. Also will ich den lang gehegten Wunsch verwirklichen, allein auf Reisen zu gehen. Mit schmalem Budget werde ich per Anhalter für maximal drei Monate Griechenland und die Türkei erkunden.

Nur wenige Tage nach Ausgabe der Zeugnisse stehe ich an einer Autobahnauffahrt kurz vor Bielefeld und trampe in Richtung Süden. Die ersten Tage sind wir noch zu zweit. Mein bester Freund Schmiddy will seine Eltern auf einem Campingplatz an der kroatischen Adriaküste besuchen. Also werden wir einen Teil der Strecke gemeinsam bewältigen. Das Vorankommen per Autostopp sind wir gewohnt, kommen wir doch vom Dorf und besitzen beide keinen motorisierten Untersatz. Die langen Wartezeiten auf die nächste Mitfahrgelegenheit am Straßenrand überbrücken wir mit Musik. Abwechselnd summt einer von uns die Melodie eines Liedes, die der andere in Sekundenbruchteilen erraten muss. In diesem Ratespiel kann uns keiner was vormachen, denn zu Hause dudeln die Dual-Plattenspieler unsere Schallplatten von Led Zeppelin, Jethro Tull, Supertramp und Genesis hoch und runter. Nach einem ausgeklügelten Punktesystem wird der Tagessieger ermittelt, und der Verlierer muss abends Bier holen. Derart verstreichen Stunden und Tage, doch irgendwie kommen wir nicht so richtig vom Fleck. Der Aufbruch in südliche Gefilde liegt nun schon drei Tage zurück, doch gegenwärtig hängen wir kurz vor Nürnberg fest. Diese Autobahnauffahrt ist wie verhext, denn niemand macht auch nur die Anstalten, uns einzusammeln. Den lieben langen Tag schon stehen wir uns die Beine in den Bauch. Meine Eltern nennen das einen Arbeitstag. Und so mache ich den Vorschlag, erst einmal eine Kleinigkeit zu essen. Ausgehungert hole ich den Gaskocher aus meinem Rucksack und setze eine passende Menge Trinkwasser auf. Ein kleines Tütensüppchen für den leeren Magen und zur Beruhigung der arg strapazierten Nerven. Der Topf vibriert, denn die Hühnersuppe köchelt bereits. Wie das duftet! Doch aus dem Nichts tritt Schmiddy mit voller Wucht gegen den Kochtopf. Das blanke Entsetzen steht mir ins Gesicht geschrieben. Blitzartig verteilt sich die Suppe in sämtliche Himmelsrichtungen. Wie in Zeitlupe schmieren die Mikronudeln unsere Rucksäcke herunter. Schmiddy rastet nun total aus: „Suppe! Andauernd deine Scheiß-Maggisuppen! Dabei hasse ich Tütensuppen wie die Pest. Hühnersuppe mit Nudeln, ich kotze gleich!“ Prompt will ich ihn mit dem Hinweis beruhigen, es wären ja noch zwei Tüten Tomatensuppe in Reserve, da ist er auch schon über alle Berge.

Ernüchtert hocke ich an der Autobahn und kratze unablässig die heiß geliebte und inzwischen abgekühlte Suppeneinlage von den Klamotten. Nach getaner Arbeit begebe ich mich auf die Suche nach meinem Kumpel. Überraschenderweise kommt der mir an der nahegelegenen Raststätte gut gelaunt entgegen. In seiner linken Hand hält er einen angebissenen Hamburger und mit der rechten einen Stapel Bierdosen in die Höhe. Ein Klaps von ihm auf meine Schulter und schon kramt er einen Cheeseburger aus seiner Umhängetasche heraus, den ich mit nur drei Bissen verschlinge. Entspannt legen wir uns auf die angrenzende Wiese, komponieren einen Tütensuppensong und leeren die Bierdosen. Zügig sorge ich für Nachschub, um bloß den Burgfrieden zu wahren. Die Nacht ist kühl, und am frühen Morgen beschließen wir bei einem starken Kaffee im Raststätten-Restaurant, das gemeinsame Trampen aufzugeben. Zwar suchen viele Autofahrer auf ihren langen Fahrten ein wenig Unterhaltung, aber gleich zwei zottelige Vagabunden sind des Guten dann doch wohl zu viel. Der Abschied fällt schwer, denn wir werden uns monatelang nicht mehr sehen.

Das ist wahre Freundschaft, denn Schmiddy gibt mir den Vortritt. Er hält sich so lange im Hintergrund auf, bis das erste Fahrzeug stoppt. Im weiteren Verlauf erfahre ich zum ersten Mal, wie es sich anfühlt, ganz auf mich allein gestellt zu sein. Und meine Tour nimmt richtig Fahrt auf. Wie auf Knopfdruck gelange ich von einem Auto ins nächste. Ehe ich mich versehe, stehe ich dreißig Stunden später im Hafen von Piräus, wo ich geradewegs ein Fährticket nach Mykonos löse.

Die Insel der Kykladen kannte ich bislang nur aus Funk und Fernsehen. Bei der Einfahrt in den durch eine kleine Bucht geschützten Hafen zeigt sich die Ägäis von ihrer schönsten Seite. Fischerboote und Yachten weisen der Fähre den Weg. Schon von Weitem richten oberhalb des Hauptortes drei Windmühlen ihre Flügel zum Himmel. Typisch für die griechische Bauweise, die schneeweißen flachen Steinhäuser mit ihren hellblauen Fensterrahmen.

Inmitten anderer Rucksacktouristen verbringe ich die erste Nacht am feuchten Stadtstrand im Hafen. Noch bevor die Sonne das Wandern unerträglich macht, gehen wir mit Sack und Pack zum Paradise Beach, der hinter einem Hügel versteckt liegt. Es bietet sich dort die Möglichkeit, entweder in nahegelegenen Hütten oder im Schlafsack am Strand zu übernachten. Verständlicherweise entscheidet sich mein Geldbeutel für die zweite Variante. In den Strandbars erklingt Reggae, und in einer lauschigen Taverne werden Suflaki und Retsina angeboten. Griechischer Wein – statt deutschem Bier! Anfangs macht dieser Strand seinem Namen noch alle Ehre, doch die zuerst überschaubare Schar an Reisenden entwickelt sich zunehmend zu einer Massenveranstaltung. Der Besucherstrom reißt nicht ab. Als glühender Verfechter der Hippie-Kultur und Lagerfeuerromantik will ich mich nach einer anderen Lokalität umsehen. Ein netter Kellner schwärmt von der Nachbarinsel Ikaria, wo er aufgewachsen ist. Seine Schilderungen machen auch mich neugierig. Laut griechischer Mythologie stürzte der tragische Held Ikarus nach seiner Flucht von Kreta dort ins Meer, da er der Sonne zu nah kam und die gewachsten Flügel im Fluge dahinschmolzen. Das klingt doch schon mal gut.

Mit nur einer Handvoll Leuten an Bord legt die Barke am Vormittag im Hafen von Agios Kirykos an. Umgeben von der tiefblauen Ägäis besticht die Ikaria durch eine karge Landschaft. Der lokale Inselbus fährt durch unwegsames Gelände auf die gegenüberliegende Seite. Er ist mit einer beträchtlichen Anzahl an Rucksackreisenden recht gut gefüllt, sodass scheinbar doch genügend andere Wind von dem Geheimtipp bekommen haben. Eine tattrige Frau mit einem Korb voller Gemüse ist zugestiegen und durchkämmt die Reihen nach einem Sitzplatz. Ohne zu zögern überlasse ich ihr den Fensterplatz. Dadurch stehe ich jetzt neben einem

Typen mit strähnigen Haaren. An seinem unverkennbaren Berliner Dialekt kann auch ein Landei wie icke ablesen, dass er aus Westberlin stammt. Mit coolem Outfit und lässig geschulterter Gitarre kommt er richtig gut rüber. Wir sind direkt im Gespräch und verblüfft, dass er nicht nur denselben Vornamen, sondern frecherweise auch denselben Spitznamen trägt wie ich. (Um euch Leser nicht gänzlich zu verwirren, nenne ich ihn von hier an „B-Matze". Klingt irgendwie nach der B-Seite einer abgedroschenen Schallplatte, ist ehrlich gesagt auch eine lyrische Retourkutsche! Sicherlich war es in den Folgejahren seiner großstädtischen Attitüde zuzuschreiben, doch in jenen Tagen unterzeichnete er die an mich gerichteten Dokumente keck mit der überheblichen Note „Der wahre Matze – die Nr. 1".)

Das kleine Dörfchen Armenistis verspricht, ein geeigneter Ort zum Abhängen zu sein. Dort angekommen, wird es immer abstruser, denn andere Mitreisende kommen zufälligerweise aus Göttingen, meinem zukünftigen Studienort. Spontan entscheiden wir uns dazu, gemeinsam nach einer Unterkunftsmöglichkeit zu suchen. Von der mit Weinreben bepflanzten Terrasse in Costas Taverne führt eine steile Treppe hinunter in eine abgelegene Bucht. Sofort erkennt der freundliche Inhaber die Zeichen der Zeit. Nur wenige von uns können sich eines der Zimmer leisten, die er vermietet. Die Clique erhält daher die Ausnahmegenehmigung, unterhalb des Hauptgebäudes die mitgebrachten Campingzelte aufzuschlagen. Das wird sich in diesem Fall auch für unseren Gastgeber lohnen, denn diese achtköpfige Gruppe ist seine lukrativste Kundschaft. Zum Frühstück serviert seine Frau den unvergleichlichen cremigen Joghurt. Mittags verwöhnen sie uns mit frischem Salat, Feta und Oliven aus eigener Ernte. Costas findet zwischendurch immer wieder Zeit, mir Tavli beizubringen, das in Griechenland populärste Gesellschaftsspiel. Dieses Brettspiel, in Deutschland als Backgammon bekannt, kann süchtig machen. Die Abende im Restaurant stehen im Zeichen von deftigen Gerichten, wie Moussaka und Bifteki, dazu wird selbst gebackenes Weißbrot und Tzaziki gereicht. An diesen Sommerabenden fließen alkoholische Getränke jeglicher Couleur in Strömen. In jeder Nacht finden ausschweifende Gelage statt, die selbst den griechischen Gottheiten allen Respekt abverlangen würden. An einer Tafel animiert B-Matze mit seiner Akustikgitarre alle zum Mitsingen, was uns noch enger zusammenrücken lässt. Kultige Liedermacher wie Hannes Wader oder Klaus Hoffmann gehören ebenso zum Repertoire wie die Westberliner Politband Ton Steine Scherben, von der ich zuvor nur ansatzweise gehört habe. Nach gut einer Woche sind wir eine verschworene Gemeinschaft. Unruhe kommt auf, als wir erfahren, dass am Tag zuvor in der Nachbarbucht deutsche Nackedeis von griechischen Dorfbewohnern mit Knüppeln vom Strand gejagt wurden. FKK ist im streng orthodoxen Griechenland ein Tabu. Dieser Vorfall spaltet uns und wirft die Frage auf, wie wir als Gruppe dazu stehen. Ein Teil vertritt die Meinung, darüber hinwegzusehen. Der andere aber meint, dass wir als Gäste des Landes deren Sitten und Gebräuche zu respektieren hätten. Am Ende entscheiden wir uns für die zweite Variante. So tragen wir weiterhin brav diese schlimmen knappen Badehöschen, die junge Männer Anfang der 80er-Jahre grazil zur Schau stellen. Doch das Intermezzo nähert sich langsam dem Ende, denn einige müssen nach Hause, andere wollen weiterziehen. Zum Abschied geben wir uns das Versprechen, den Faden in Göttingen wieder aufzunehmen.

Samos, eine von Kiefernwäldern und Olivenhainen bewachsene Insel im Osten, nicht weit vom türkischen Festland entfernt, ist mein Sprungbrett in die Türkei. So nah und doch so fern. Griechenland und die Türkei verbindet und trennt eine spannungsgeladene Geschichte.

Gleichwohl verläuft meine Einreise in die Türkei ohne Komplikationen. Hier lockt mich das Unbekannte. Nichts ist so, wie ich es von anderen Ländern her kenne. Im Vordergrund steht mit dem Islam eine mir nicht vertraute Weltreligion. Der Tagesablauf richtet sich nach den fünf Gebetsritualen, die zentraler Bestandteil des islamischen Glaubens sind. Zu Hause konnte ich einige türkische Gastarbeiter kennenlernen, mehr Berührungspunkte habe ich mit dieser Kultur nicht.

Über Pamukkale, Ephesos und Izmir, wo ich zum allerersten Mal an einer Wasserpfeife sauge, gelange ich in Siebenmeilenstiefeln an den Bosporus.

Die weltberühmte Metropole Istanbul, Nahtstelle zwischen dem europäischen und dem asiatischen Kontinent, ist atemberaubend. Hier öffnet sich nun auch für mich das Tor zum Orient. Nur ein Umstand trübt meine Stimmung, und das ist die Militärpräsenz. An einigen öffentlichen Plätzen zucke ich regelrecht zusammen, denn im Schatten der Gebäude formieren sich Soldaten mit Maschinengewehren im Anschlag. Wie konnte der unbeleckte Jüngling vom Dorf auch erahnen, dass sich das türkische Militär bereits vor Jahren an die Macht geputscht hat? In diesem Belagerungszustand findet anhaltend eine großangelegte „Säuberungsaktion" statt, um politische Gegner mundtot zu machen oder zu inhaftieren. Die Militärregierung will konservative Werte gesamtgesellschaftlich wieder mehr in den Vordergrund stellen. Westliche

Touristen sind dem Regime in diesen Tagen ein Dorn im Auge. Auf dem sonst so belebten Taksimplatz wimmelt es nur so von Militärpolizei und zwielichtigen Gestalten, sodass ich den ersten Abend vorsichtshalber im Hotel bleibe. Mit Händen und Füßen teilt mir der Hotelbesitzer mit, dass es ohnehin eine nächtliche Ausgangssperre gebe. Zweifellos geschockt über derartige Zustände muss ich mich neu orientieren.

Die Hagia Sophia wurde in einer Zeit erbaut, als Istanbul gerade erst Konstantinopel hieß und christlich geprägt war. Unter ihrer monumentalen Kuppel vereint sich zurzeit sowohl der christliche als auch der islamische Glaube. Ob diese religiöse Offenheit unter der jetzigen Regierung auch zukünftig praktiziert wird, würde ich bei dem Machtapparat glatt in Zweifel ziehen. Istanbul ist zauberhaft und verstörend zugleich. Auf der einen Seite pompöse Prachtbauten. Auf der anderen ein chaotischer Straßenverkehr mit einer Abgasquote, die ihresgleichen sucht. Im europäischen Teil der Stadt geht es moderat zu. Im asiatischen hingegen herrscht ein unüberschaubares Getümmel verschiedenster Herkünfte. Zwischen orientalischen Lampions und verschiedenfarbig bestickten Kleidungsstücken feilsche ich auf dem Großen Basar um jenes Brettspiel, das mir schon in Griechenland aufregende Stunden bereitet hat. In der Türkei nennt man es Tavla, und auch hier erfreut es sich größter Beliebtheit. Dies ist handgefertigt und hat eine Größe, die für meinen Rucksack eine echte Herausforderung darstellt. Aus Sicherheitsgründen riet man mir zwar davon ab, den Teil Istanbuls zu besuchen, doch die Menschen hier sind freundlich. Als distanzlos erlebe ich nur diejenigen, die mich im Gemenge betatschen. Sowohl meine schulterlangen Haare als auch die Kleidung fallen den

Leuten negativ auf. Einige von ihnen können partout nicht begreifen, warum jemand aus Deutschland mit so gammeligen Klamotten herumläuft. Auffällig meine lila Latzhose mit dem Peace-Zeichen auf der Brust, die für manches Kopfschütteln sorgt. Auf meine Frage, wo es denn zum Gewürzbasar geht, weist mir ein wild gestikulierender Händler in gebrochenem Deutsch wie folgt den Weg: „Immer der Nase nach!" Recht hat er, doch dort eingetrudelt, verliere ich endgültig die Orientierung. Berge von Gewürzen, Trockenfrüchten und Süßigkeiten aller Art lassen die Verkaufsstände dieses überdimensionierten Feinkostladens schier überquellen. Sonderbare Gerüche, wie ich sie noch nie vorher wahrgenommen habe, betäuben mich regelrecht. Kein Wunder, dass diese Spezialitäten aus 1.001 Nacht bereits vor Hunderten von Jahren, nach ihrer beschwerlichen Reise über die Seidenstraße, bei den Gourmets westlicher Feinschmeckerküchen für wahre Begeisterungsstürme gesorgt haben. Überwältigt von der kulinarischen Vielfalt stille auch ich endlich meinen Hunger, mit einem Döner Kebab.

Es ist mein 20. Geburtstag. An diesem 9. September 1981 sitze ich in einem Café am Taksimplatz und schmiede Pläne. Mein erklärtes Ziel ist, die authentische Türkei kennenzulernen, was immer ich auch darunter verstehen mag. Die touristische Westküste und die Millionenstadt Istanbul repräsentieren bei Weitem nicht das gesamte Land. Darüber hinaus erfahre ich, dass sich das Militär in ländlichem Gebiet mehr im Hintergrund hält. Zur Feier des Tages bestelle ich mir einen Mokka. Es kommt einer Zeremonie gleich, als der Kellner mir den türkischen Kaffee einschenkt. Er hält eine kupferfarbene Messingkanne mit langem Stiel in der Hand und gießt ihn aus beachtlicher Höhe so langsam ein, bis sich in der kleinen Tasse eine Schaumkrone bildet. Eine vergleichbare Prozedur kenne ich bisher nur von der Bierzapfanlage in der Gastwirtschaft meiner Eltern, wo gesteigerter Wert auf eine feste Schaumkrone gelegt wird. Der süße konzentrierte Kaffeegeschmack ist eine Delikatesse. Am Nachbartisch hat inzwischen ein verwegener Zeitgenosse Platz genommen. Die endlos scheinende Haarpracht reicht ihm bis an die zerschlissene Jeans. In dieser stockkonservativen Gesellschaft kommt sein Äußeres einer Kulturrevolution gleich. Wenig später treffen sich unsere Blicke. Er spricht mich auf Deutsch an und macht den Vorschlag, sich zu mir zu setzen. Kurzes Zögern, dann willige ich ein. Jan ist genau wie ich per Anhalter auf Tour. Das trifft sich gut, denn wir sind uns auf Anhieb sympathisch. Nach stundenlangem Geplauder verständigen wir uns darauf, ab morgen gemeinsam die Türkei zu bereisen. Das kann ja heiter werden, wenn sich zwei Typen wie wir auf den Weg machen, den Mysterien dieses Landes auf den Grund zu gehen.

Mit öffentlichen Nahverkehrsmitteln fahren wir am frühen Morgen an den südlichen Stadtrand Istanbuls. An einer Ausfallstraße hält Jan seinen Daumen in den Wind. Oft winken uns die Vorbeifahrenden zu, und vielfach erwidern wir ihren Gruß. Irritiert zuckeln sie an uns vorbei und fragen sich sicherlich, warum wir da am Straßenrand herumlungern. Mit dem ersten Auto, das mit quietschenden Reifen anhält, landen wir direkt einen Volltreffer. Auf einen Schlag überbrücken wir gleich 200 Kilometer in südliche Richtung. Es ist reine Neugierde, die Turan dazu veranlasst hat, uns aufzugabeln. Zig Fragen prasseln auf uns ein, denn so wie er kennt hier fast jeder irgendjemanden, der in Deutschland arbeitet. Derlei Smalltalk zieht sich durch die nächsten

Wochen: „Mein Onkel fünf Jahre Frankfurt, Deutschland viel gut.“ Noch während diese Worte seinen Mund verlassen, blinzelt so mancher Goldzahn unter der arg ramponierten Sonnenbrille. In dieser patriarchalen Gesellschaft sprechen uns allein Männer an. Frauen gehen uns konsequent aus dem Weg. Auch wenn wir sie nicht sehen können, aber oft hören wir ihr Kichern hinter maroden Holzbaracken. Vor allem Jans Haarpracht ist ein Knaller, denn die türkischen Männer tragen unisono kurze pechschwarze Haare und Oberlippenbart. Fast überall begegnet man uns mit einer Gastfreundschaft, wie wir sie von zu Hause aus nicht gewohnt sind. Auf den langen Fahrten lerne ich Türkisch, um die wichtigsten Belange regeln zu können. In den Teehäusern spielen wir Tavla, auch wenn dies nicht Jans Lieblingsdisziplin ist.

Gleich hinter Konya, einer kleinen Provinzstadt Zentralanatoliens, liegen wir ohne Sonnenschutz zwischen Möbeln auf der Ladefläche eines Kipplasters in Richtung Beyşehir. Der Ort liegt am See und verspricht eine Verschnaufpause. Doch weit gefehlt. Der Motor gibt nach drei Stunden seinen Geist auf, und der Fahrer verabschiedet sich unverrichteter Dinge in eine trostlose Steinwüste. Die Straßenverhältnisse sind so katastrophal, dass mit einem anderen Fahrzeug auf die Schnelle nicht zu rechnen ist. In der näheren Umgebung zeichnet sich nur karger Baumbestand und verdorrtes Weideland für Ziegen und Schafe ab. Hier sind wir verratzt. Das Gelände erkunden wir nach einem annehmbaren Übernachtungsplatz, wohl wissend, dass die Wetterverhältnisse in diesem Landesteil tückisch sind. Tagsüber kann es bis zu 40 Grad im Schatten haben und nachts empfindlich kühl werden. Gut, dass wir immer genügend Trinkwasser mit uns herumschleppen. Mit Einsetzen der Dämmerung erschreckt uns das Gebell von

Schäferhunden. Diese bewachen weit versprengte Herden und sind allem Anschein nach auf sich allein gestellt. In der Ferne heulen sie wie Wölfe. Aus herumliegenden Steinen wird hastig eine Feuerstelle zusammengeschustert. Wir sammeln das wenige Gestrüpp und verschlingen halb verhungert den restlichen Proviant am schützenden Lagerfeuer. In dieser Nacht ist es knackig kalt, sodass wir uns in meinen Schlafsack kuscheln, um uns gegenseitig zu wärmen. Jans nehmen wir als Zudecke, und dann sind wir nur noch hingerissen vom gigantischen Nachthimmel. Jan hat ein Semester lang Astronomie studiert. Er ist imstande, unterschiedliche Sternzeichen zu lokalisieren, sogar mein eigenes, die Jungfrau. Bei Sonnenaufgang wecken uns die unüberhörbaren Geräusche eines Traktors. Eilig packen wir die Sachen zusammen und machen dem Fahrer die aussichtslose Situation deutlich. Verstört über unsere Anwesenheit in der Einöde befördert er uns wortlos zur Polizeistation des nächstgelegenen Dorfes.

Es ist ein abbruchreifes Gebäude, in dem drei uniformierte Männer ihre Dienstzeit mit Tavlaspielen totschlagen. Für sie ist unsere Ankunft eine willkommene Abwechslung im tristen Polizeialltag. Wie sonst üblich wird uns auch hier umgehend schwarzer Tee serviert. Sogleich mache ich den Beamten verständlich, dass wir uns auf dem Weg nach Süden befinden. Das trifft sich gut, denn am nächsten Tag soll angeblich ein Lkw in diese Richtung fahren. So bekomme ich das zumindest mit, denn meine Türkischkenntnisse haben sich in den letzten Tagen erheblich verbessert. Einer von ihnen deutet auf die Pritschen der einzigen Gefängniszelle, die als Abstellraum für zwei abgetakelte Fahrräder herhält. Platz genug für die kommende Nacht, findet er, aber wir lehnen dankend ab. Das fehlt uns gerade noch. Abgesehen davon ist die Bude hier so dermaßen mit Zigarettenrauch verqualmt, dass uns sicherlich bald der Erstickungstod drohen würde. Dem scheußlichen Polizisten, der mir schräg gegenübersitzt, bleibt nicht verborgen, dass ich auf das Spielbrett in der Mitte des Raumes starre. Komm her, du Opfer, denkt Ali wohl, als er sich aufgeblasen emporhebt, um mich ohne Umschweife zu einem Duell aufzufordern.

Der olle Holzschemel ist in Bezug auf meine Körpergröße zwar nicht optimal, aber die Sitzposition sollte nicht im Vordergrund stehen. Offenkundig will er mich schnellstmöglich abfertigen, um danach mit seiner Belegschaft weiterzuspielen. Aber so einfach mache ich es ihm nicht. Keine zwanzig Minuten später schüttelt sich sein beleibter Körper, denn die Niederlage ist unvermeidlich. Der Ranghöchste im Raum, zumindest den Abzeichen auf seinem verschwitzten Hemd nach zu urteilen, betritt nun breitbeinig die Bühne. Unwirsch schiebt er seinen Kollegen beiseite. Gleich zu Beginn des Spiels zündet er sich eine erbärmlich stinkende Zigarette an, um mir fortan den beißenden Qualm in die Visage zu blasen. Sein arrogantes Gehabe vergeht ihm jedoch recht schnell, denn auch er zieht den Kürzeren. Allmählich kippt die Stimmung, und die Polizisten reagieren zunehmend aggressiv. Auch Jan ist eine innerliche Anspannung anzumerken. Er raunt mich an, ich solle freiwillig verlieren. Doch so leicht ist diese hochexplosive Stimmungslage nicht zu entschärfen. Momentan wirken höhere Kräfte im Spiel, denn es geht ausschließlich um die Ehre. Da der Dritte im Bunde das Spiel vermutlich nicht beherrscht, greift er unruhig zum Telefonhörer, um Verstärkung zu holen. Er signalisiert mir, noch ein wenig Geduld aufzubringen. Ein zweiter Tee wird uns allerdings nicht mehr angeboten. Der penetrante Schweißgeruch raubt uns den Atem, dennoch bin ich die Ruhe selbst. Jan hingegen ist das genaue Gegenteil. Wie ein Tiger im Käfig schreitet er den Raum auf und ab. Immer am Rande der Gefängniszelle. Für einen gewissen Zeitraum herrscht Totenstille, bis die Haustür aufgeht. Ein schlaksiger Mann, der soeben sein Mofa vorm Haus abgestellt hat, scheint der Heilsbringer zu sein. Höchstwahrscheinlich hat man ihn in Alarmbereitschaft versetzt, um nicht noch einen weiteren Nackenschlag zu erleiden. Obwohl ich Jans Bedenken nachvollziehen kann, gebe ich mir auch im letzten Spiel keinerlei Blöße. Der herbeigerufene Mofafahrer verliert nicht nur das Spiel, sondern vollends die Kontrolle. Sein Wutausbruch lässt das Spielbrett samt allen Spielsteinen in hohem Bogen durch den Raum fliegen. Wie ein Damoklesschwert schwebt die Aussicht auf tagelangen Knast über uns, nur weil ich mein Ego nicht in den Griff bekommen habe. Die Polizisten jedoch haben andere Sorgen, denn sie sind hinlänglich damit beschäftigt, sich gegenseitig die Schuld zuzuschieben. In diesem Taumel kommt ein weiterer Mann in Uniform daher, der uns rigide nach draußen bugsiert. Gerade noch rechtzeitig, da unterdessen Teile des Mobiliars an den Wänden der Polizeistation zerschellen. Zur Strafe vermittelt man uns die schäbigste Kaschemme Zentralanatoliens, ein Raum ohne Fenster und Bad. Aus lauter Verzweiflung pinkeln wir an einen Dornenbusch und verbarrikadieren die Zimmertür mit einer Kommode. Die Pritschen sind widerlich und die Wände verschimmelt.

Wie aus heiterem Himmel will Jan in dieser Nacht mit mir Sex haben. Ich traue meinen Ohren nicht. Völlig entgeistert starre ich ihn an. Mit allem hätte ich gerechnet, doch nicht damit, dass er sich in mich verliebt hat. Allerdings bin ich ein wenig verwundert über sein Timing. An jedem anderen

Ort auf diesem Planeten würde ich Intimitäten austauschen wollen, nur nicht in diesem Drecksloch. Aufrichtig akzeptiert er, dass mich diese Umstände schlichtweg überfordern. An Schlaf ist in dem Gemäuer eh nicht zu denken, und so führen wir ein klärendes Gespräch. Darin unterbreite ich ihm, dass es mich ausnahmslos zum anderen Geschlecht zieht. Trotz dieser atmosphärischen Störung gibt es keinerlei Diskrepanzen. Einvernehmlich wird das unbefangene Miteinander fortgesetzt. Wir kommen etappenweise voran. Die eingeschlagene Reiseroute führt an die Südküste nach Mersin, wo uns Mustafa über den Weg läuft. Sein Deutsch ist, dafür, dass er nur ein Jahr lang in Bochum gearbeitet hat, mehr als nur passabel. Offenbar genießt er es, seine Gastfreundschaft mit einer Stadtführung zu untermauern. Die Einladung in die nächstbeste Teestube erfolgt erwartungsgemäß, und in der überfüllten Örtlichkeit entpuppt sich Mustafa als stadtbekannt. „In Mersin kennt mich jedes Kind, da ich letztes Jahr die Stadtmeisterschaft im Tavlaspielen gewonnen habe", verkündet er überschwänglich. Da weiß ich haargenau, was sich in Jans Vorderstübchen abspielt. Doch in der Sekunde, als wir uns bedeutungsschwanger in die Augen sehen, ist der Zug bereits abgefahren. Mustafa bietet an, drei Runden gegen mich zu spielen. Jede Runde bringt einen Punkt. Seinen respektlosen Vorschlag, mir zwei Punkte Vorsprung zu geben, kontere ich mit einem vorwurfsvollen Augenausdruck. In dem Laden nehmen nur wenige Notiz davon. Doch nachdem ich das erste Spiel für mich entschieden habe, wird die umstehende Menge stutzig. Schlagartig versammelt sich eine nicht unerhebliche Anzahl an Gästen um unseren Tisch herum. Obwohl er als anerkannter Profi mehr Zuversicht ausstrahlen könnte, legt Mustafa ein notorisches Verhalten an den Tag. Unmissverständlich will er klarstellen, wie denn in seiner Heimatstadt die Würfel zu fallen haben.

Also greift er zum heiligen Gral des Tavlaspiels. Als geübter Spieler leckt er die zwei winzigen Würfel an und presst sie zusammen. Dann wirft er sie derart an die gegenüberliegende Bande, dass die gewünschte Würfelzahl auf dem Spielbrett anrollt. Geradezu gekränkt verfolgt der amtierende Stadtmeister, wie auch ich die Würfel langsam zum Mund führe. Bereits in Griechenland hatte mir der gewitzte Costa den Trick beigebracht. Da dieser einer Manipulation gleichkommt, kam er bei uns aber nur zu Demonstrationszwecken zur Anwendung. Würde ich diese Teestube als Sieger verlassen, so hätte das wahrscheinlich die gleiche Bedeutung, wie der Sieg eines türkischen Gastarbeiters beim Preisskat im elterlichen Landgasthof. Die Menge tobt, und grenzenlose Schadenfreude macht sich breit, als ich das Match nach nur einer Stunde mit dem höchsten Wurf, einem Sechserpasch, erfolgreich beende. Alea iacta est! Wutentbrannt entflieht der arme Kerl der aufgeputschten Menschenmenge. Anders als letzte Woche ist mir diese Eskalation peinlich. Jan ist stocksauer darüber, dass ich uns nun schon zum zweiten Mal in eine heikle Sachlage hineinkatapultiert habe. Auch meine Erklärungsversuche klingen für ihn nicht plausibel. Auf der einen Seite beklage ich mich teilweise über das stolze Ehrgefühl türkischer Männer. Und auf der anderen Seite fordere ich genau das heraus. Mustafas Schimpfworte, die ich mir vielleicht besser nicht aneignen sollte, schallen uns noch in den Ohren, als wir am folgenden Morgen unausgeschlafen an der Küstenstraße auf dem Weg nach Osten stehen. Jan erteilt mir ein vorläufiges Spielverbot, was ich widerstandslos hinnehme. Da er noch zwei Referate für sein Studium erbringen muss und auf mich die Führerscheinprüfung wartet, bleiben summa summarum noch drei Wochen Restzeit. Doch im Gegensatz zu mir besitzt Jan ein Rückflugticket von Istanbul nach Frankfurt.

Ibrahim, ein junger Mann mit Transporter, sammelt uns unter einem Feigenbaum am Wegesrand auf. Er ist auf dem Nachhauseweg und will uns unverzüglich seiner Familie vorstellen. Da er vor einigen Jahren in Manchester studiert hat, spricht er fließend Englisch. Sein Heimatdorf liegt hinter verschlungenen Hügeln einsam gelegen, und die Fahrt über holprige Wege erfolgt im Schneckentempo. Inmitten weiten Graslandes suchen versprengte Schafe die raren Schattenplätze auf. Vorne im Cockpit sitzend wundern wir uns, dass der Bach, an dem wir schon eine ganze Weile entlangfahren, eine rötliche Färbung aufweist. Je näher wir den ersten Behausungen kommen, desto unerträglicher wird ein beißender Gestank, der die drückende Mittagsluft erfüllt. Am Rande des Dorfes liegen die ersten Tierkadaver aufgebahrt vor den ärmlichen Hütten. Innereien und Schafsköpfe sind der unbarmherzigen Hitze ausgesetzt und lassen uns erschaudern. Vor Ibrahim können wir unser Unwohlsein kaum verbergen, doch dieser berichtet in groben Zügen, dass zurzeit gerade Opferfest sei.

An diesem bedeutendsten religiösen Fest werden im gesamten Land Schafe und andere Tiere auf traditionelle Weise geschlachtet. Die abgetrennten Köpfe werden in Richtung Mekka, dem zentralen Wallfahrtsort aller Muslime, ausgerichtet. Die vor dem Wohnhaus versammelte Großfamilie bereitet dem unangemeldeten Besuch einen willkommenen Empfang. Nach altem Brauch wird auch hier dem Gast zuerst ein Glas Çay, türkischer Schwarztee, angeboten. Regelmäßig verbrenne ich mir die Finger an den filigranen Teegläsern. Ibrahim klärt mich darüber auf, dass durch die geringe Wärmeleitfähigkeit des Glases der Tee für einen längeren Zeitraum heiß getrunken werden kann. Nachdem er verkündet hat, wie und wo er an uns geraten ist, wird auch schon eine frisch zubereitete Schafsuppe aufgetischt. Zu Salzsäulen erstarrt, ist es uns sehr wohl bewusst, dass die Ablehnung dieses Festmahls an so einem wichtigen Feiertag einem Affront gleichkäme. Nun gilt die Devise: Ducken und durch! Die Fleischberge in der Küche verheißen nichts Gutes, denn Lamm und Schaf, nicht unsere Geschmacksrichtung. In kurzen Abständen suchen wir abwechselnd das Toilettenhäuschen auf, wenn man denn diesen Verschlag mit seinem spärlichen Loch im Boden so nennen will. Die schlaflose Nacht ist sowohl dem harten Lehmboden als auch dem weiterhin ekelerregenden Verwesungsgeruch zuzuschreiben. Unausgeschlafen bieten wir Ibrahim am nächsten Morgen ein wenig Geld an, um uns zum nächstgelegenen Busbahnhof zu bringen, doch er tut dies auch ohne Gegenleistung. Der Überlandbus ist an diesem Montag wie immer rappelvoll, da sich täglich viele Menschen auf den Weg in die Hauptstadt machen. Aus Platzmangel werden die Rucksäcke aufs Dach geschnallt. Eine glückliche Fügung ist das defekte Gebläse der Klimaanlage, denn dadurch verschafft sie uns ausreichend Abkühlung.

Hoch oben von der Burg aus sieht man auf die ganze Stadt, aber der Weg hin und zurück hat es in sich. Was kann es in Ankara also Schöneres geben, als nach einem strapaziösen Rundgang einen Hamam aufzusuchen? Normalerweise dient dieses öffentliche Bad sowohl der Körperpflege als auch der Entspannung. Wir entrichten einen geringen Obolus und werden zu den Umkleidekabinen geführt. Mittlerweile sind mir Fragmente der türkischen Sprache geläufig, und ich kann mich auch einigermaßen artikulieren. Jeder von uns erhält ein Hamam-Tuch, das wir uns locker um die Hüften binden. Bis jemand kommen wird, um mit der Anwendung zu beginnen, stehen zum Anschwitzen warme Steinquader bereit. Der muffige Geruch missfällt, aber was tut man nicht alles, um auf ausgefallene Weise mal so richtig abzuschalten. Der Wohlfühlfaktor steigert sich allmählich, bis wir das Geräusch der knarzenden Eingangstür vernehmen. Auf leisen Sohlen schleicht sich Hamza an, der sich mit einer Verbeugung vorstellt. Unwillkürlich zucke ich zusammen. Im alten Rom hätte er den begnadeten Gladiator gemimt. Mit martialischen Schritten nähert er sich meinem Reisepartner, der daliegt wie ein Lamm auf der Schlachtbank. Eine eindeutige Handbewegung in Ringerpose dient Jan als Aufforderung, sich auf den Bauch zu legen. Es geht ratzfatz, bis sein Aufschrei das Mauerwerk vibrieren lässt. Mein Freund tut mir unendlich leid, doch rasch wird auch mir bewusst, wer als nächster an der Reihe ist. Hamza, die Verkörperung geballter Muskelmasse, lässt mich die heißen Steinplatten vergessen. Allein beim Anblick seiner Gestalt läuft es mir eiskalt den Rücken herunter. In einem Anfall von Urvertrauen begrüße ich ihn auf Türkisch, um gegebenenfalls ein paar Bonuspunkte zu sammeln, doch diese Mühen scheinen vergeblich. Hamza verzieht keine Miene. Bevor ich mich unaufgefordert umdrehe, schicke ich den Göttern der Antike noch schnell ein Stoßgebet nach oben. Das allerdings bleibt ungehört. Keine zehn Sekunden später prallt auch mein Schrei an den undurchdringlichen Wänden des Hamams ab. Mit geschlossenen Augen lasse ich die Drangsalierung über mich ergehen. Die Quälerei kommt mir endlos vor. Als Hamza irgendwann fertig ist, will ich meine geschundenen Knochen einsammeln, um schnellstmöglich von hier zu verschwinden. Doch der Muskelprotz durchkreuzt diese Pläne.

Mit einem kolossalen Zeigefinger, der nahezu die Größe einer Nudelrolle einnimmt, deutet er unnachahmlich auf die in der Nähe befindlichen Waschkabinen. Das Martyrium ließ mich etwas Wesentliches vergessen: In einem türkischen Hamam wird man nach der Behandlung zusätzlich noch einer Waschung unterzogen. Vor lauter Verzweiflung reißt Jan seine Augen weit auf, da er wieder als Erster an der Reihe ist. Willenlos begebe auch ich mich gesenkten Kopfes zu einer der Waschzellen. Auf einem Holzschemel steht bereits eine Schüssel mit Seifenwasser, und direkt daneben liegt ein Schwamm. In der Größe eines Klodeckels ist er genau passend für Hamzas Riesenpranken. Dann funkt der bemitleidenswerte Jan auch noch „SOS" aus der Nachbarkabine. Der Rohling sei gerade auf dem Weg in seinen Genitalbereich, gibt dieser hysterisch zum Ausdruck. „Ich glaube, dieser Onkel hier macht keinen Spaß!", orakelt er. Obwohl Jan dem männlichen Geschlecht wahrhaftig nicht abgeneigt ist, Hamza ist da sicherlich keine geeignete Option. Ohne Rücksicht auf Verluste nehme ich all meinen Mut zusammen. Ruckartig ziehe ich den Duschvorhang der Nachbarkabine zur Seite, um den Quälgeist vom Schlimmsten abzuhalten. Mein resoluter Einsatz zeigt Wirkung, denn unerwartet zieht der Hüne sich aus der Arena zurück.

Es ist Ende September und die Zeit des Abschieds naht. Der Nachtbus nach Istanbul gibt uns die Gelegenheit, ein wenig aufzutanken. Die Omnipräsenz des Militärs in Istanbul erinnert uns bei der Ankunft unwillkürlich daran, dass die Türkei sich im Umbruch befindet. Nach dieser intensiven Zeit möchte ich Jan vor seinem Abflug am Flughafen verabschieden, bevor ich mich in der Stadt um die eigene Rückfahrt kümmere. Wehmütig stehen wir vor dem Sicherheitscheck ein letztes Mal nebeneinander. Jan dreht sich nochmal um und gibt mir, umgeben von hochgerüsteter Militärpolizei, einen Kuss. Er verabreicht mir allerdings nicht einen flüchtigen Kuss, sondern einen Zungenkuss. Am Anfang bin ich pikiert, kriege dann aber sein liebevolles Lächeln mit, dass ich in den letzten Wochen so schätzen gelernt habe. Soeben will er das Drehkreuz passieren, da wird er von einem Zollbeamten schroff aufgefordert, seinen Rucksack zu entleeren. Allein schon so ein Kuss in aller Öffentlichkeit ist ein Affront sondergleichen. Doch dieser Schlauberger in Uniform ist auf etwas anderes aus. Jans Äußerem nach zu urteilen, verdächtig er diesen, Drogen zu konsumieren oder außer Landes zu schmuggeln. Nach kurzem Stöbern holt der Zollbeamte eine zerknitterte Plastiktüte hervor und hält diese theatralisch in die Höhe. Der pulvrige weiße Inhalt mobilisiert seine altbewährten Instinkte. Gestenreich alarmiert er zwei der umstehenden Militärpolizisten, die sofort ihre Maschinengewehre auf Jans Oberkörper richten. Seine triumphierende Geste drückt in etwa Folgendes aus: „Da haben wir dich also! Zuerst diese unverschämte Verletzung der öffentlichen Ordnung und dann auch noch der Besitz harter Drogen. Das sollte für zehn Jahre Aufenthalt in einem der grauenhaftesten Gefängnisse unseres Landes ausreichen." Diese Szenerie erinnert mich brühwarm an den Kinofilm *Midnight Express*, den ich erst voriges Jahr im Kino angeschaut habe. In dem erschütternden Drama wird die rigorose Willkür der türkischen Justiz und der grauenhafte Knastaufenthalt eines amerikanischen Drogenschmugglers schonungslos geschildert.

Bühnengerecht schiebt der Zollbeamte seinen Zeigefinger in den Mund. In heller Vorfreude steckt er diesen in den Plastikbeutel und schleckt ihn dann voller Hochgenuss ab. Ein gellender Aufschrei! Mit voller Wucht wirft er die Tüte zu Boden. Wie ein heißblütiger Stier trampelt er darauf herum, bis sie vollends in die Brüche geht. Und damit zerplatzen auch seine Träume. Anstatt mit Kokain oder gar Heroin hat der Trottel mit dem Waschpulver Bekanntschaft gemacht, das wir letzte Woche in Ankara gekauft haben, um unsere dreckigen Socken zu waschen. Nicht nur wir können uns vor Lachen kaum auf den Beinen halten, selbst seine Kollegen haben sichtlich Schwierigkeiten, die Contenance zu bewahren. Fuchsteufelswild befiehlt er, die auf einem Holztisch herumliegenden Klamotten wieder einzupacken. Ein unsanfter Schubser, und schon ist mein wochenlanger Reisegefährte auf dem Weg zur Passkontrolle. Mit diesem Paukenschlag endet unsere Rundreise durch das Morgenland. Niemals werde ich Jans innigen Blick vergessen, den er mir zuwirft, als er im Gewirr der anderen Fluggäste für alle Zeit verschwindet.

Eine dreitägige Magen-Darm-Infektion verzögert die Rückfahrt. Doch dann ist das Glück wieder auf meiner Seite. An der türkisch-bulgarischen Grenze nimmt mich ein BMW mit, der direkt bis Dortmund durchfährt. Eingebettet in Wassermelonen schildere ich Ahmet und Kemal exklusiv meine Erlebnisse, bis ein komatöser Schlaf endgültig Besitz von mir ergreift.

Erst kurz vor Duisburg erwache ich aus meinem Dornröschenschlaf. Mit halboffenen Augen muss auch ich eingestehen, dass die von Kohlenstaub geschwängerte Luft des Ruhrgebiets einfach unwiderstehlich ist.

Von Geraden und Kurven

Für Provinzler ist es zweckmäßig, ein Mofa, Moped oder gar Auto nutzen zu können. Doch für mich müsste erst einmal der Führerschein her, zumal in wenigen Wochen das Wintersemester in Göttingen startet. Ein Kraftfahrzeug zu führen, würde einem Quantensprung gleichkommen, denn meine körperlichen Voraussetzungen sind andere.

Als eines dieser sogenannten „Contergankinder" bin ich 1961 mit stark verkürzten Armen und nur zwei Fingern pro Hand zur Welt gekommen. Das vom Hersteller Grünenthal entwickelte und millionenfach in diverse Länder verkaufte Beruhigungsmedikament Contergan ließ zu jener Zeit Tausende Neugeborene mit schweren Fehlbildungen an Organen und Gliedmaßen den Weg ins Leben antreten. Der größte Arzneimittelskandal der deutschen Nachkriegszeit verlangte den betroffenen Familien alles ab. Meine Realität bestand darin, mit vier Geschwistern in einem Landgasthaus aufzuwachsen. Allein durch die viele Arbeit im Gastronomiebetrieb kam eine Sonderbehandlung nur selten in Frage. Einzig meine Schwester Biene führte mich in frühen Kindertagen behutsam an der Hand, da ich in den ersten drei Lebensjahren die Balance kaum halten konnte. Fast täglich machte ich mit dem unebenen Kopfsteinpflaster vor unserem Haus Bekanntschaft, was mir blutige Wunden und einen gebrochenen Arm bescherte.

Dass ich trotz alledem ein fröhliches und zufriedenes Kind war, verdanke ich in erster Linie meiner Mutter Annette. Sie strahlte eine grenzenlose Lebensfreude aus. Stundenlang schmetterte ihr Transistorradio deutsche

Schlager. Ein Hit von Chris Roberts passte dabei wie die Faust aufs Auge, *Hab' Sonne im Herzen*, egal ob es stürmte oder schneite, ihre fürsorgliche Liebe gab mir Halt und Zuversicht. Ohne Schuldgefühle wegen der Medikamenteneinnahme in ihrer Schwangerschaft ließ sie mich vertrauensvoll wichtige Entwicklungsschritte machen. In Kindertagen besaßen alle um mich herum Tretroller oder Fahrräder. Ich hingegen hatte nicht sehr viele Möglichkeiten, von A nach B zu kommen. Eine davon bot mir hin und wieder mein Vater. Den riefen alle nur Packo. Als passionierter Rallyefahrer legte er einen rasanten Fahrstil an den Tag und nutzte jede sich bietende Möglichkeit, seinem Arbeitsalltag zu entfliehen. Während die Flower-Power-Bewegung auf dem Woodstock-Festival freie Liebe propagierte, flitzte er in dem Kultauto der damaligen Zeit mit einem Affenzahn durch das kurvenreiche Weserbergland. Auf der Rückbank einer knallroten Ente purzelten seine fünf Kinder Matze, Biene, Thomas, Stephan und Kiki übereinander her. In kurzen Abständen drückten wir uns die Nasen an den Seitenscheiben des Citroëns platt. Sobald wir wieder aufrecht saßen, ertönte von vorne eine seiner ausgeklügelten Lebensweisheiten: „Die Zeit holen wir in den Kurven heraus – gerade Strecken kann jeder!“

Fünfzehn Jahre später bin ich endlich an der Reihe, das Steuer selbst in die Hand zu nehmen. Aber es ist für mich gar nicht in Reichweite. Um das Problem zu lösen, entwickelte ein Mechaniker namens Franz, der wenige Jahre zuvor beide Arme bei einem Arbeitsunfall verloren hatte, eine Lenkung für Ohnhänder. Sein persönlicher Schicksalsschlag sowie der unbändige Wunsch, nicht auf KFZ-Mobilität verzichten zu wollen, ist mein großes Glück. In einem Fahrzeug mit Automatikgetriebe ist vorne links eine Art Fahrradpedal eingebaut, mit dem sich das Auto bequem per Fuß lenken lässt. Der rechte Fuß betätigt abwechselnd das Gas- oder Bremspedal. Standardmäßig wird das metallene Lenkpedal der jeweils entsprechenden Schuhgröße angepasst. Und einen linken Lederschuh, verbunden mit der Anmeldung in einer speziellen Fahrschule, schickten meine Eltern schon vor Wochen nach Neckargemünd.

In einem Hotel mit Vollpension bin ich einigermaßen gut untergebracht. Einzig die ätzenden Pornofilme, die sich eine Handvoll Lkw-Fahrer jeden Abend im Esszimmer anglotzen, trüben den dortigen Aufenthalt. Anfang Oktober absolviere ich die erste Fahrstunde in der Rhein-Neckar-Region. Mein Fahrlehrer Rudolf Zawatzky ist verblüfft, dass ich diese Art des Lenkens direkt beherrsche. Mich selbst jedoch überrascht das nicht, denn ich bin es ja gewohnt, fast alles mit den Füßen zu machen, und bin darin äußerst geschickt. Dummerweise ist täglich nur eine Fahrstunde angesetzt, was ein Ärgernis darstellt. Denn das zieht die Schulung in die Länge und treibt leider auch die laufenden Kosten für Unterbringung und Verpflegung in die Höhe. Bei so viel Freizeit biete ich dem Fahrlehrer meine Hilfe bei dessen Bürotätigkeiten an. Im Gegenzug erhalte ich mehr Fahrpraxis, da ich ihn mit dem Fahrschulwagen zu wichtigen Terminen chauffieren darf. Sobald ich am Steuer sitze, bin ich Feuer und Flamme.

Nach einer Woche holen wir eine neue Fahrschülerin aus ihrer Pension ab. Meine Praxisstunde ist beendet, und der gutmütige Fahrlehrer baut innerhalb von einer Minute ein neues Lenkpedal ein, angemessen für ihre zierlicheren Füße. Mit schüchterner Begrüßung steigt die junge Frau, die ebenso kurze Arme aufweist wie ich selbst, in den Wagen ein. Hochgradig angespannt sitzt sie auf dem Fahrersitz. Am liebsten würde sie direkt wieder aussteigen. An Losfahren ist offensichtlich noch nicht zu denken. Minutenlang redet Herr Zawatzky auf sie ein und spricht ihr Mut zu. Nach tiefen Atemzügen startet sie schließlich den Motor. Zunächst einmal geht es ein gutes Stückchen geradeaus. Dann gerät sie in eine scharfe Kurve ...

... während sich ein gut gelaunter Rentner voller Hingabe an den prächtigen Rosenstöcken seines Vorgartens ergötzt. Hier noch ein wenig gießen, da noch etwas beschneiden. Und das alles bei strahlendem Sonnenschein. Bis, einem Kometeneinschlag gleich, ein dunkelgrauer Golf durch den Jägerzaun mitten in die Rosenbüsche kracht. Vor lauter Schreck hechtet der verdutzte Mann ins angrenzende Gemüsebeet. Der Urschrei, den er dabei von sich gibt, ist sicherlich noch im zwanzig Kilometer entfernten Heidelberger Schloss zu vernehmen. Die tolldreiste Attacke auf sein wohl liebstes Steckenpferd treibt ihm die Zornesröte ins Gesicht und verursacht einen Tobsuchtsanfall. Innerlich wie äußerlich bebend deutet er auf die junge Frau am Steuer und beschimpft diese auf übelste Weise: „Wie, um Himmels Willen, kann man Leute mit so kurzen Armen überhaupt auf die Menschheit loslassen?“ Aus dieser botanischen wie zwischenmenschlichen Sackgasse manövriert sich unser Fahrlehrer durch pragmatische Trennung der zwei emotionalen Krisenherde. Mich bittet er, der untröstlichen Fahrschülerin beizustehen, damit er sich derweil den Hobbygärtner zur Brust nehmen und die relevanten Versicherungsdetails klären kann.

Überglücklich halte ich zwei Wochen nach dem Ende der Spezialfahrschule in Hessen den Führerschein in Händen und beantrage mein erstes Auto beim Landesversorgungsamt Nordrhein-Westfalen. Die Bewilligung durch die Behörde und der Fahrzeugumbau ziehen sich noch eine Weile hin. Für die Finanzierung müsste an sich die Firma Grünenthal zur Rechenschaft gezogen werden. Durch einen oft kritisierten Vergleich nach einem Gerichtsprozess Ende der 60er-Jahre ist diese jedoch fein aus dem Schneider. Doch dann ist sie endlich da, meine ganz persönliche Freiheit! Diese neu gewonnene Art der Mobilität verschafft mir einen Aktionsradius, wie ich ihn vorher nicht gekannt hatte.

Emotional gesehen befinde ich mich auch als junger Erwachsener als unverkennbar Contergangeschädigter noch häufig unter Spannung mit meinem jeweiligen Umfeld. Zugegebenermaßen provoziere ich von Zeit zu Zeit, was nahestehende Menschen besser verstehen können als Außenstehende. Stellvertretend dafür steht ein Aufkleber auf der Rückseite meines ersten Fahrzeugs, der einige Verkehrsteilnehmer verärgert zurücklässt. Auf weißem Hintergrund verfehlen drei markige Worte in schwarz-rot-goldenen Lettern ihre beabsichtigte Wirkung nicht: „Fressen, Ficken, Fernsehen."

Strahler Küsse schmecken besser

Raus aus der familiären Komfortzone, rein ins wahre Leben. Schon der Trip nach Südeuropa hat gezeigt, dass mir die Welt offen steht. Nun bricht ein neuer Lebensabschnitt an. Etwas in mir schreit danach, nicht mehr dem zu entsprechen, was andere bis jetzt in mir sahen. Zeit für mich, mit meinen kurzen Armen die Welt auf eine Art und Weise zu erobern, dass sie mich nicht nur auf diese reduziert.

Das erste eigene Zuhause mit Anfang zwanzig sorgt für frischen Wind. Die Mitbewohnerinnen der Wohngemeinschaft staunen Bauklötze, als ich den funkelnagelneuen Golf vor dem Haus am Feuerschanzengraben parke. Das Studentenhaus liegt nahe dem Neuen Rathaus im Herzen Göttingens. Die WG besteht aus drei Frauen und mir. Schon nach zehn Tagen beklagt sich Gudrun darüber, dass ich praktisch nie da sei. Ein Zusammenleben stellen sich die drei anders vor. Sie wünschen sich außerdem mehr Engagement im Haushalt. „Wir sind nicht deine Mamis, die hier die Küche putzen und nebenbei noch Kuchen backen!“ Diese Abfuhr sitzt, und gleich am nächsten Abend bringe ich zwei Flaschen Rotwein mit, koche Spaghetti Bolognese und gelobe Besserung. Obwohl wir uns erst seit wenigen Wochen kennen, fragt mich Ute bei einem Milchkaffee, warum ich nie von Männern spräche, wenn es um neue Bekanntschaften ginge. Eine Antwort darauf bleibe ich ihr schuldig, aber es rumort in mir. Das Gedankenkarussell dreht sich, denn so eine Geradlinigkeit bin ich von zu Hause nicht gewohnt. Gudrun und Ute gefallen mir, denn sie vertreten klare Standpunkte und sind gleichzeitig einfühlsam. Sandra ist Einzelgängerin und hat angekündigt, sowieso bald wegzuziehen. Schrittweise wird mir klar, dass zwei coole Frauen ein Teil meines Alltags geworden sind. Sie werden mir sicherlich noch so manches Mal auf den Zahn fühlen, sodass es hin und wieder auch mal zwicken wird.

Während meine Mitbewohnerinnen eifrig studieren, genieße ich die aufregende Lebensphase in vollen Zügen. Um daran teilhaben zu können, nehmen alle paar Monate entweder mein alter Freund Schmiddy oder mein Bruder Stephan das Hochbett in Beschlag. Die Nacht mache ich zum Tage, und nach wenigen Monaten bin ich fester Bestandteil der linksalternativen Szene Göttingens. Der Theaterkeller, eine Studentenkneipe in unserem Viertel, ist zentraler Treffpunkt meiner neuen Freunde. Wir sind ein wilder Haufen Mittzwanziger, die Billigbierdosen konsumieren, bis spät in die Nacht hinein debattieren und ausschließlich schwarze Klamotten tragen. Schon rein optisch setzen wir uns von der breiten Studentenmasse ab. Egal ob bei Hausbesetzungen, der Verhinderung von Nazi-Aufmärschen oder im Kampf gegen die Pläne der Atomlobby, wir verstehen uns als Speerspitze einer Gegenbewegung. Innerhalb der studentischen Politorgane hagelt es Kritik, denn Auseinandersetzungen mit Polizeikräften ufern sporadisch in Gewaltexzesse aus. Doch wir sehen uns vielmehr als Wellenbrecher und vertreten die einhellige Meinung, dass die Hauptschuld für Eskalationen meistens die andere Seite trifft. Der Großteil von uns hegt keinen Zweifel daran, dass die Treffen und Sitzungen in den angemieteten Räumlichkeiten polizeilich abgehört werden. Die stadtbekannten Zivilstreifen kennen wir namentlich, und eine erkennungsdienstliche Behandlung kann für jeden von uns jederzeit auf der Tagesordnung stehen.

An einem späten Dienstagnachmittag fahre ich mit Olly zum nahe gelegenen AKW nach Würgassen, um etwaige Atommülltransporte auszuspionieren. Mehrere Male schon waren wir Zeuge dessen, wie sich Zivilpolizei beim Objektschutz verhält. Auch sie bevorzugen einen VW Golf als Einsatzfahrzeug, und genau das spielt uns in die Karten. Mit meinem wie aus dem Ei gepellten Golf biegen wir an einem späten Nachmittag auf jenen Parkplatz ab, der an das AKW-Gelände grenzt. Guter Dinge melde ich uns von Weitem mit zweifacher Lichthupe bei der schon vor Ort befindlichen Zivilstreife an und parke in gebührendem Abstand. Sie blinken netterweise zurück. Bereitwillig lasse ich sie in dem Glauben, als zusätzliches Einsatzfahrzeug tätig zu sein. Erkennungsdienste können auch ihre guten Seiten haben. Lässig zündet sich Olly einen Joint an, und in voller Lautstärke dröhnen wir uns mit Slime zu. Mit genau der Band, die auch auf den Demos das Maß aller Dinge ist. „Legal, illegal, scheißegal!", kreischt es aus den Lautsprecherboxen. Nach zwei Stunden registrieren wir rege Aktivitäten auf dem Werksgelände und vermuten darin Vorbereitungen für einen baldigen Atommülltransport. Von da an gibt es auch für uns viel vorzubereiten, denn jede Widerstandsgruppe führt ihre Aktionen auf unterschiedlichste Weise aus. Rasch machen wir uns auf den Heimweg, vergessen dabei aber nicht, uns per Lichthupe kollegial zu verabschieden. An einem Brückengeländer der angrenzenden Bundesstraße prangt am nächsten Morgen ein überdimensionales Transparent. Das allseits bekannte schwarz-gelbe Warnzeichen vor Strahlengefahr begrüßt den Berufsverkehr in großen Lettern: „Strahler Küsse schmecken besser." Die meisten kennen diesen Slogan bereits aus einer Zahnpastawerbung, doch in diesem Kontext erschließt sich dem Betrachter eine völlig neue Dimension.

Meine aktive Zeit in der Anti-Atomkraft-Bewegung wird überschattet von Auseinandersetzungen und Repressalien. Das AKW in Brokdorf erlangt dabei traurige Berühmtheit. Bei einer Großdemonstration ist es Schauplatz erbitterter Kämpfe zwischen Teilen einer breiten Anti-AKW-Bewegung und der Staatsmacht. Aus Filmen über den Vietnamkrieg kenne ich solche Szenarien, doch an diesem Tag zünden deutsche Politiker eine neue Eskalationsstufe. Mobile Polizeieinheiten werden aus Hubschraubern hinter den Demonstrationsketten abgesetzt, um die Leute mit Schlagstöcken in Wassergräben zu treiben. Gleichzeitig wird der gesamte Versammlungsort mit Wasserwerfern und Tränengas unter Beschuss genommen. Aus unserer Sicht wird hier eine Schlacht gegen das eigene Volk geschlagen, um gierige Machtinteressen durchzuboxen.

Nach längerer Zeit mache ich mal wieder einen Abstecher nach Westberlin. Mit meinem Kumpel B-Matze bin ich in der Kreuzberger Szenekneipe Ex an der Gneisenaustraße verabredet. Draußen gießt es wie aus Kübeln, was seine Verspätung rechtfertigt. Wenig später taumelt ein Trüppchen langhaariger Typen in tiefschwarzen Lederjacken herein, die sich fortwährend in die Haare greifen. Von dort aus läuft ihnen eine dickflüssige Tinktur die zerrissenen Kutten herunter. B-Matze behauptet, das seien die Punks vom Kottbusser Tor. Schweren Schrittes müssten diese schnell noch die Toiletten aufsuchen, um ihre zeitaufwendigen Irokesenhaarschnitte mit klebrigem Zuckerwasser wieder aufzuhübschen. „Sie meiden den Regen wie der Teufel das Weihwasser“, stellt er staubtrocken fest. Spöttelnd hocken wir auf unseren Stühlen und machen uns fast nass vor Lachen. Als ich wieder gleichmäßig atmen kann, verkündet er mir eine frohe Botschaft: „Für den morgigen Abend stehen wir beiden auf der Gästeliste für das Ton-Steine-Scherben-Konzert in der ufaFabrik. Doch es kommt noch viel besser, denn im Anschluss können wir mit der Band das Event ausklingen lassen."

Die Scherben, Sprachrohr einer ganzen Generation, sind am folgenden Tag hellwach. In der vollbesetzten Halle kredenzen sie ihrem aufgepeitschten Publikum die gängigen Lieder in altbewährter Manier. Die Menge kennt fast jeden Song auswendig und grölt Zeile für Zeile leidenschaftlich mit. Zu jener Zeit ist es nicht ungewöhnlich, dass bei diesen Gelegenheiten im Nachklang spontan Häuser besetzt oder Demos ausgerufen werden. Rio Reiser besitzt eine geheimnisvolle Ausstrahlung, und das nicht nur auf der Bühne. Nach dem Auftritt schlurft der Bandleader barfuß den Flur entlang und herzt meinen Kumpel, dem er vor Jahren in einem der besetzten Häuser Westberlins ein paar Gitarrengriffe beigebracht hat. Im Backstagebereich versammeln wir uns an einer langen Tafel mit den abgekämpften Musikern. Allseits herrscht eine gelöste Stimmung, mit einer Ausnahme. Rio ist genervt, weil seine Zuhörer immer nur die vertrauten Lieder hören wollen, die neuen jedoch geflissentlich ignorieren. Schon während des Konzerts hat er seinen Unmut darüber geäußert und sich zeitweise verbal mit der Zuhörerschaft angelegt. Doch sein Sitznachbar macht ihm nun schöne Augen und sorgt mit dafür, dass diese Stimmung schnell verraucht. Vieles in den Gesprächen dreht sich um die Konstellation in der Stadt. Ganze Straßenzüge sind besetzt, und im politischen Spektrum brodelt es. Immer wieder stellt sich die Frage, auf welche Art und Weise die politischen Ziele erreicht werden können. Und in einem Punkt sind hier alle einer Meinung: „Keine Macht für niemand!"

In Göttingen bin ich noch ganz beseelt von den Tagen in Westberlin. Meine Musikmixkassetten sind indessen sehr gefragt. Diese verkaufe ich an Cafés und Studentenkneipen, um mir wenigstens ein paar Groschen zu verdienen. Neulich war ich sogar vor mehr als eintausend Studenten im Foyer der Universität als DJ tätig, allerdings unentgeltlich. Heute steht bei uns im Feuerschanzengraben eine Gartenparty mit Freunden und Sympathisanten der Göttinger Hausbesetzerszene an. Auch hier bin ich für die musikalischen Einlagen vorgesehen. Für mich ist das ein Selbstläufer, denn die einschlägigen Songs sind mir in Fleisch und Blut übergegangen und kommen in diesen Kreisen immer gut an. Die Bewohner sämtlicher acht WGs aus unserem Haus kommen hier mit Leuten aus der ganzen Stadt zusammen. Die Musikanlage habe ich auf dem Küchentisch positioniert, von wo aus ich das Areal gut einsehen kann. Von Fischer Z bis Stiff Little Fingers spule ich einen runden Partymix ab. Im Nu verwandelt sich der Vorgarten in eine brodelnde Tanzfläche. Gegen Mitternacht kreuzen gleich mehrere Einsatzfahrzeuge der Polizei auf. Mit eingeschaltetem Blaulicht halten sie direkt vor der Hofeinfahrt. Laute Buhrufe der Partygäste kündigen kurz darauf das Eintreffen der Einsatzleitung an. Jemand hat mich frühzeitig davon in Kenntnis gesetzt, sodass ich deren Ankunft akustisch retournieren kann: „Der Mariannenplatz war blau, so viel Bullen waren da, und Mensch Meier musste heulen, das war wohl das Tränengas ...!“

Jubelschreie erschallen aus dem Innenhof. Allein die beiden Einsatzleiter haben keinen Grund zum Jubilieren. Mit dem schrägen Tusch würde ich doch niemals wagen, ihre Autorität zu untergraben. Jedenfalls fuchtelt einer der beiden mit seinem Sprechfunkgerät direkt vor meiner Nase herum, um damit zu unterstreichen, dass entweder die Lautstärke gedrosselt oder ansonsten die Party von den mitgeführten Einsatzkräften aufgelöst werde. Kompromisse würde es keine geben. Ohne auch nur ein einziges Wort mit ihm zu wechseln, reduziere ich die Lautstärke. Kaum sind die beiden durch das Gartentor verschwunden, ziehe ich die Regler des Mischpultes wieder auf die gewohnten Dezibel hoch. Auch wir gehen keinerlei Kompromisse ein. Am heutigen Abend aber gibt es keine Konfrontation, denn aus unerfindlichen Gründen ziehen sich die Mannschaftswagen zurück. Tagtäglich vollzieht sich dieses Katz-und-Maus-Spiel zwischen der Staatsmacht und uns. Warum kommen sie auch gleich mit einer Hundertschaft zu einer Gartenparty?

Ausschlafen bis in die Puppen? Fehlanzeige. Kai und Ben reißen mich mit ihrer viel zu guten Laune aus allen Träumen. „Der schwarze Block geht heute geschlossen ins Stadion", tun mir die beiden kund. Habe ich mich da gerade verhört, oder hat einer von ihnen einen Clown gefrühstückt? Seit ich von zu Hause weggezogen bin, halte ich mich von den Fußballstadien dieser Welt fern, und das wissen sie eigentlich ganz genau.

Leicht verstört ob der abwegigen Idee, ein Fußballstadion aufzusuchen, ringen mir die Kumpels dennoch das Versprechen ab, sie zu begleiten. Eine kalte Dusche und ein starker Kaffee bringen mich wieder in die Spur, und so ziehen wir von dannen. Schon weit vor den Toren des Göttinger Jahnsportstadions liegt ein süßlicher, mir nicht unbekannter Geruch in der Luft. Auf der Tribüne erwarten uns haufenweise Leute aus der Alternativszene. Ein Punk mit Lederjacke und Stirnband überreicht mir einen randvollen Bierbecher. Er hat den unverkennbaren Hamburger Slang: „Hau wech den Scheiß!"

Kumpelhaft proste ich ihm zu. Totenkopfflaggen und antifaschistische Fahnen schmücken das gesamte Stadion. Auf einem Spruchband ist zu lesen: „Wir waschen uns nie – St. Pauli!"

Irgendwie scheint dieser Fußballverein anders zu ticken. Das Happening kommt in Schwung, auch wenn keiner von uns so richtig Notiz von dem Ballgeschiebe auf dem Rasen nimmt. Die Frequenz, mit der die Joints in unserer Fankurve die Hände wechseln, gleicht in etwa der der Ballkontakte auf dem Spielfeld. Nur sind wir in meinen Augen effizienter. Und schon bald stelle ich mir die Frage, warum ich diesen FC St. Pauli bis dato noch nicht auf dem Zettel hatte? Bis heute weiß ich nicht, wie das Fußballspiel überhaupt ausgegangen ist. Etliche Hamburger aus den besetzten Hafenstraßenhäusern der Elbmetropole finden in den WGs unserer Stadt genügend Platz zum Übernachten. Bis tief in die Nacht hinein werden in den stadtbekannten Kneipen neue Bekanntschaften geschlossen. Von diesem Tag an steht für mich zweifelsfrei fest: Fußball ja, aber St. Pauli ist die einzige Möglichkeit!

Für den darauffolgenden Vormittag bin ich zum wöchentlichen Hausputz eingeteilt. Beim Ausleeren des Mülleimers treffe ich am Gartentor auf Biggi. Die Ethnologie-Studentin aus der Nähe von Bremen wohnt in der WG über uns und ist mir schon mehrfach aufgefallen. Mit ihrer peppigen Art trifft sie voll meinen Nerv. Einem stürmischen Flirt im Treppenhaus folgen weitere, bis ich ihr eines Tages im Vorübergehen vorsichtig einen Kuss auf den Mund drücke. Von Anfang an hatte sie ihren festen Freund daheim mit ins Spiel gebracht, doch jetzt gibt es kein Halten mehr. Hals über Kopf verknallen wir uns und verbringen die erste Nacht zusammen. Als sie das nächste Mal in ihre alte Heimat fährt, tut sie es mit dem festen Entschluss, ihre langjährige Partnerschaft zu beenden. Es ist einer dieser warmen Spätsommerabende, und ich besorge eine Flasche Prosecco und Snacks. Schwer verliebt packen Biggi und ich die Schlafsäcke in mein Auto, um die Nacht an einem nahegelegenen Baggersee durchzumachen. Ein Schlafsack hätte genügt, denn ein romantisches Lagerfeuer und ausreichend Endorphine wärmen unsere heißen Herzen hinlänglich. Sie begegnet mir mit einem Selbstverständnis, dass ich so vorher noch nicht erlebt habe. Nicht eine Sekunde lang hat sie sich darüber Gedanken gemacht, wie es sich wohl anfühlt, von mir angefasst zu werden. Im Gegenteil, sie gibt sich ganz einfach ihren Gefühlen hin, was mir unheimlich gut tut. Mit freudestrahlendem Gesichtsausdruck kommt sie an einem regnerischen Montagnachmittag von der Uni. Flugs erkundige ich mich, ob sie eine wichtige Klausur bestanden hätte. Doch es ist eine andere Sache, die ihren Gemütszustand hervorruft. Wie fast jeden Tag ist sie auch heute wieder am nahegelegenen Kino vorbeigefahren, doch eines war anders. Zweifellos hatte jemand in der vorigen Nacht mit einer rotfarbenen Sprühdose hantiert. Auf der Fassade des Lichtspielhauses prangte ein unübersehbarer Schriftzug, der ihr wie eine Liebeserklärung erschien: „Halt dich an deiner Liebe fest."

Ungeplant wird Biggi schwanger. Eine Vaterschaft passt ganz und gar nicht in mein wirres Lebenskonstrukt, und der Gedanke daran verunsichert mich. Dennoch entscheiden wir uns nach zahllosen Treueschwüren, ein Kind in diese unsichere Welt zu setzen. Die weitreichende Entscheidung überrascht nicht nur meine Familie, auch das gesamte Umfeld fällt aus allen Wolken. Eine gemeinsame Wohnung sehen wir als beste Alternative für ein Leben mit Kind. Doch diese zu bekommen, ist nicht so leicht und zerrt massiv an unserem Nervenkostüm. Es ist gar nicht einmal die allgemeine Wohnungsnot in Göttingen, die uns fast an den Rand der Verzweiflung treibt. Was nach wie vor immer wieder der Fall ist: Am Anfang der Wohnungssuche ist es nur eine vage Vermutung, doch nach und nach kristallisiert es sich heraus, dass meine körperliche Einschränkung in den Augen der Vermieter ein entscheidendes Hindernis darstellt. Biggi ist richtiggehend wütend. Und auch mich verletzt der Moment, in dem die Haustür aufgeht und sich die Augenpaare an meinen Armen festtackern. Es bleibt noch kurz Zeit für Ausflüchte, bevor der Vorhang fällt. Dummerweise sei die Wohnung doch schon weg. Oder die eigene Tochter zieht ganz plötzlich selbst ein. Alltagsdiskriminierung in ihrer reinsten Ausprägung. Selbst dann, wenn wir diese Leute zur Rede stellen, ändert das nichts auf dem beschwerlichen Weg hin zu einem unterschriftsreifen Mietvertrag. Erst nach Monaten ergattern wir eine Dachgeschosswohnung am Göttinger Stadtrand. Dann gehen wir sogar noch einen fulminanten Schritt weiter: Wir verkünden unsere Hochzeit, die noch vor der Entbindung im Landgasthaus meiner Eltern zelebriert wird.

Wendepunkt im Kreißsaal

Im Kreißsaal hegt die an Neujahr diensthabende Hebamme offensichtlich Misstrauen mir gegenüber. Nach kurzem Abtasten will sie allen Ernstes wissen, ob ich keine Bedenken hätte, dass auch unser Baby mit verkürzten Gliedmaßen zur Welt kommen könnte. Erschüttert über ihre Unkenntnis kläre ich sie darüber auf, dass eine Conterganschädigung nicht vererbbar ist. Weitere Kommentare erspare ich ihr und mir und konzentriere mich auf das Kommende.

Atmen. Atmen. Atmen. Zu Anfang entfalten die einstudierten Mechanismen des Geburtsvorbereitungskurses noch ihre schmerzlindernde Wirkung. Im Minutentakt wische ich Biggi mit einem feuchten Tuch den Schweiß von der Stirn. Einfühlsam halte ich ihre Hand und flüstere ermutigende Worte ins Ohr. Nach zehn Stunden heftiger Wehen werden die Schmerzen aber immer stärker, und ich immer nervöser. Nach 22 Stunden schütteln mich Weinkrämpfe. Außerhalb des Kreißsaals hole ich mir Trost von meiner Schwester Biene, die während der Marathongeburt zuverlässig an unserer Seite steht.

Nach einer gefühlten Ewigkeit von 27 Stunden ist es dann endlich soweit, der für mich phänomenalste Augenblick aller Zeiten: Lena ist da! Sie verschafft mir auf Anhieb eine nie dagewesene Form von Selbstvertrauen. Es fühlt sich so an, als sähe ich die Zukunft in den Kulleraugen meiner Tochter. Erst Jahre später realisiere ich, was für einen Wendepunkt Lena auch für mein eigenes Selbstverständnis bedeutet.

Bisher war es so: Egal wo ich stehe oder gehe, sofort falle ich auf und gerate unweigerlich in den Mittelpunkt. Kurze Pausen von kurzen Armen sind für mich nicht vorgesehen. Mein Leben ist ein einziger Kampf um Anerkennung und Gleichberechtigung. Gerade in jungen Jahren treibt mich dies immer wieder bis an den Rand der Verzweiflung. Als ich gerade acht geworden bin, geht meine Mutter mit mir in ein Café. So soll ich ein Gefühl dafür bekommen, wie es ist, mich in aller Öffentlichkeit zu zeigen. Aber die bohrenden Blicke und das unverhohlene Getuschel sind unerträglich. Schon nach wenigen Minuten verschwinde ich auf die Toilette und breche dort in Tränen aus. Experiment „zeig dich wie du bist" kläglich gescheitert. Zu meiner Schulzeit bin ich zu Anfang das, was man gemeinhin einen guten Schüler nennt. Im Laufe der Jahre aber suche ich auch auf anderer Ebene Anerkennung. Zwar bin ich beliebt, doch zum Klassensprecher reicht es nicht. Mache ich meine Späße während des Unterrichts, dann lacht die ganze Klasse. Wird aber auf dem Schulhof die Fußballmannschaft gewählt, dann bin ich trotz Qualitäten am Ball einer der letzten, die auserwählt werden. Ähnlich verhält es sich bei den Mädchen. Zwar sind viele von meiner vitalen und kreativen Ader angetan, zu einem flüchtigen Kuss ist aber keine bereit. Händchenhalten ist in dem Alter ja schon bei normaler Konstitution eine Mutprobe, die bei mir aufgrund des Höhenunterschieds zu einer schier unüberwindbaren Hürde wird. Breite Schultern zum Anlehnen? Fehlanzeige! So sind meine äußerlichen Besonderheiten augenscheinlich nicht mit den Vorstellungen der Mädchenwelt vereinbar. Das sind verzwickte Zustände, die ich in jenen Tagen leider nicht verändern kann, sosehr ich es mir auch wünsche. In meiner Pubertät entwickele ich zudem eine ausgesprochene Kinderphobie. Bedingt durch ihre Neugierde und Ehrlichkeit, sind sie mir ständig ein Dorn im Auge. „Mama, Papa, guckt mal, der Junge da vorne! Der hat ja gar keine Arme!“ Ich tue alles, um ihnen aus dem Wege zu gehen und meine Arme, und damit das, was ihnen fehlt, zu verbergen.

Eine Dekade später nun stellt Lenas bloße Existenz mein Dasein rundherum auf den Kopf. Sie beschert mir eine neue Leichtigkeit des Seins: Lebensfreude, wohltuende Kraft und emotionale Stärke. Die Außenwelt feiert es wie einen Prestigegewinn, dass jemand wie ich mit einer so liebreizenden Tochter aufwartet. Überall fliegen uns die Herzen zu. Bis zum heutigen Tag gebührt ihr das Alleinstellungsmerkmal, mich nachhaltig von vielen inneren Zwängen befreit zu haben. Ohne Zweifel ist sie das Geschenk meines Lebens. Von nun an ändert sich meine Lebensart. Der Alltag mit und unter Kindern macht es ohnehin unmöglich, meine Einschränkungen zu kaschieren. Hatte ich vor Lenas Geburt noch Bedenken, ob ich einem Leben mit Kind gewachsen wäre, so lösen sich diese im Handumdrehen auf. Es geschieht eine Verwandlung, wie ich sie niemals für möglich gehalten hätte. Mein Umgang mit Kindern lockert sich spielerisch. Kommt mal ein „Du kannst dir aber deine Socken gar nicht alleine anziehen, ätschibätschi!“ kontere ich mit: „Du kannst dir die Socken aber nicht mit den Füßen anziehen, so wie ich, ätschibätschi!“ Mit offenen Mündern bestaunen die Kleinwüchsigen dann den Kurzarmigen und seine unfassbaren Tricks. Manche erinnert das an die amerikanische Fernsehfigur Alf. Ein cleverer Außerirdischer, fremd, unergründlich und leicht überheblich bis angeberisch. Eben anders. Das erste Abtasten mit mir anderem dauert meist nur wenige Minuten, dann zeigen die Kinder ihr Wesen:

Herzlichkeit, Offenheit, Wissensdurst, Kreativität, Einfallsreichtum, Fröhlichkeit, Spontanität. Mir scheint es in solchen Glücksmomenten, als wäre ich lange eine unscheinbare Raupe gewesen, die nun als Schmetterling im Glanz ihrer besonderen Ausprägung erstrahlt: Meine gestutzten Flügel lassen mich, stolz zur Schau getragen, fühlbar leichter durch die Welt gleiten.

Dem frostigen Winter in Deutschland zeigen Biggi, Lena und ich für drei Wochen die kalte Schulter. Das erst sieben Wochen alte, quietschfidele Baby liegt bei 26 Grad im Schatten einer Dattelpalme am Strand von Gomera. Mit zirkusreifen Nummern bringe ich es regelmäßig zum Lachen, sodass selbst ungeliebte Tätigkeiten wie das Wechseln der Windeln spaßig werden und die Mama entlasten: Gekonnt ziehe ich mir das T-Shirt mit den Füßen aus, wirbele es dann gezielt durch die Luft, um es Sekunden später mit dem Popo wieder aufzufangen. Vor lauter Freude juchzt und gluckst die süße Maus. Sie kann sich gar nicht mehr einkriegen, und schwupps, schon sitzt die Windel. Kleine Unterschiede können große Aufmerksamkeit erzielen.

In einer Zeit voller Glückseligkeit geschieht etwas Schicksalhaftes. Jahrelang haben wir in unserer politischen Arbeit davor gewarnt, können es aber selbst kaum fassen: Am 26. April 1986 ereignet sich in der Sowjetunion die größte je dagewesene Nuklearkatastrophe. Der Super-GAU im Atomkraftwerk von Tschernobyl setzt Unmengen an radioaktivem Material frei. Die gesamte Welt steht unter Schock. Und wir stehen da, inwieweit vielleicht schon bald verstrahlt, ist noch unklar, und halten unser Baby in den Armen. Durch die intensive Beschäftigung mit dem Thema Atomkraft kann ich an meinen vier Fingern abzählen, dass weite Teile Europas in Mitleidenschaft gezogen werden. Mit Hunderten Menschen versammeln wir uns vier Tage nach der Reaktorkatastrophe vorm Göttinger Rathaus, um Informationen über mögliche Umweltbelastungen einzufordern. Die Reaktion der Stadt darauf ist der Einsatz einer Hundestaffel der Bereitschaftspolizei. Die Wettervorhersagen bringen schlechte Nachrichten, denn böiger Wind aus östlicher Richtung wird die radioaktiven Partikel über den Luftweg auch in unsere Heimat tragen. Aus dem Affekt heraus packen wir ein paar Taschen mit lebensnotwendigen Utensilien und verlassen das Land in Richtung Südfrankreich, um die Strahlenbelastung für uns drei möglichst niedrig zu halten. Doch nach fünf Tagen Aufenthalt in Toulouse brechen wir die Zelte dort wieder ab. Derart fernab von unseren Familien und Freunden wollen wir in dieser Krisenzeit nicht länger sein. Zudem gibt es wohl kaum einen Ort auf dem Planeten, an dem man der Strahlung dauerhaft entfliehen kann. Fortan dreht sich alles um die mögliche radioaktive Belastung der verschiedenen Lebensmittel. Vieles von dem, was wir sonst gerne verputzen, rühren wir erst einmal nicht mehr an. Da Lena nach wie vor gestillt wird und Muttermilch laut der Hausärztin am besten geeignet ist, haben wir schon mal eine Sorge weniger.

Bald melden wir Lena bei einem selbstverwalteten Kinderladen in Göttingen an. Die Auseinandersetzung mit deren pädagogischen Konzepten bis hin zu schafsfettgetränkten Wollwindelhosen macht deutlich, wie stark unsere elterlichen Erziehungsstile voneinander abweichen. Biggi und ich entfernen uns allmählich immer weiter voneinander. Die vorher so stürmische Liebesbeziehung hält den Herausforderungen, die ein Leben mit Kind an uns stellt, offenbar nicht stand. Als Lena knapp drei Jahre alt ist, wird eine Trennung für mich unausweichlich. Mutter und Tochter ziehen zu Biggis Eltern in ein Dörfchen in Norddeutschland. Ich bleibe in Göttingen, um die gemeinsame Wohnung aufzulösen und nach einer neuen Bleibe Ausschau zu halten. In kurzen Abständen fahre ich gen Norden, um den innigen Kontakt zu meiner Tochter aufrechtzuerhalten.

Eine weitere Lebenslage droht in die falsche Richtung zu kippen, nämlich mein Studium. Für das Vordiplom an der Pädagogischen Hochschule benötige ich noch einen wichtigen Schein in dem Fach „Statistik & Empirie". Der zuständige Professor sieht da schwarz, da die bisherigen Klausuren alle mangelhaft waren. In der Zwischenzeit bin ich bei Sabine untergekommen. In ihrer Frauen-WG lernen wir in jeder freien Minute. Wobei ich davon reichlich habe, nur sie selbst ist rund um die Uhr in ihr eigenes Studium eingebunden. Aber all das Gebüffel bringt nichts, schon damals im Abitur quälte mich diese latente Mathematikschwäche. Das schaffe ich nie und nimmer. Doch eines Tages tritt Sabine mit der Info an mich heran, dass ich den Schein in einem Hörsaal an der Uni absolvieren könne und dieser auch an der „PH" anerkannt würde. In einem Multiple-Choice-Verfahren müsste ich die möglichen Antworten nur ankreuzen, die Aufgaben nicht selbst ausrechnen. Der große Hörsaal ist bis auf den letzten Platz besetzt, als ich drei Wochen später mein Glück versuche. Um mich herum nur Frauen, mir äußerst zugewandt. Wie ein Hahn im Korb bin ich zwei Stunden lang damit beschäftigt, zu tuscheln und zu mauscheln. Auch wenn sie mir ein Dorn im Auge war, so bestehe ich die Prüfung im Endeffekt mit der Note gut. Als wir abends zusammen in der Kneipe sitzen, schaut mir Sabine tief in die Augen. Mit einem charmanten

Grinsen behauptet sie, dass ich mir dieses Zertifikat nur durch eines erschlichen hätte: intensives Flirten.

Bella Italia! Noch im gleichen Sommer sause ich mit Lena, Biggis Bruder Horst und B-Matze in meinem dunkelgrünen Golf nach Sardinien. „Kinderkassette!" lautet das Kommando von dem Kindersitz, und schon sind wir über alle Kasseler Berge. Der schützende Pinienwald von Santa Lucia im Osten der Insel bietet uns die Möglichkeit, wild zu campen. Wir sind nicht die Einzigen, die diese Form des Urlaubs bevorzugen, und so treffen wir verschiedene Leute aus den unterschiedlichsten Regionen Europas. Im nahegelegenen Dorf benutzen wir die sanitären Anlagen und kaufen bei der altersschwachen Mariella im kleinen Krämerladen die notwendigsten Lebensmittel ein. Auf den selbsterzeugten Rotwein, abgefüllt in Fünf-Liter-Plastikkanistern, erhalten wir Rabatt. Ausreichend Holz für das allabendliche Lagerfeuer schenkt uns der Wald. Der angrenzende Strand ist für Lena bestens geeignet, da sie im seichten Wasser prima herummatschen kann. Das für Sardinien unverkennbare immergrüne Buschland, die Macchie, betört mit einem Duft aus Kräuterpflanzen wie Thymian und Rosmarin.

Mich dagegen betört etwas völlig anderes, nämlich die entwaffnenden Augen von Emilia. Sommer für Sommer verlebt die Florentinerin hier ihre arbeitsfreie Zeit, um sich der Hektik der toskanischen Metropolitanstadt zu entziehen. Und so machen sich geringfügige Italienischkenntnisse, die ich mir zu Hause angeeignet habe, in unserer Kennlernphase mehr als bezahlt. Im Qualm des lodernden Lagerfeuers verdreht sie mir den Kopf. Daniele, Isabella und der B-Matze wechseln sich mit einer Akustikgitarre ab und bewegen alle dazu, nostalgische Partisanenliedern wie *Bella Ciao* mitzusingen. Eine Prise melodischer Abenteuerlust zieht durch den Pinienwald. Zu gegebener Zeit bringe ich Lena im gemütlich eingerichteten Campingzelt zu Bett, bevor ich meine beiden Reisegefährten darum bitte, in regelmäßigen Abständen nach ihr zu schauen. Mit einer angebrochenen Flasche Rotwein unterm Arm verschwinde ich mit Emilia in den nahegelegenen Dünen, um unseren Lustgefühlen freien Lauf zu lassen. Sex in einem Bett aus Sand, unter den Augen des Sternenhimmels. Dass er so toll sein würde, hätte ich mir in den kühnsten Träumen nicht vorstellen können. Die Begegnungen sind wie ein nicht endender Rausch. Von nun an schläft Emilia jede Nacht in unserem Zelt, denn wir wollen diese Romanze vollends auskosten. Tagsüber tolle ich mit Lena herum, und wir erfreuen uns an dem freien Leben in unbelassener Natur. Gegen Abend schiele ich dann in die leicht genervten Visagen meiner Mitreisenden, da, wie immer, ein Babysitter benötigt wird. Diesen Urlaub haben sich die beiden anders vorgestellt, doch mein Mitleid hält sich in engen Grenzen.

Am Tag ihrer Abreise fällt uns der Abschied ungeheuerlich schwer. Als Emilia den Bus in Richtung Olbia besteigt, um von dort aus mit einer Fähre das italienische Festland zu erreichen, können wir die Tränen kaum verbergen. Drei Tage später ist dann auch meine Bezugsgruppe auf dem Heimweg. Ohne das Kommando vom Rücksitz abzuwarten, werfe ich schwungvoll die Kinderkassette ein. Für meine Reisegefährten halte ich im Anschluss ein ausgeklügeltes Referat über die wilde, unbezähmbare Dünenlandschaft Sardiniens.

Moin muss reichen

Nachdem wir traumhaft schöne Wochen miteinander verbracht haben, fällt es mir schwer, Lena wieder in den hohen Norden zu bringen. In Göttingen suche ich derweil Ablenkung in der politischen Arbeit. Das Hauptaugenmerk meines Engagements gilt dem Arbeitskreis gegen Atomanlagen und der Göttinger Antifa. Die Kritik anderer linksorientierter Gruppen, wir wären mit unseren Aktionen auf der pausenlosen Suche nach Bestätigung für die eigene Weltanschauung, teilen wir nicht. Immerhin leben wir das, was wir propagieren, an jedem einzelnen Tag und verfallen nicht in blinden Aktionismus.

Nur eine einzige, aber entscheidende Tatsache stellt die Wertigkeit dieser Lebensanschauung in Frage, und das ist die Kommunikation innerhalb der Gruppen. Selbst in unseren Reihen stellt sich eine von Männern dominierte Gesprächsführung heraus, die etliche Frauen dazu treibt, sich diesen Strukturen zu entziehen. Monatelange Auseinandersetzungen auf verschiedensten Vollversammlungen lassen die geschlechterspezifischen Gräben immer tiefer werden. Auch bei mir hinterlassen die Differenzen gravierende Spuren, und das Machogehabe vermeintlicher Anführer entfernt mich Stück für Stück weiter von der Basis. Zudem verändert die Rolle als verantwortungsbewusster Vater meine Sicht auf die Dinge. Und so ziehe ich mich fast zwangsläufig immer mehr aus den vorherigen Lebensgewohnheiten zurück. Grundlegend revidiere ich meine politische Einstellung keineswegs und werde auch zukünftig für all die Leitbilder einstehen, für die ich jahrelang gekämpft habe.

Nach reiflicher Überlegung steht irgendwann der Entschluss fest, meine Tochter in der Nähe haben zu wollen. Doch dazu muss ich den Wohnort wechseln. Die lebenslange Verbundenheit zur Weser, die sich von der Geburtsstadt über den Studienort bis hin zur neuen Wahlheimat immer in Schlagdistanz befand, zieht sich wie ein roter Faden durch mein Leben. Nicht nur das maritime Flair der Hansestadt Bremen, auch die kulturelle Vielfalt spricht mich an. Zum neuen Domizil wird eine heruntergekommene Zweizimmerwohnung in der Neustadt, die mehr als nur renovierungsbedürftig ist. Mit überschaubarem Budget kann ich mir nur dieses Loch leisten. Ohne Bad und ohne Dusche. An Zentralheizung ist nicht zu denken, lediglich ein Öl- und ein Kohleofen verströmen ein wenig Komfort. Glücklicherweise habe ich nette Nachbarn, die mir dabei behilflich sind, die notwendigsten Handgriffe zu erledigen. Kohlen oder Briketts müssen aus dem Keller hochgeholt und die Ölkanne regelmäßig aufgefüllt werden. Aber auch aus wenig lässt sich viel machen: In der nur sechs Quadratmeter kleinen Abstellkammer ist genügend Platz für den Tischfußballtisch, den mir Freunde als Hochzeitsgeschenk vermacht haben.

Kickern ist eine meiner größten Leidenschaften! Als kleiner Junge hatte ich mich in dieses Spiel auf ganz eigene Weise eingefuchst. Im heimatlichen Landgasthaus gehörte ein Tischfußballtisch zur Grundausstattung. Doch die Entfernung zu den Griffen war so groß, dass ich umdenken musste. Also nahm ich einen Stuhl und verschaffte mir so Zugang zu ausgiebigen Trainingsmöglichkeiten. Niemand traute mir etwas zu, doch schon mit elf Jahren verblüffte mein raffiniertes Spiel bereits die Stammkundschaft im

Schankraum. Alles eine Frage des Betrachtungswinkels, denn den Abstand konnte ich durch die Sitzposition egalisieren und im günstigsten Fall zum Vorteil ummünzen. Um ein Glas Bier durfte ich zu jener Zeit noch nicht spielen, um Gummibärchen schon.

Nur selten im Fokus: das Studium. Der rein formale Wechsel von der Pädagogischen Hochschule in Göttingen an die Universität Bremen verläuft nicht reibungslos. Nach einem Antrag auf Sozialhilfe schickt mir die Bremer Uni einen Brief, in dem die Fachbereichsleitung dem Sozialamt mitteilen soll, ob ich „aufgrund meiner geistigen und körperlichen Fähigkeiten in der Lage sei, ein Studium zu bestreiten". Das lasse ich nicht auf mir sitzen und fahre umgehend zur Bremer Uni, die landesweit einen linksliberalen Ruf genießt. So ist es auch Usus, sich zu duzen. Eine fesche Mittvierzigerin ist gut darin geübt und führt mich ohne Umschweife in ihr Büro. Ein Poster mit einem riesigen Schriftzug prangt an der Wand. „Wir werden nicht als Männer und Frauen geboren – wir werden dazu gemacht!" Heute bin ich aber nicht hier erschienen, um über zeitgemäße Leitsätze zu philosophieren.

Ein taktisches Vorgehen ziehe ich erst gar nicht in Erwägung, sondern falle gleich mit der Tür ins Haus. Provokant will ich von ihr wissen, ob sie denn als Frau überhaupt in der Lage sei, den derzeitigen Beruf auszuüben. Ihre vitale Gesichtsfarbe verblasst im gleichen Atemzug. Eiszeit. Ohne mit der Wimper zu zucken, schaue ich ihr in die Augen. Diese Zeitspanne erinnert mich an die berühmte Anfangsszene aus einem meiner Lieblingsfilme *Spiel mir das Lied vom Tod*. Die Fachbereichsleiterin würde dieser Kampfansage sicher gern entgegenwirken, doch irgendeine Vorahnung hält sie davon ab. Trotzdem wolle sie darüber in Kenntnis gesetzt werden, wer ich denn sei und was es mit dieser unverschämten Dreistigkeit auf sich hätte. Wut und zugleich Skepsis kennzeichnen die Art, wie sie ihr Anliegen zum Ausdruck bringt. „Wir werden nicht als Behinderte geboren – wir werden dazu gemacht!", antworte ich mit flüchtigem Seitenhieb auf das Poster und werfe ihr den Brief auf den Schreibtisch. Damit fällt das Kartenhaus in sich zusammen. Just in dem Moment, als sie krampfhaft zu erläutern beginnt, wie ihr solch ein Malheur passieren konnte, stehe ich auf und verlasse wortlos den Raum. Noch auf dem Flur ruft sie mir nach, ich solle doch bitte warten. Charles Bronson hätte an dieser Stelle, ohne Blick zurück, nur eines von sich gegeben: „Irgendeiner wartet immer!" Zwei Tage später empfange ich eine schriftliche Entschuldigung mit dem Zusatz, dass ihr Job in Gefahr sei, wenn dieser Vorgang an die Öffentlichkeit gelange. Sie könne aber gut nachvollziehen, wenn ich ihn publik machen wolle. Als politisch motivierter Mensch bin ich hin- und hergerissen. Telefonisch beschwere ich mich beim Sozialamt über deren Respektlosigkeit, der Uni überhaupt eine solche Anfrage zu stellen. Letztendlich verfolge ich das Ganze nicht weiter und erhalte nur zehn Tage später den Sozialhilfebescheid. Tatsächlich habe ich genug damit zu tun, meine existenzielle Grundversorgung sicherzustellen.

Bei Heike, die ich aus meinem Studiengang kenne und ihrem Freund Stefan, darf ich im Bremer Stadtteil Peterswerder jederzeit deren Badezimmer benutzen. Als neu Hinzugezogener erkundige ich mich danach, ob man die Leute hier im hohen Norden auf eine besondere Weise anspricht. Die Antwort lässt nicht lange auf sich warten: ‚Moin muss reichen, und zwar zu jeder Tageszeit!' In den kommenden Wochen vermittele ich Biggi die kürzlich frei gewordene Wohnung über mir. Durch die räumliche Nähe können wir, jeder für sich, viel Zeit mit unserer Tochter verbringen, ohne dabei weite Wege zu überbrücken. Eines Sonntags gucke ich bis spät in die Nacht hinein einen Film über den Vietnamkrieg. Als zwei Frauen in einer brutalen Filmszene vergewaltigt werden, ertönt ein Dauerklingelton. Kaum dass ich die Wohnungstür öffne, steht Biggi auch schon im Hausflur. Ohne Vorwarnung spüre ich ihre barsche Ohrfeige in meiner rechten Gesichtshälfte. Dann hält sie Ausschau nach dem vermeintlichen Frauenbesuch. Peinlich berührt nimmt sie das Stimmengewirr des Fernsehgerätes wahr. Für eine Entschuldigung gebe ich ihr allerdings keine Zeit. Ich schüttele nur ungläubig den Kopf, knalle die Tür zu und trotte zum Sofa zurück. Und wieder was gelernt. Distanz kann auch seine guten Seiten haben.

Der 30. Geburtstag steht bevor, und diesen möchte ich originell feiern. Doch da gibt es ein klitzekleines Hindernis, ich leide unter Geldnot. Wenn aber gerade mich das Leben eines gelehrt hat, dann die altbekannte Binsenweisheit: „Not macht erfinderisch". Und so miete ich das Partyschiff Nr. 2 bei der Bremer Fahrgastschifffahrtsgesellschaft Hal över an und lasse mir die ansonsten unerschwinglichen 2.500 D-Mark durch die Geburtstagsgäste finanzieren. Die Einladungskarte mit der Aufschrift „Die erste Party, von der du nicht abhauen kannst" muss im Vorfeld bei mir käuflich erworben werden. Nach zweijährigem Aufenthalt in Bremen ist es nicht so schwierig, 100 Freunde, Bekannte und selbstverständlich die Familienmitglieder für diese Festivität zu gewinnen. Meine Familie bereitet im Landgasthaus ein kaltes Büffet vor, kutschiert es im Kleinbus 120 Kilometer zum Weserufer und macht mir damit ein formidables Geburtstagsgeschenk. Als Spaßverderber zeigt sich zunächst der Bootskapitän, der sich weigert, eine St.-Pauli-Totenkopfflagge zu hissen, da er an Sponsorenverträge gebunden sei. Nur rechnet er nicht mit meiner Hartnäckigkeit, und so können wir an diesem lauen Spätsommerabend nach kurzem Zwiegespräch unter falscher Flagge in See stechen.

Ende September klingelt es eines Abends an meiner Wohnungstür. Vor mir steht eine entzückende Frau. Offen gestanden, will sie jemand anderen besuchen, doch ihr Bekannter ist noch nicht zu Hause eingetroffen. Dankend nimmt Frauke mein Angebot an, so lange bei mir zu warten, bis ihre Verabredung eintrifft. Es ist Liebe auf den ersten Blick. Die Ärztin aus Westberlin kam vor drei Jahren aus der DDR. Ihr strahlendes Lachen und der ansteckende Humor betäuben mich. In meiner Küche wechseln wir schnell von Kaffee zu Bier. Obwohl ich ja offiziell noch immer verheiratet bin, würde ich Frauke vom Fleck weg heiraten. Der schroffe Klingelton erstickt diesen Gedanken allerdings im Keim. Fasziniert voneinander, tauschen wir die Adressen aus und verabschieden uns mit einer innigen Umarmung. Drei Tage später finde ich einen handgefertigten Briefumschlag im Briefkasten. Die Einladung nach Westberlin kommt keineswegs überraschend.

Die Mitfahrzentrale am Körnerwall verschafft mir die Gelegenheit, sowohl die Benzinkosten als auch die dröge Fahrt über den Transit erträglicher zu machen. Fraukes Wohnung liegt im Westberliner Stadtteil Schöneberg. Der verabredete Treffpunkt ist eine nahe gelegene Musikkneipe, in der wir mit einigen ihrer Freunde einen vergnüglichen Abend erleben. Leicht beschwipst verlassen wir irgendwann das Lokal, und dann brechen alle Dämme. Der Schlüssel steckt noch nicht ansatzweise im Türschloss ihrer Wohnung, da fallen wir buchstäblich übereinander her. Gerade so eben finden wir den Weg in ihr Schlafzimmer. Geschlafen haben wir keine Sekunde, als Frauke um acht Uhr morgens zu ihrer Arbeitsstelle schleicht. Gegen 16 Uhr kehrt sie aus der Klinik zurück, und wir machen exakt dort weiter, wo wir am frühen Morgen aufgehört haben. Abends legt sie mir ihre Pläne dar, noch in diesem Sommer für drei Monate nach Afrika zu fliegen. In Namibia wird sie als Anästhesistin in einem Selbsthilfeprojekt tätig sein, das von der Bundesregierung gefördert wird. Nachdem wir drei Tage mehr oder weniger in waagerechter Körperstellung verbracht haben, entscheidet sich Frauke spontan, über das Wochenende mit nach Bremen zu kommen. Da Mitfahrzentralen in Westberlin in fast jedem Stadtteil existent sind, ist mein VW Golf auch diesmal bis auf den letzten Platz voll.

Am ersten Kontrollpunkt der Transitstrecke auf dem Weg durch die DDR überreiche ich dem brummigen Grenzer die Reisepässe, dann rollen wir fünfzig Meter weiter zum zweiten Grenzhäuschen, wo wir diese von einem noch brummigeren Beamten zurückerhalten. Einer der Mitfahrer, der Soziologiestudent Andreas, hat davon Wind bekommen, dass Frauke eine bewegte DDR-Vergangenheit in sich trägt. Voller Neugier erkundigt er sich, ob sie denn wisse, wie dieses Prozedere mit den Reisepässen vonstattengeht. Ihre Auskunft verwundert sowohl ihn als auch mich selbst: „Du musst dir das so vorstellen, Andreas! Der erste Grenzbeamte sieht sich die Ausweise genau an. Dann steckt er sie in den handlichen Rucksack, den ein bereitstehender Hamster auf dem Rücken trägt. Der spurtet nun über ein Laufband zum anderen Grenzbeamten, um die Reisepässe einer abschließenden Überprüfung zu unterziehen. Du konntest doch auf der linken Seite diesen schmalen länglichen Schacht erkennen, der die beiden Kontrollpunkte verbindet.

Die Glasfronten des Kanals sind verdunkelt, sodass die Hamster nicht vom Tageslicht geblendet werden, von außen aber leider auch nicht zu erkennen sind.“ Anstatt Frauke zu fragen, ob sie nicht alle Latten am Zaun habe, wird Andreas nicht einmal stutzig. Die laute Musik meines Autokassettenradios macht das monotone Geräusch beim Überfahren der Betonplatten des Transits ein wenig erträglicher. Als Einstimmung für das kommende Wochenende läuft meine derzeitige Lieblingsband The Cure vom Band, denn ich habe für Frauke und mich zwei Eintrittskarten für das Konzert auf der Kiss-me-Tournee in der Bremer Stadthalle besorgt.

In Bremen angekommen, übergibt Andreas die 12 D-Mark Benzinkostenbeteiligung an Frauke und fragt sie allen Ernstes, ob die Geschichte mit den Grenzhamstern denn auch der Wahrheit entsprechen würde. „Na logo, was glaubst du denn!“, entgegnet sie ihm ganz schön abgezockt. Bei mir zu Hause fallen wir von einem Lachkrampf in den nächsten. „Wer kann sich nur so einen Quatsch ausdenken?“, will ich von Frauke wissen, als ich wieder halbwegs bei Verstand bin. „Falsche Frage“, entgegnet sie, „wer kann mir so eine haarsträubende Story überhaupt abkaufen?“ Ich bin überhaupt kein Fan von großen Konzerthallen, doch der Auftritt von The Cure ist ein Highlight. In Bezug auf Frauke bleibt er mir unvergesslich. Die nächsten Wochen pendeln wir hin und her, von Bremen nach Westberlin und zurück. Es entwickelt sich eine hinreißende Liebesgeschichte. Frauke hegt Ambitionen, ihren Lebensmittelpunkt nach Bremen zu verlagern. Zuvor aber gilt es, die Mission in Namibia zu erfüllen. So gibt es Anfang Juni einen wehmutsvollen Abschied am Westberliner Flughafen Schönefeld.

Stromausfall à la carte

Es ist mal wieder Flohmarktzeit. Bei herrlichstem Sonnenschein spaziere ich zur Weser. Hermann, der zusammen mit seiner Frau Rita einen Verkaufsstand an der Weserpromenade betreibt, ist ein ausgezeichneter Geschichtenerzähler. Heute klärt mich das Bremer Urgestein über sein streng vertrauliches Erfolgsrezept auf. Die Freaks mit den üppigsten Portemonnaies wollen immer die unübertrefflichsten Klamotten zur Schau stellen. Abgetragene Lederjacken sind derzeit hoch im Kurs. So richtig abgewetzt sehen sie erst vorzeigbar aus. Und da hilft der kluge Geschäftsmann doch gerne ein wenig nach. In Amsterdam deckt er sich kostengünstig mit neuen Lederklamotten ein. Diese werden im Schrebergarten mit Schuhcreme gewachst und dann bündelweise hinter den alten Lieferwagen gespannt. Unwegsame Feldwege und ungeteerte Schotterpisten erzeugen nicht nur ein abgefahrenes Outfit, sie ermöglichen auch einen beträchtlichen Profit. Ob er mir gerade ein Märchen auftischt, kann ich wirklich nicht sagen, aber es hört sich nach einem ausgereiften Geschäftsmodell an.

Auf der Bildfläche taucht Ulf zu seiner Arbeitsschicht auf, ein alter Freund und Mitarbeiter Hermanns. Er animiert mich im Folgenden zu einem gemeinsamen Engagement, das meine Welt aus den Angeln heben wird. An der Hochschule für Künste suchen sie im Studentencafé nach neuen Herausforderungen. Mit hippen Wochenendpartys will man auch in aller Öffentlichkeit wahrgenommen werden. Händeringend wird nach geeigneten DJs gesucht. Und genau da komme ich bei Ulf ins Spiel. Bei unserer persönlichen Vorstellung ist der Geschäftsführer vom gemeinsamen Musikkonzept unter dem Motto „Café Kunst“ vollends überzeugt. Gerry ringt uns das Versprechen ab, bereits in wenigen Wochen an den Start zu gehen. Fast täglich hocke ich nun mit Ulf in seiner engen Dachgeschosswohnung. Die Musikkassettendecks laufen heiß, denn stundenlang spielen wir uns die favorisierten Songs für die bevorstehenden Disconächte vor. Ein punktgenaues Vorspulen der einzelnen Lieder ist unerlässlich für einigermaßen professionelle Auftritte. Die Wochenendtermine teilen wir auf, ich lege freitags auf und Ulf samstags. Gut vorbereitet stehen wir in den Startlöchern.

Ein seitenlanger Brief von Frauke flattert ins Haus. Nachdem ich länger nichts von ihr mitbekommen habe, lese ich nun schwer verdauliche Zeilen. Während ihrer Zeit in Namibia hat sie sich in einen Einheimischen verliebt. Aus der Ferne ziehe ich einen Schlussstrich unter diese Episode. Bei ihrer Rückkehr nach Deutschland im Spätherbst wird sich Frauke die Augen reiben, denn am 9. November 1989 fällt die Berliner Mauer.

Das Café Kunst legt einen Raketenstart hin. Binnen kürzester Zeit übertreffen die Besucherzahlen alle Erwartungen. Wie ein Lauffeuer spricht es sich in der Bremer Kulturszene herum, dass eine unbekannte Location alternative Rockmusik spielt. Im folgenden Herbst stehen lange Warteschlangen vorm Eingangsportal. Literweise perlen Schweißtropfen von den Wänden. Musikalisch gesehen ist es eine aufregende Zeit, denn Bands wie Red Hot Chili Peppers und Rage Against The Machine lassen die Tanzfläche förmlich explodieren. Weiterhin sorgt eine gitarrenorientierte Musikrichtung für

Furore und wird von der Schallplattenindustrie gehypt, das ist der Grunge. Musikgruppen wie Nirvana oder Pearl Jam bringen auch meinen Puls auf Touren. Gerrys schrottreife Musikanlage wird ernsthaft auf die Probe gestellt, denn eine notdürftig angebrachte Lichterkette sorgt hin und wieder für minutenlange Stromausfälle. Weit nach Mitternacht platzt der Musikschuppen aus allen Nähten. Ich wähle die Liveversion von Melissa Etheridges *Like the way I do* aus, um genügend Zeit für einen Toilettengang einzuplanen. Dort stelle ich nach kürzester Zeit fest, dass keine Musik mehr aus dem Tanzraum zu vernehmen ist. Fluchtartig verlasse ich das Örtchen. Auch ohne musikalische Unterhaltung ist die Tanzfläche weiterhin gut gefüllt, und von Aufgeregtheit fehlt jede Spur. Der eilig herbeigeholte Gerry wechselt gefühlt in Zeitlupentempo eine defekte Glühbirne aus. In der Zwischenzeit spule ich die Mucke wieder auf Anfang, und weiter geht das Spektakel. Genau das wollen die Leute: Auch wenn mal eine Kleinigkeit schiefläuft, hier kommt alles aus erster Hand. Nach jeder Disco im Café Kunst spiele ich zum Abschluss ein Lied, das auch den letzten Gästen das Ende der Tanznacht vor Augen führt. Der Song *One* von Johnny Cash gefällt auch Svenja, die am Tresen arbeitet und mein Herz höher schlagen lässt. Sie ist zwar wesentlich jünger als ich, was uns jedoch nicht davon abhält, eine Liaison einzugehen.

Nach mehreren Anläufen, es nochmals miteinander zu versuchen, auch im Hinblick auf unsere Tochter, muss endlich mal Klarheit herrschen. Meine Beziehung zu Svenja wird immer enger, sodass Biggi irgendwann die Scheidung einreicht. Dieser Schlussstrich tut uns beiden gut. Wir vereinbaren gemeinsames Sorgerecht. Biggi hingegen will sich neu aufstellen, auch beruflich. Bereits im Sommer soll ihre zeitaufwendige Ausbildung zur Physiotherapeutin beginnen. Darüber bin ich nicht unglücklich, denn so tauschen wir die Rollen. Auch ich werde Entscheidendes verändern, indem ich einen Wohnortwechsel vornehme. Ich ziehe mit Lena aufs Land und bin innerhalb der Woche umtriebiger Hausmann. An den Wochenenden bringe ich sie zu ihrer Mama, um meiner DJ-Tätigkeit nachzugehen.

Stendorf liegt nördlich von Bremen und Lenas Einschulung erfolgt auf dem platten Lande. Für die folgenden vier Jahre kann sie nun gut behütet die ersten Schritte ihrer schulischen Laufbahn gehen. Die 120-Quadratmeter-Wohnung ist ein Novum für mich, denn noch nie hatte ich so viel Wohnraum zur Verfügung. Mein Bruder Stephan, der gelernter Tischler ist und mir schon immer hilfreich zur Seite steht, verwandelt innerhalb von drei Monaten eine schrottreife Behausung in eine ansprechende Landhauswohnung. Auf dem weitläufigen Gelände eines örtlichen Ponyhofs nimmt Lena ihre ersten Reitstunden. Innerhalb der Woche ist sie fast täglich mit ihren Freundinnen verabredet. Die meisten von ihnen kommen vom Bauernhof, und so spielt meine Tochter viel im Freien, umgeben von Ferkeln, Katzenbabys und Hühnerkacke.

Eines Freitags hole ich sie von der Grundschule ab. Wie aus dem Nichts rennt vor dem Schulgebäude eine Gruppe Frauen auf mich zu. Was ich denn in den Pfannkuchenteig mache, wollen sie zu gerne wissen. Ihre Kinder würden ständig davon reden, dass Lenas Papa die leckersten Pfannkuchen zubereite. Innerlich muss ich schmunzeln, doch äußerlich gebe ich mich ahnungslos. „Das muss wohl an der Pfanne liegen", lautet die unpräzise Antwort. Enttäuscht löst sich der Pulk direkt wieder auf, denn die Frauen haben auf eine ergiebigere Auskunft spekuliert. Warum aber sollte ich ihnen mein Geheimrezept verraten? Statt drei Löffel Mehl verwende ich nur zwei und gebe stattdessen einen Löffel Vanillepuddingpulver hinzu. Dadurch bekommen die Pfannkuchen ihren köstlichen Vanillegeschmack und erhalten zusätzlich eine fluffige Konsistenz. In einer Welt voller Kopien sind Abweichungen unverzichtbar!

Da steht ein Dorf auf'm Flur

Die Annehmlichkeiten des Landlebens weiß auch ich zu schätzen, wobei hier der Hund verfroren ist. Unten im Dorf gibt es einen Gasthof, den ich kurzentschlossen eines Abends betrete. Die nächsten Wochen hocke ich immer mal wieder vor Angelikas Tresen und berichte anschaulich von den Bremer Partynächten. An einem dieser Abende ist sie nicht davon abzubringen, eine Wette mit mir einzugehen. Zwar könne ich in der Großstadt alternative Tanzprojekte bespielen, aber eine Bauernhochzeit auf dem Lande? Nie im Leben! Das stimuliert meinen Ehrgeiz, und ich schlage ein. Es ist sicherlich der Menge an Alkohol geschuldet, die mich zu folgender Aussage verleiten lässt: „Immer mal wieder habe ich mir in dunklen Stunden ein Schreckensszenario ausgemalt: Was muss es für ein krasses Gefühl sein, wenn der Evergreen *Da steht ein Pferd auf dem Flur* über meine Musikanlage abgespielt würde. Wiehern die Gäule dann in Stereo?"

Da viele Hochzeiten des Dorfes in ihrem Gasthaus gefeiert werden, ist es ein Leichtes, mir eine solche zu vermitteln. Nur zwei Wochen später sitze ich mit einem der örtlichen Großgrundbesitzer samt seines Sohnes an meinem Küchentisch. Der Betreiber einer Schweinezucht verbreitet im Wohnzimmer einen säuerlichen Geruch, der in Windeseile den gesamten Raum erfüllt. Es gibt einen triftigen Grund, warum die zukünftige Braut, nach der ich mich kurz erkundige, nicht zugegen ist. Das hier sei Männersache. Vorsichtig erkundige ich mich beim Sohn nach dessen Musikgeschmack. „Alles Papperlapapp", entgegnet der Vater und wischt diese sinnfreie

Frage vom Tisch. Vielmehr erkundigt er sich danach, ob ich das Geld gleich jetzt in bar haben wolle? Nun ahne ich langsam, was da auf mich zukommen könnte. „Na, dann bis in drei Wochen", verabschiedet er sich mürrisch. „In meinem Kalender steht etwas anderes", entgegne ich irritiert. Aber da sind sie bereits auf dem Gehweg. Ich nehme das so hin, diese Art von Dialog ist bei ihm scheinbar gang und gäbe. „Hast du was gesagt?" „Nö, das war gestern."

Die Hochzeitsfeier findet zwar erst in vier Wochen statt, doch schon jetzt bekomme ich Herzrasen. Hilfe wird benötigt, und zwar schleunigst! Am Telefon flehe ich meinen Freund Matties an, ob er mir nicht bei der Musikauswahl behilflich sein könne. Er selbst entertaint als DJ und Musiker auf Privatfeiern. Tags darauf drückt er mir zwei Koffer voller CDs mit dem Hinweis in die Hand, dass ich mich allein mit dem grauenhaften Genre auseinandersetzen müsse. Diese volkstümliche Musik hat er nur alle Jubeljahre in Gebrauch und nimmt davon auch liebend gerne Abstand. Mit einem dreckigen Grienen wünscht er mir gutes Gelingen. Schon da bereue ich meine Wette zutiefst, zumal der Wetteinsatz, ein Abend freie Getränkeauswahl, in keinem Verhältnis zum Aufwand steht. Mit Svenja versuche ich an mehreren Abenden, die Spreu vom Weizen zu trennen. Also die grottenschlechte Musik von der noch viel schlechteren. Allein schon die Titel der Schlager-CDs sind furchterregend, geschweige denn deren Inhalt. Zwei Flaschen Campari sorgen dafür, dass ich meine Vorbereitungen wenigstens halbwegs zum Abschluss bringen kann.

Hurra, das ganze Dorf ist da! Am Tag der Feier ist der Gasthof bis auf den letzten Platz gefüllt. Endlich erfahre auch ich, wer die Braut ist. In ihrem schweinchenrosafarbenen Brautkleid hebt sie sich deutlich von der Menge ab.

Aus taktischen Erwägungen platziere ich unter dem Mischpult eine gut gefüllte Thermoskanne. Die hochprozentige Campari-Orange-Mischung soll mir gute Dienste leisten. Doch schon der Auftakt beim Essen geht voll in die Hose. Zu weithin bekanntem Swing der 60er-Jahre erweitere ich mein ausgesuchtes Musikvorlaufprogramm mit Barjazz und Schmusepop. Die piekfeine Hochzeitsgesellschaft scheint das eher zu stören, denn sie macht einen gereizten Eindruck auf mich. Aufgeplusterten Gockeln gleich erheben sich zwei Halbstarke mit kahlrasierten Schädeln von ihren Stühlen und steuern geradewegs auf mich zu. Allein die Art, wie sie mich ansehen, spricht Bände. In ihren Augen erkenne ich Ablehnung und Geringschätzigkeit. Derartige Herabwürdigungen haben mich in anderen Situationen oftmals gekränkt, doch in diesem Fall ist das anders. Denn diesen beiden steht Boshaftigkeit und Blödheit gleichzeitig ins Gesicht geschrieben. Das Einzige, was sie draufhaben, ist, herumzukrakelen: „Was ist denn mit deutscher Volksmusik, dieses Gejaule kann ja kein Mensch ertragen." „Verpisst euch, ihr Fuzzis!" würde ich ihnen am liebsten entgegenbrüllen, ignoriere sie aber. Ein Eklat könnte unabsehbare Folgen haben. Sie ziehen Leine, und ich muss mir zur Beruhigung der Nerven erst einmal einen manierlichen Schluck aus meinem Vorrat genehmigen. Erhobenen Hauptes hält Brautvater eine knappe Rede, aus der unumwunden hervorgeht, dass nur er hier das Sagen hat. Im Folgenden wendet er sich mir zu und wedelt mit einem Couvert voller Geldscheine vor meiner Nase herum: „Nachzählen!" Gleichmütig winke ich ab, drücke ihm eine Rechnung in die Hand und versenke die Kohle im CD-Koffer.

Die Zeit ist reif für den Eröffnungstanz. Mit einem Mikrofon in der Hand begrüße ich sowohl das Brautpaar als auch die versammelte Dorfgemeinschaft. Zum Kaiserwalzer tanzen alle noch brav mit, doch beim anschließenden Welthit *Dancing Queen* von Abba sieht die Sache schon anders aus. Wie auf Kommando flüchten die Gäste auf ihre angestammten Plätze. Sie wollen also nicht schwofen, sondern sicherlich gleich durchstarten. So denke ich es mir und versuche es beim nächsten Anlauf mit Marianne Rosenberg: *Er gehört zu mir.* Keine Reaktion. Alle starren nur teilnahmslos auf die Schnapsflaschen, die überall auf den Tischen verteilt stehen. Auch ich muss mir Mut antrinken, also nehme ich noch ein Schlückchen aus dem versteckten Vorrat. Ich muss mir dringend etwas einfallen lassen, denn so kann sich das Trauerspiel beileibe nicht fortsetzen. Ansonsten degradiert mich der Brautvater noch zum Schweinehüter. Schweren Herzens greife ich zum letzten mir verbliebenen Strohhalm. In dieser Phase ist als einziges Stilmittel pure Animation gefragt. In Feldwebelmanier fordere ich alle per Mikrofon auf, sich auf der Tanzfläche zu einer Polonaise zu formieren. *Hier fliegen gleich die Löcher aus dem Käse!* Das fruchtet, denn diese Form der Unterhaltung scheint den Leuten geläufig zu sein. Sekundenbruchteile später fasst der Otto der Heidi von hinten an die Schultern, ja, das ist prima, denn da kommt Stimmung auf. Das Echo ist überwältigend, und das Motto dieser Festivität lautet von nun an „Stumpf ist Trumpf"!

Wie ein aufgescheuchter Hühnerhaufen rappeln sich alle von ihren Sitzen auf, um nur nicht den Anschluss zu verpassen. Auch wenn ich nicht inkognito hier bin, so kann ich doch heilfroh sein, dass die Bremer Kulturszene nicht Zeuge dieser schrecklichen Darbietung ist. Den üppigen Rest aus der Thermosflasche stürze ich auf ex herunter, dann werfe ich alles in die Waagschale. Ein lausiger Schlagerhit reiht sich an den nächsten. Gegen 22 Uhr kocht die Stimmung im Saal über, und die Belegschaft liegt sich halb betrunken in den Armen. Angelika lugt um die Ecke und sieht ihre Felle davonschwimmen. Kopfschüttelnd stellt sie mir ein frisch gezapftes Bier auf den angrenzenden Bistrotisch. Auch wenn diese Nacht noch lange nicht vorbei ist, so habe ich endlich den richtigen Schlüssel für das arg ramponierte Schloss ausfindig gemacht. In kurzen Abständen schiebe ich die Regler meines Mischpultes nach unten, damit der ganze Saal ohne Hintergrundbeschallung inbrünstig mitträllern kann, um sie daraufhin wieder bis zum Anschlag hochzuziehen. Die Schlüpfrigkeit dieser hirnlosen Schlagertexte kennt keine Grenzen. Gegen Mitternacht ist es endlich soweit. Es folgt der Akt, auf den ich fieberhaft hingearbeitet habe. Ein lautes Wiehern aus der linken Lautsprecherbox, gefolgt von einem aus der rechten, versetzt die Feierwütigen regelrecht in Ekstase. Tatsächlich, die Gäule wiehern in Stereo! Die Membranen der Lautsprecherboxen halten diesen schrillen Tönen stand. Aktuell steht nicht nur ein Pferd auf dem Flur, sondern ein komplettes Dorf gerät außer Kontrolle.

Dichter Nebel liegt bereits über den Feldern, da machen sich Teile der Hochzeitsgesellschaft schwerfällig auf den Heimweg. Eine ältere Frau wird in ihrem Rollstuhl zu meiner Musikanlage gefahren und möchte mir noch etwas mitteilen. Nach all dem Alkohol kann ich mich selbst kaum mehr auf den Beinen halten. Die Lautstärke ist mir völlig entglitten, denn ich bin sternhagelvoll. Und so beuge ich mich mit letzter Kraft zu ihr herunter: „Junger Mann, tolle Arbeit, alle sind begeistert! Wir müssen jetzt aber ganz schnell zum Melken, die Kühe sind schon über die Zeit. An unserem Tisch haben wir sie schon für das nächste Dorfgemeinschaftsfest vorgeschlagen. Gute Musiker sind heutzutage nur schwer zu finden."

Asien für Anfänger

Das Thai-Curry auf der belebten Khaosan Road ist ultrascharf: Es treibt sowohl dem B-Matze als auch mir Tränen in die Augen. Dieser Meltingpott ist Bangkoks Tummelplatz für Langnasen aus aller Welt, wie die Thais uns Westeuropäer leutselig nennen. Die 500 Meter lange Straße ist ein beliebter Backpacker-Hotspot und hat auf engstem Raum eine Menge zu bieten. Zahllose Restaurants und Garküchen, versteckte Bars, in denen viel zu junge Mädchen nach Kundschaft Ausschau halten, Trödelläden mit asiatischem Krimskrams und günstige Unterkünfte soweit das Auge reicht. Aus Wänden von Lautsprechern dröhnt westliche Rockmusik, und schnell landen wir in einem Hexenkessel aus Jubel, Trubel und Heiterkeit. Dieses Tohuwabohu im Vergnügungsviertel verliert aber bereits nach zwei Tagen seine Reize.

Früher als gedacht sitzen wir daher im Nachtzug von Bangkok nach Surat Thani. Am offenen Fenster laben wir uns an Singha-Bier und Hühnchen mit Reis. Im Fahrtwind inhaliere ich den unvergleichlichen Duft der Tropen. Dieser Geruch ist so fremd und geht mir durch und durch. Anders ergeht es da meinem Kumpel, der dazu eine ganz eigenwillige Überlegung anstellt: „Dieses Aroma ist eine Mogelpackung aus verbrannten Bananenblättern, Kokosschalen und Plastikresten!"

Am Hafen von Surat Thani gehen wir an Bord eines Kutters. Auf dem Schiff befinden sich einzig der Kapitän und ein Dutzend Rucksackreisende. Der wolkenlose Himmel steigert die Vorfreude, und fliegende Fische begleiten das Holzboot. Doch in den Tropen kann das Wetter urplötzlich umschlagen, und genau das geschieht nun nach zwei Stunden Fahrtzeit. In Windeseile ziehen düstere Wolken auf und das Meer wird unruhiger. Binnen kürzester Zeit entwickelt sich ein tosender Orkan im Golf von Thailand, der meterhohe Wellen vor sich hertreibt. Die sich kreuzenden Riesenwellen traktieren das Boot mit heftigen Schlägen und versetzen einige in Angst und Schrecken. B-Matze verschanzt sich auf dem Boden, und alle anderen klammern sich an die dünnen Metallstreben der Sonnendachkonstruktion. Keine gute Idee. Der teuflischen Wucht der Wellenschläge kann sich niemand mit seiner Muskelkraft entgegenstellen. Einige erleiden Platzwunden an Armen und Beinen. Derweil habe ich einen sicheren Platz auf der Reling eingenommen, halte mich mit der rechten Hand an einem Holzpfosten fest und schaue mal auf eine Wasserwand und mal in den pechschwarzen Himmel. Wenn ich aufgrund meiner speziellen Umstände eines im Leben erlernen musste, dann ist es das, meine ausgeprägte Körperbalance zielgerichtet einzusetzen. Dafür brauche ich keine langen Arme, ein geschulter Gleichgewichtssinn ist da allemal vorteilhafter. Mit den muskulösen Beinen finde ich einen passablen Stand auf dem feuchten Schiffsboden, sodass ich in der Lage bin, einen flüchtigen Blick in die Kapitänskajüte zu werfen. Der Kapitän hat zwar reichlich Arbeit mit dem Steuerrad, allerdings hat er noch genügend Zeit, sich um das Wohlergehen seines Babys zu kümmern. Das Würmchen liegt eingewickelt in Tüchern in einem eigens dafür hergerichteten Bambuskorb und schlummert unbekümmert in der Kajüte. „Er hat ein Baby an Bord, der Kapitän hat ein Baby an Bord!“, brülle ich den anderen in dem Sturm entgegen. Doch nur B-Matze, der ganz in meiner Nähe auf Bastmatten den Schiffsboden hin- und herrutscht, hört meine Rufe. Es ist offensichtlich keine Errungenschaft von mir, inmitten des Chaos auch noch den mitgebrachten Reiseproviant zu verzehren. Allein beim Anblick meiner Frühlingsrolle übergibt sich eine der Mitreisenden, und diesmal steht der Wind gewiss ungünstig. In Warpgeschwindigkeit kommt eine komplette Ladung in Kleinstteilen auf mich zugeflogen, sodass ich nur wenigen Brocken ausweichen kann. B-Matze rappelt sich auf, um mich mit einem nassen Tuch wenigstens halbwegs von den Auswürfen zu befreien. So schnell wie er gekommen ist, so schnell verzieht sich der Sturm auch wieder. Nach siebenstündiger Überfahrt ist Land in Sicht, und am Kai wartet die versammelte Kapitänsfamilie sehnsüchtig auf die Ankunft des Babys. Erstaunt über die grünliche Gesichtsfarbe der Engländer, können sie sich, typisch Thais, ein bisschen Schadenfreude nicht verkneifen. Der Kapitän unseres Schiffes ist so liebenswürdig, seinen ältesten Sohn damit zu beauftragen, B-Matze und mich mit einer Barkasse in den Ostteil der Insel zu bringen. Pittoreske Felsformationen ragen aus einem türkis schimmernden Meer. Der starke Wellengang erschwert das Anlanden, doch der nette Thai ist mir dabei behilflich, den Rucksack am Strand abzulegen. Am hinteren Ende wartet bereits unser Vermieter. Barfuß nähert er sich mit langsamen Schritten und stellt sich mit „Hans im Glück“ vor. Diesen Namen hat ihm vor einigen Jahren eine deutsche Touristin verpasst, die längere Zeit mit ihm liiert war. Sein dünner geflochtener Ziegenbart und die mongolischen Gesichtszüge geben ihm ein Aussehen, das viele vermutlich mit Dschinghis Khan in Verbindung bringen würden. Hans im Glück sieht nicht nur umwerfend aus, er ist zudem noch ein ausgezeichneter Koch. Und so machen wir uns drei tolle

Tage, schnorcheln mit Schwarzspitzen-Riffhaien, futtern geröstete Cashewkerne und lassen die Seele baumeln. Da wir nur zwei Wochen Reisezeit haben, wechseln wir aber nochmal die Seite, hin zum indischen Ozean.

Kho Phi Phi ist ein Juwel in der Andamanensee im südwestlichen Thailand. Vom Küstenort Krabi aus bringt uns ein Passagierschiff zu der Insel, die vor Kokospalmen nur so strotzt. Eine große Auswahl an Holzbooten ermöglicht die Weiterfahrt zum schneeweißen Long Beach. Dieser Strand erstreckt sich über hunderte Meter, und es dauert keine zwei Minuten, bis wir in das kristallklare Wasser eintauchen. Genauso stelle ich mir das Paradies vor. Doch jetzt heißt es erst einmal, eine Unterkunft für die Nacht zu finden. Nur in Badehosen bekleidet, schultern wir die Rucksäcke und klappern die strandnahen Garküchen ab. Irgendwann finden wir einen Thai, der uns für wenig Geld einen Pavillon vermietet, der direkt auf dem Strand liegt. Nicht schlecht, finde ich, wobei die Bezeichnung „Pavillon" ein wenig zu hoch gegriffen ist. Die geräumige Bambushütte hat ein Vorhängeschloss, das jedes Kleinkind knacken könnte. Es gibt zwei Betten, über denen Moskitonetze hängen, die wiederum faustgroße Löcher aufweisen. Im hinteren Teil finden wir eine Open-Air-Dusche mit Klo. Im Grunde genommen alles, was Traveller mit geringem Budget für ein paar Tage benötigen. Des Weiteren strahlt diese aus Naturmaterialien zusammengeschusterte Hütte einen exotischen Charme aus. Beim Auspacken der Klamotten huscht hin und wieder ein Gecko unter dem mit Palmblättern gedeckten Dach von einer Ecke zur anderen. Obwohl es draußen heiß ist, weht hier stets eine angenehme Brise durch die Ritzen. Auf die Schnelle richten wir uns ein und gehen dann was essen. Allerdings hat uns vorher niemand darüber in Kenntnis gesetzt, dass man in tropischen Gefilden zu dieser Jahreszeit aufgrund der hohen Luftfeuchtigkeit selbst nachts kaum auf Abkühlung hoffen kann. Diese verschaffen wir uns dann in Form von gut gekühlten Bierflaschen in der Strandbar des Hauptortes Tonsai. Allabendlich weist uns ein Longtailboot den Weg zu der angesagtesten Strandbar. Die Transportboote mit ihrem farbigen Girlandenschmuck am Bug, die man schon von Weitem am Knattern der Motoren hören und am langen Holzstab mit kleiner Schraube erkennen kann, durchkämmen die Andamanensee schon seit Urzeiten.

Ein netter Australier empfiehlt uns den Ausflug auf die südlich gelegene Nachbarinsel. An einem abgelegenen Ort versorgt uns Sunan, der Skipper, mit frischen Kokosnüssen und anderen Früchten. Zarte Sonnenstrahlen blinzeln durch die Palmkronen, bis uns hundertfaches Kameraklicken jäh aus den Träumen reißt.

Gegen die Sonne haben wir die Armada von Ausflugsbooten nicht erkennen können. Binnen kürzester Zeit fluten Dutzende Urlauber aus dem „Land der aufgehenden Sonne“ die Bucht. Noch auf den Booten hatten sich etliche Ausflügler ihre Schnorchelausrüstung samt Flossen angelegt und werden nun von nervös herumfuchtelnden Fähnchenträgern zum Strand geführt. Mit billigen Plastikbrillen vor den Augen watscheln verschiedene Grüppchen an der Wasserkante entlang und fotografieren alles, was ihnen vor die Linse kommt. Als die Ersten damit beginnen, selbst den pudrigen Sandboden abzulichten, können wir uns nicht mehr zurückhalten. Lachkrämpfe schütteln unsere Körper, gleich platzt das Zwerchfell. Einem Militärdrill gleich wird die japanische Reisegruppe von ihren Gruppenleitern mit Trillerpfeifen im Gänsemarsch zum Schnorcheln abkommandiert. Wie eine Kolonie Pinguine stürzen sie sich bäuchlings ins Wasser. Es ist Slapstick in reinster Ausprägung. Mit Sicherheit haben die thailändischen Reisebüros diese Urlauber instruiert, die Korallen nicht zu berühren, doch das ist denen schnuppe. Einige Schlaumeier balancieren gar auf den Korallenstöcken. Welch glorreicher Einfall, sagen sich andere und brechen einzelne Korallenstücke ab, um sie der närrischen Menge entgegenzustrecken. Uns bleibt dabei das Lachen im Halse stecken.

Gegen Ende des Thailandtrips will ich mir noch ein Tattoo stechen lassen, da es in Krabi wahre Künstler auf diesem Gebiet geben soll. Darüber hinaus ist es hier erschwinglich, also geht es nur noch um ein passendes Motiv. Mit einem Tuk Tuk, der in Thailand beliebten dreirädrigen Autorikscha, lassen wir uns in einer belebten Seitenstraße bei einem Tattoo-Shop absetzen. Über eine Stunde lang linse ich dem Tätowierer bei seiner Arbeit über die Schulter. Bezüglich meines Tattoos erörtere ich mit Arun ein Hindernis, das mir Sorgen bereitet. Immer mehr Menschen weltweit fallen der Immunschwächekrankheit Aids zum Opfer. Laut neusten Erkenntnissen kommt der Übertragungsweg entweder durch Sexualkontakte oder durch direkten Kontakt mit Blut zustande. Meine Zweifel machen sich genau daran fest, und Arun hat vollstes Verständnis, aber auch einen annehmbaren Plan. Bevor er heute schließt, kann ich dabei sein, wie er das Tätowiergerät in reinen Alkohol einlegt, damit es über Nacht desinfiziert wird. Noch vor der Öffnung des Ladens soll ich frühmorgens vor Ort sein, um sicherzugehen, dass ich der erste Kunde des Tages sein werde. Neben der Preisabsprache gibt es noch eine weitere, nicht unwesentliche Thematik, nämlich die des Symbols. Anhand von Broschüren, die er eigenhändig entworfen hat, unterbreitet er Vorschläge: Herzen, Schriftzüge,

Totenköpfe. Alles nicht meine Welt. Dann hat er einen Plan, der auch mich fesselt. In drei verschiedenen Farben könne er mir eine Kobra auf die linke Schulter tätowieren. Er beginnt zu philosophieren und gerät dabei ins Schwärmen, denn in der asiatischen Kultur hat die Kobra eine mächtige Symbolik. Sie steht für Kraft, Macht und Tod. In der thailändischen Mythologie verteidigen sich Kobra-Leute mit den zur Verfügung stehenden Mitteln, geben niemals auf und wollen ihre Ziele und Träume verwirklichen. Hingerissen von der Idee liege ich am nächsten Morgen auf seinem Ledersofa und lasse die Operation über mich ergehen. Bevor wir uns zum Abschied die Hände reichen, gibt er mir noch zwei Dinge mit auf den Weg. Zum einen wird mich dieser waschechte Körperschmuck nun für alle Zeit kleiden, und zum anderen hätte die Symbiose von Schlangenhaut und Menschenhaut etwas Mystisches. Die Wunde muss täglich mehrfach mit einer Salbe eingecremt werden und sollte nicht mit Wasser in Berührung kommen.

Die Rückfahrt nach Bangkok steht an, und wir schlendern in Richtung Busbahnhof, ich mit einem Schulterpolster. Unversehens landet eine größere Menge Wasser, die aus einem oberen Stockwerk kommen muss, direkt neben uns auf dem Gehweg. Das kann uns jedoch nicht erschüttern, und so biegen wir gelassen um die nächste Hausecke. Dort bespritzen uns Jugendliche mit Wasserpistolen aus einem vorbeifahrenden Bus. So langsam werden wir skeptisch. Die Straßen scheinen heute noch belebter zu sein als sonst. Und dann bricht auf einmal die Hölle über uns herein. Ringsherum rennen Leute mit randvollen Wassereimern herum und sind im Begriff, diese auf uns zu richten. Händeringend suchen wir Schutz hinter einem Kleinlastwagen, doch mit den Rucksäcken auf den Schultern sind wir nicht sonderlich flexibel – und auch ausgezeichnete Ziele. Auf der Flucht vor dem Mob zielt ein kleiner Junge mit einem Gartenschlauch auf uns. Energisch versuche ich, ihn dazu zu bewegen, von seinem Vorhaben Abstand zu nehmen. Leider vergeblich, denn im Hintergrund wartet schon sein größerer Bruder auf das Signal, den Wasserhahn voll aufzudrehen. Die Menge tobt, und als einziger Ausweg bleibt die Flucht in ein vorbeikommendes Taxi. Sichtlich amüsiert verkündet der Taxifahrer in verständlichem Englisch, dass heute Songkran beginne, das thailändische Neujahrsfest. Innerhalb der nächsten drei Tage müssten wir jederzeit damit rechnen, von einem Wasserschwall getroffen zu werden. Mit diesem Ritual soll das alte Jahr weggewaschen werden, damit das neue gut starten kann. Die Kobra auf meiner linken Schulter protestiert, doch das verhallt ungehört. Durchnässt lausche ich seinen Ausführungen vom Rücksitz aus, während B-Matze vorne Platz genommen hat, um später zu bezahlen. Bis jetzt hat keiner von uns das halb geöffnete Seitenfenster auf der Beifahrerseite bemerkt. Als ich den Fahrer darauf hinweise, ist es allerdings schon zu spät. Mit einer Plastikschüssel in den Händen schleudert ein älterer Herr eine Ladung Wasser durch die Fensteröffnung und kann sich noch in der Aktion vor Lachen kaum auf den Beinen halten. Frohlockend winkt er dem Taxi hinterher und kann die Todesdrohungen meines Berliner Freundes akustisch gar nicht mehr wahrnehmen. Was früher mit dem rituellen Übergießen von Buddha-Figuren begann, entwickelte sich im Laufe der Zeit zu einem hysterischen Volksfest, bei dem niemand trocken bleibt. Erst recht keine Langnasen. Auch dann nicht, wenn sie frisch tätowiert sind.

Für immer und DJ

So schnell der hell leuchtende Stern Café Kunst kometenhaft emporgestiegen ist, so schnell verbrennt er auch wieder in der Bremer Kulturatmosphäre. Nach dem Ende meines Engagements übernehme ich als Resident-DJ die Intendanz im Kulturzentrum Lagerhaus mitten im Bremer Ostertorviertel. Damit erreiche ich als DJ einen Status in der Stadt, den ich vor Kurzem noch nicht für möglich gehalten hätte.

Als ewiger Student habe ich nach Jahren endlich den Grundstein für die Diplomarbeit im Fachbereich Behindertenpädagogik gelegt. Das Thema ist komplex und anspruchsvoll zugleich: Behinderung und Sexualität. Für meine Professorin Barbara Rohr ist es relevant, gerade diese Thematik in die Öffentlichkeit zu tragen. Nur so könne es zu Veränderungen und strukturellem Wandel in einem Lebensbereich kommen, der vielen Betroffenen aus unterschiedlichen Gründen bisher verwehrt bleibt. Im letzten Semester hatte ich an der Uni das Aufeinandertreffen mit einem Kölner Dozenten, der unter spastischen Lähmungen leidet. Am Ende seines Vortrags mit anschließender Diskussionsrunde bat er mich nach vorne. Unverblümt hielt er mir vor, dass ich in Wahrheit ein „Edelbehinderter" sei. Meine Bedürfnisse, wie sexuelle Erfahrungen zu machen oder Freundschaften zu schließen, würden im Gegensatz zu seinen erfüllt. In seinen Augen eine schreiende Ungerechtigkeit. Daher solle ich nur nicht denken, dass wir beiden uns auf Augenhöhe befänden. Diese Aussage erwischt mich auf dem falschen Fuß, denn die ungezwungene Atmosphäre des abgelaufenen Seminars ließ eine derartige

Wendung nicht vorhersehen. Vollkommen perplex stehe ich vor ihm und ringe nach Worten. Mein verzweifelter Versuch, unsere Lebensverhältnisse differenziert zu betrachten, scheitert schon im Ansatz. Bei so viel Verbitterung streiche ich ernüchtert die Segel und verlasse den Hörsaal.

Nur fünf Tage später wartet die nächste Herausforderung auf mich. Bei einem Stück Apfelkuchen und einer Tasse selbst aufgebrühten Kaffees raube ich meiner Professorin eine Illusion, denn ich teile ihr mit, in Kürze das Studium abzubrechen. Vor lauter Schreck lässt sie die Kuchengabel auf den Küchenfußboden fallen. Tränen laufen ihre Wangen herunter. Barbara meint, ich sei doch dazu berufen, als Behindertenpädagoge tätig zu sein. Ein Bindeglied zwischen der Gesellschaft und Menschen mit Einschränkungen. Jemand, der als Betroffener eine hohe Glaubwürdigkeit besitzt und mit seiner positiven Lebenseinstellung viel bewirken kann. „Unsere morbide Gesellschaft braucht Menschen wie dich, die nicht nur durch eloquentes Auftreten große Reden schwingen, sondern dauerhaft sinnvolle Prozesse in Gang setzen", schluchzt sie. In den wenigen Semestern und Vorlesungen, in denen ich präsent war, teilten wir offenkundig die Wertschätzung füreinander.

Es gelingt mir kaum, sie zu trösten. Dann tun wir das, was wir vorher noch nie taten, wir umarmen uns innig. Auch ich bin zu Tränen gerührt und ringe ihr das Versprechen ab, mit jeder Faser des Körpers immer auch ein Stück weit Behindertenpädagoge zu bleiben. Ihre vertrauensvolle Überzeugung ehrt mich zutiefst, doch es zieht mich unaufhaltsam an das DJ-Pult meines Lebens.

Schatten im Paradies

Eine Rostlaube von Fähre, die nirgendwo in Europa eine Zulassung erhalten würde, bringt Svenja und mich von der philippinischen Hauptstadt Manila auf die Insel Cebu. Flugzeug, Fähre und Busfahrten mit eingerechnet sind wir geschlagene 50 Stunden unterwegs, als uns in Tapilon ein Typ namens Rodrigo anspricht. Spanische Namen sind auf den Philippinen weitverbreitet, da die Inselgruppe vor vierhundert Jahren für lange Zeit unter spanische Kolonialherrschaft geriet. Zu Anfang ist er mir suspekt, doch bereitwillig unterstützt er uns dabei, einen Schlafplatz für die Nacht ausfindig zu machen. Hochgestimmt sind wir nicht, denn es erwartet uns ein lausiger Bretterverschlag ohne Fenster und verriegelbare Türen. Übermüdet und abgekämpft wollen wir nur noch schlafen, denn am nächsten Morgen haben wir vor, auf das Eiland Malapascua überzusetzen. Doch Rodrigo erinnert uns daran, dass auch Essen und Trinken nicht zu vernachlässigende Erfordernisse sind.

Seine Familie, einfache Fischer, betreibt hier im Norden von Cebu einen Verkaufsstand direkt am Hafen. Gegen ein geringes Entgelt tischt uns der Vater fangfrischen gegrillten Red Snapper mit gekochtem Reis auf. Auch die lauwarmen Bierflaschen aus den vom Meerwasser gekühlten Plastikeimern sind nicht zu verachten. Das weckt unsere Lebensgeister und mutet wie in eine asiatische Fünfsterneküche an. Bedauerlicherweise nimmt Rodrigo mich nach nur wenigen Happen zur Seite. In fließendem Englisch bringt er Argumente hervor, warum diese Gegend sehr unsicher sei. Da er sich auch auf der Nachbarinsel Malapascua bestens auskenne, sei er im weiteren Verlauf unser Reisebegleiter. Der Ausdruck trifft den Nagel nicht wirklich auf den Kopf, denn das ist eine glasklare Drohung. Den Aufwand würde er uns mit zehn Dollar pro Tag in Rechnung stellen, Spesen inklusive. Ich bin stinkig und betone, dass wir nicht die geringste Absicht hätten, seine Dienste in Anspruch zu nehmen. Wir seien Weltenbummler, die ihr Schicksal selbst in die Hand nehmen könnten. Kerzengerade baut er sich vor mir auf. Mit finsterer Miene greift er in seine rechte Jackentasche, um ein öliges Leinentuch hervorzukramen. Mit einer Gemütsruhe holt er eine darin eingewickelte Pistole hervor. Sein grimmiger Gesichtsausdruck lässt keinen Zweifel darüber aufkommen, dass der Wind sich schnellstens gedreht hat. Es ist eine Machtdemonstration. Dieses Angebot sei nicht verhandelbar, sondern eine unabdingbare Tatsache. Wer auch sonst könne die Unversehrtheit meiner Freundin garantieren, wo doch an jeder Ecke nur Gauner und Verbrecher lauern würden. Ich kehre zu Svenja zurück und erläutere die missliche Lage. Auch sie ist frustriert. Grußlos verlassen wir den Steg und begeben uns auf die Suche nach dem Schlafquartier, immer verfolgt vom designierten Schutzpatron. Kurz vor Erreichen der Baracke versperrt er mir harsch den Zugang. Er öffnet die rechte Faust und deutet auf seine Handfläche. Eine erste Anzahlung sei bereits hier und heute fällig. Tausend Gedanken schießen mir gleichzeitig durch den Kopf. Das Ausmaß unserer bedrohlichen Lage kann auch ich nicht abschließend beurteilen. Widerwillig drücke ich Rodrigo einen Fünfdollarschein in die Hand und wende mich angewidert ab. In den Gassen von Tapilon herrscht ein höllischer Lärm, der die ganze Nacht über andauert. Obendrein sind wir in der Unterkunft ungeschützt. Hundemüde wälzen wir den Philippinen-Reiseführer. Unter der Rubrik „Transport und Verkehr“ gelangen wir an die Information, dass schon sehr früh morgens die ersten Versorgungsboote nach Malapascua auslaufen. Trotz schäbigster Matratze schläft Svenja geradewegs ein. Aus erheblicher Sorge um unser beider Wohlergehen mache ich kein Auge zu. Gegen drei Uhr wecke ich sie, und im Schutze der Dunkelheit erreichen wir eines der ersten Transportboote. Der Bootsführer ist soeben in Begriff, die Leinen zu lösen, da ruft Svenja ihm zu und wedelt aufgeregt mit den Händen. Gestenreich trägt sie unser Anliegen vor und bittet ihn darum, uns mitzunehmen. Wortlos überreiche ich ihm drei Dollarscheine, dass Fünffache des ortsüblichen Preises, und schon sind wir an Bord. Lautlos verkriechen wir uns in die hintere Ecke des Bootes. Zwischen den Versorgungskisten positionieren wir die Rucksäcke so, dass zwei brauchbare Liegeplätze dabei herauskommen.

Malapascua ist so etwas wie ein wahr gewordener Traum. Dort angelangt, müssen wir auf dem offenen Meer in Minibötchen umsteigen, die sowohl uns als auch die mitgeführten Waren sicher an Land abliefern. Neugierige Kinder plantschen im Wasser, und unter den Füßen kommt mir der Sand wie glitschige Seife vor. Ein heimischer Philippino vermittelt eine Unterkunft direkt am Strand. Vertrauensvoll führt er uns zu einer Bambushütte, deren Stelzen fast die Wasserkante des Ozeans berühren. Für acht Dollar am Tag wird uns die gastgebende Großfamilie zusätzlich jeden Abend ein frisch zubereitetes Essen auf die ausladende Veranda servieren. Ohne die Rucksäcke auch nur anzurühren, geraten wir in eine Art Trancezustand. Erst das Geklapper von Geschirr lässt uns am frühen Abend erwachen. Die Kinder der Vermieter sind mit unserer Bewirtung beauftragt worden. Auf einer Bambusplatte ist gegrillter Fisch auf Bananenblättern drapiert und appetitlich angerichtet. In dünne Bambusstäbe gestopfter Basmatireis wird in separaten Holzschälchen aufgetischt. Mit einem Augenzwinkern stellt uns der älteste Sohn der Familie einen Korb mit vier gekühlten Bierflaschen vor die Hütte. Wie zwei halb verhungerte Raubkatzen verschlingen wir das köstliche Mahl. Berauscht von nur einem Bier, ergötzen wir uns an dem blutroten Himmel. Der Sonnenuntergang drängt nur allmählich die verstörenden Vorkommnisse des gestrigen Abends in den Hintergrund.

Mit der aufgehenden Sonne im Rücken machen wir am frühen Morgen einen Spaziergang zum nahe gelegenen Fischerdorf. In Reih und Glied sind die Auslegerboote am Strand aufgereiht. Hier herrscht zu früher Stunde schon mächtig Betrieb, denn der nächtliche Fang muss rechtzeitig eingelagert werden. Fischernetze werden geflickt und Kleinstfische auf geflochtenen Bambuskörben zum Trocknen in die Sonne gestellt. Obwohl wir in dieser geschützten Bucht rein äußerlich auffallen, vor allem ich selbst, so werden wir von den Leuten doch weitestgehend ignoriert. Einzig ein Rattenschwanz an zerlumpten Kindern, ein deutliches Merkmal der hier vorherrschenden Armut, deutet auf unsere Gegenwart hin. Schnell werden wir uns darüber einig, gleich mehrere Wochen an diesem Ort zu verbleiben.

In der Gewissheit, eine paradiesische Trauminsel für uns entdeckt zu haben, spazieren wir zur Strandhütte zurück. Einstweilen werden wir in den wunderschönen Ozean eintauchen. Doch an vielen Stellen dieses Strandabschnitts ersticken menschliche Exkremente den Badespaß im Keim. Schon auf der Hinfahrt war vom Bus aus zu erkennen, wie einzelne

Menschen ihre Notdurft am Straßenrand verrichteten. Wir sind uns darüber im Klaren, wie ambivalent eine Urlaubsreise in unberührte Regionen ist. Nichtsdestotrotz wollen wir den Herzschlag der Tropen hautnah empfinden. Daher sollten wir uns Zeit lassen und erst einmal mit den hiesigen Lebensgewohnheiten vertraut machen. Auf der Terrasse schnappt sich jeder ein Buch, um ein wenig abzuschalten und den beklemmenden Gedanken nicht all zu viel Raum zu geben. Soeben in der Hängematte eingenickt, vernehme ich laute Schreie aus der Ferne. Zum einen ist die Neugierde geweckt, zum anderen beschleicht uns ein mulmiges Gefühl, als wir die Richtung einschlagen, aus der die undefinierbaren Geräusche zu vernehmen sind. Schon nach wenigen Minuten rückt der Lärm immer näher. Eine junge Frau, die schon vorhin in einer Strandbar am Tresen stand, kreuzt unseren Weg. Svenja fragt sie auf Englisch, was es denn mit diesem Gebrüll auf sich hat. Im Schatten einer Kokospalme schildert sie uns, was zeitgleich nur etwa hundert Meter von hier vor sich geht. Zwei Männer hätten am Vormittag ein Kreuz aus Bambusstangen am Strand errichtet. Vor ungefähr 15 Minuten haben sie einen ausgewachsenen Hund an den Läufen daran festgebunden. Die arme Kreatur steht für heute auf dem Speiseplan, wird aber vor seinem Tod fürchterlichen Qualen ausgesetzt. Abwechselnd wird das Tier von Kopf bis Pfote mit kraftvollen Schlägen malträtiert. Der Tod soll nicht zu früh eintreten, da der Körper des Hundes durch die enormen Schmerzen vermehrt Adrenalin ausschüttet, wodurch sein Fleisch zum späteren Verzehr weicher und dementsprechend auch zarter wird. Fast benommen sacken wir in uns zusammen. Faktisch sollte die katholisch ausgerichtete Glaubensgemeinschaft auf den Philippinen meiner Ansicht nach von einer Kreuzigung sprechen. Zwar hat der Reiseführer darüber Auskunft erteilt, dass auf dem philippinischen Archipel auch Hunde hin und wieder auf der Speisekarte stünden, aber das hier geht uns entschieden zu weit. Mit diesem Horrorszenario hat sich das vermeintliche Paradies selbst liquidiert. Der Entschluss ist unumstößlich, Malapascua schnellstmöglich zu verlassen.

Den Rückweg gestalten wir gleichermaßen, um unserem vermeintlichen Freund und Helfer nicht in die Arme zu laufen. Nach Anlegen des Versorgungsschiffes steht am selben Abend schon ein Nachtbus abfahrbereit am Pier. Zügig nehmen wir die Plätze im voll beladenen Überlandbus ein. Und tatsächlich entdecken wir Rodrigo im Dämmerlicht, wie er in schleichendem Gang den Parkplatz observiert. Hinter einer vergilbten Gardine verbergen wir unsere Gesichter und atmen tief durch, als der Fahrer die Türen schließt und sein Vehikel in Bewegung setzt. Auf der Fahrt nach Cebu City sprechen wir lange darüber, dass die Wunschvorstellung von dem Inselstaat nicht mit der Wirklichkeit in Einklang zu bringen ist. Auf der einen Seite reizt uns die Abenteuerlust, aber bestimmte Lebenseinstellungen können und wollen wir nicht akzeptieren. Die abendliche Suche nach philippinischem Essen bringt das Fass dann zum Überlaufen. In einer Seitenstraße der Inselhauptstadt ziert ein abgetrennter Hundekopf die Auslagenvitrine des Restaurants. Nie wieder Philippinen, schwören wir uns, und fällen die Entscheidung, diese Reise endgültig abzubrechen.

CD statt Seife

Bei den Tanznächten im Bremer Kulturzentrum Lagerhaus hat mich Ulf bestens vertreten. Zur Rushhour steht das Publikum Schlange bis auf die angrenzende Kneipenmeile. Mit sofortiger Wirkung macht der Kulturverein weitere Geldquellen locker, denn die Musikanlage muss dringend modernisiert werden. Das trifft sich gut, denn seit Kurzem gelingt einem digitalen Medium der Durchbruch, das auch für uns interessant sein könnte. Weltweit sind sogenannte Compact Disks schwer angesagt und nicht mehr zu verdrängen. Zu Anfang verwechseln einige Leute die CD noch mit einem bekannten Seifenhersteller, doch irgendwann verschwimmt die Erinnerung an das Hygieneprodukt. Ein Vorteil der neuen Discs ist, dass man sich selbst eine Compilation von Musikstücken zusammenstellen kann.

Das triggert auch mich, und so spaziere ich kurzentschlossen in die Geschäftsräume von Hi-Fi-City . Bei den Gebrüdern Schmidt habe ich bisher mein gesamtes DJ-Equipment erworben. Auch diesmal bin ich hier wieder richtig, denn sie stellen mir neben einem Abspielgerät auch einen nagelneuen CD-Brenner vor. Für 25 D-Mark erstehe ich zudem einen CD-Rohling und bespiele diesen am darauffolgenden Tag mit meinen Top-Hits. Einige Lieder gab es bisher nur auf Vinyl, umso begeisterter bin ich davon, diese von nun an auf einer handlichen kompakten Scheibe nutzen zu können. Da ich durch diese Technik spielend leicht auf ein beachtliches Musikrepertoire zugreifen kann, gehört die zeitaufwendige Spulerei von Musikkassetten ab jetzt endgültig der Vergangenheit an. Uralthits wie *Sittin' in the Dark* von Carolyne Mas oder der Tanzflächenfüller *Going back to my roots* von Lamont Dozier sind nun im Handumdrehen abrufbar. Als Discjockey kann man sich der allgemeinen Diskussion über die Qualität des digitalen Sounds im Vergleich zum analogen der Schallplatten zwar nicht entziehen, dennoch ist diese kleine Metallscheibe für meine Zwecke die pure Erleichterung. CDs bilden fortan die Basis für mein Auflegen. Ein neuer Sound aus den USA erobert den europäischen Kontinent. In einer Endlosschleife zelebriert das Tanzpublikum in diesen Tagen den basslastigen Musikstil Hip-Hop-Jazz, der allen sofort in die Beine geht. Aus dem Stegreif erobern die Rapper der Band Us3 die Charts. Sie sind aber nur die Speerspitze, denn amerikanische Plattenlabel wie Blue Note Records produzieren Hits am Fließband. Das Verschmelzen der Musikrichtungen Jazz, Blues und Swing auf der einen, und Hip-Hop auf der anderen Seite löst einen regelrechten Hype aus.

Und mit den Megahits ist das immer so eine Sache. Nicht nur der DJ, auch das Partyvolk will, dass diese Songs nie enden mögen. Bei dem Superhit *Cantaloupe Island* bediene ich mich da eines zweckdienlichen Tricks. Für einige Minuten spiele ich die Akustikversion an, bevor ich an geeigneter Stelle die Originalversion hineinmixe. Genau dieser Übergang ist ausschlaggebend, zieht das Tanzvergnügen in die Länge und gibt den Leuten den zusätzlichen Kick. Meine Darbietungen im öffentlichen Raum wecken Begehrlichkeiten. Auch Privatpersonen sind darauf erpicht, auf ihren Hochzeiten oder Geburtstagspartys eine professionelle Musikpräsentation zu erwerben. Schön für den DJ, mögen viele denken, denn es braucht ja nur ein kurzes Telefonat, um diesen samt Musik- und Lichtanlage zu engagieren. Wer allerdings glaubt, dass auf einer Privatparty eine einfache Aufgabe wartet, der befindet sich auf dem Holzweg. Dort bin ich in einer weitaus schwierigeren Position, da die Gäste zu Recht Einfluss nehmen wollen. In diesen Fällen können Musikwelten kollidieren. Bei mir persönlich gesellt sich noch ein weiterer Faktor hinzu, den ich quasi als Eigenmarke etabliere. Ausdrücklich weigere ich mich, deutsche Schlager, Volksmusik oder Ballermannhits darzubieten. Dieses Prinzip kann ich nur in einem persönlichen Vorabgespräch mit den Auftraggebern durchsetzen. Dennoch ist mein Dogma auch ein Vabanquespiel. DJ-Kollegen argumentieren, dass unsere Dienstleistung gut bezahlt wird und wir die eigenen Interessen hintanstellen müssen. Doch ich war schon immer ein Freigeist und werde den eingeschlagenen Kurs unbeirrt fortsetzen.

Auf einer glamourösen Hochzeitsfeier im altehrwürdigen Bacchuskeller des Bremer Rathauses habe ich soweit alles im Griff. Ein Großteil der Hochzeitsgesellschaft tanzt ausgelassen zum dargebotenen Hip-Hop-Jazz. Da schwankt aus dem Gewühl eine vornehm gekleidete Dame zielgerichtet auf meine Musikanlage zu, die allem Anschein nach richtig einen im Tee hat. Ihren lallenden Ausführungen entnehme ich, dass sie in ihrer Rolle als Brautmutter die Rechnung für dieses kostspielige Event am Ende begleichen wird. Energisch fordert sie ihr Lieblingslied ein. Doch der Welthit *My way* von Frank Sinatra passt in dieser Phase so gar nicht in mein Konzept, zumal ich ihn vorhin schon zum Essen intoniert habe. Freundlich säusele ich ihr meine Weigerung ins Ohr. Sie aber scheint von allen guten Geistern des Bacchus übermäßig beflügelt zu sein, denn mit einem festen Griff umschlingen ihre dürren Ärmchen die meinigen. Mit denen versuche ich zwar, sie auf eine Armlänge Abstand zu halten, aber meiner Natur gemäß kommen wir uns trotzdem sehr nah. Die unerträgliche Mischung aus süßlichem Parfüm und deftiger Alkoholfahne bringen mich vollends aus dem Takt. Als das Ganze, sprich, wir beide, beinahe zu kippen drohen, eilt mir der Bräutigam zu Hilfe. Zuerst befreit er mich aus den Fängen seiner Schwiegermutter, sodass ich meinen Job wieder aufnehmen kann. Dann führt er sie zum Tresen und lässt ihr ein Taxi rufen, sicher ist sicher.

Das Telefon steht nun nicht mehr still. Die unterschiedlichsten Menschen sind darauf erpicht, dass ich ihnen einen unvergesslichen Tanzabend bereite. Sogar meine neunjährige Tochter macht musikalische Ansprüche geltend. Während sich ihr Papa für Konzerte von Smashing Pumpkins und Placebo interessiert, bittet sie mich darum, mit ihr den Auftritt der Kelly Family am Bremer Unisee zu verfolgen. Wie verschieden die Geschmäcker im Generationenvergleich sein können. Doch zähneknirschend willige ich ein. Als ich Lena auf dem Weg zum Universitätsgelände frage, warum sie einen ihrer Teddys mit auf das Konzert nimmt, entgegnet sie altklug: „Papa, es weiß doch jeder, dass auf den Konzerten der Kellys am Anfang immer Kuscheltiere auf die Bühne geworfen werden. Die werden dann aufgesammelt und an arme Kinder verteilt." Da wir frühzeitig vor Ort sind, postieren wir uns in einer der vorderen Reihen. Allerdings bietet die ebenerdige Wiese für die überwiegend jüngeren Zuschauer kaum Möglichkeiten, das Geschehen zu verfolgen. Also nehme ich Lena auf die Schultern. Dafür wenden wir einen Spezialtrick an, denn meine Arme sind für einen derartigen Hebevorgang logischerweise nicht geeignet. An dieser Stelle kommt mir mal wieder die extreme Gelenkigkeit zugute. Und so gehe ich in die Knie und beuge den Oberkörper so sehr nach unten, dass Lena bequem auf meine schmalen Schultern klettern kann. Hochsitz par excellence!

Der Platz füllt sich mit weit mehr als 15.000 Besuchern aus ganz Deutschland, mindestens die Hälfte davon Kinder, fast ausnahmslos mit Kuscheltieren bewaffnet.

Als die ersten Fans bereits nach dem Sänger und Mädchenschwarm Paddy rufen, betritt ein komischer Typ das Podest. Mit einem Mikrofon in der Hand verkündet er die frohe Botschaft: „Liebe Freunde und Freundinnen der Kelly Family! Bevor die Band gleich diese Bühne betritt, noch eine Bitte an die Kinder: Schmeißt eure Kuscheltiere jetzt!" Kaum gibt er den letzten Wortfetzen von sich, da spüre ich schon den Aufprall eines Plüschaffen im Genick. Im Artilleriefeuer Tausender Stofftiere gehe ich schleunigst in Deckung, was mit Lena auf meinen Schultern kein allzu leichtes Unterfangen ist. Nach Dauerbeschuss habe ich nun den Eindruck, dass es eine kurze Feuerpause gibt. Doch dieser täuscht, denn als ich mich umschaue, fliegt ein verfilzter Teddybär direkt an meine rechte Ohrmuschel. „Verdammt!" So langsam beruhigt sich die Menge, und eine stattliche Anzahl an Helfern beschäftigt sich damit, das Schlachtfeld voller Kuscheltiere in gelbe Müllsäcke zu verfrachten. „Na, der Weg zur Müllverbrennungsanlage ist ja von hier nicht allzu lang", flüstere ich meiner gutaussehenden Nachbarin zu. Ihr Grienen signalisiert, dass wir da wohl auf gleicher Wellenlänge funken. Endlich ist es soweit, und unter tosendem Applaus versammelt sich die Kelly Family auf dem Podium. Was für ein Anblick. Also, ich hätte da noch ein paar coole Klamotten zu verschenken. Zuerst richtet der Clanführer, einem Messias gleich, ein paar sakrosankte Worte an sein Publikum. Dann aber bricht die

Hölle über uns herein. Der Bremer Weserkurier traf später in einer Kolumne den Nagel auf den Kopf: „Als Angelo mit glockenheller Stimme *An Angel* anstimmte, ging ein Kreischen los, als wenn ein fürchterlicher Blitz in den Unisee eingeschlagen wäre." Die Begeisterung beim Anhang kennt keine Grenzen, aber irgendwann hat auch der Spuk ein Ende. Spuren hinterlässt er aber noch bei meiner Tochter, die das restliche Wochenende sämtliche Kellysongs trällert. Bei geschlossener Tür. Auch Vaterliebe kennt akustische Grenzen.

Entgegen sonstiger Gewohnheiten kommt Lena in der Woche darauf schlecht gelaunt von der Schule, schmeißt ohne zu grüßen ihre Zimmertür zu und ist für niemanden mehr zu sprechen. Eine geschlagene Stunde vergeht, bis ihr der hungrige Magen den Weg zum Mittagessen weist. Auch die knusprigen Fischstäbchen, die sie sonst förmlich verschlingt, hellen die Stimmung nicht auf. Dann endlich bricht es aus ihr heraus: „Papa, Männooo, alle Eltern meiner Klasse haben es im MIX gelesen. Du hast mich so blamiert!" Den Tränen nahe rennt sie zurück in ihr Zimmer, um weiter zu schmollen.

Das MIX ist ein kostenloses Programmheft, dass über die wichtigen Veranstaltungen der Hansestadt informiert. Auch die Termine der Lagerhaus-Disco werden hier aufgeführt, sodass ich im Laufe der Zeit einen guten Draht zu dem Magazin aufgebaut habe. Die beliebte Rubrik „V.I.P." erscheint in jeder Ausgabe auf der vorletzten Seite. Mehrere Persönlichkeiten des öffentlichen Lebens werden im Monatsheft danach befragt, an welcher Kulturveranstaltung sie im kommenden Monat teilnehmen wollen.

Für den Monat September 1995 wird zum ersten Mal auch DJ Matze angefragt. Der gibt, zugegebenermaßen despektierlich, Folgendes zu Protokoll: „Am Samstag, den 16.09., erfülle ich mir den lang gehegten Wunsch, zusammen mit meiner Tochter Lena das Konzert der Kelly Family am Unisee zu besuchen. Was tun Väter nicht alles für ihre Töchter! Ich komme kaum in den Schlaf vor Aufregung, um endlich einmal die singende Altkleidersammlung vom Rhein live miterleben zu können.“

Sein oder Geldschein

Bali, die Inselperle Indonesiens, ist ein erlesenes Reiseziel für Lena, Svenja und mich. Von ihren rund einhundert Kuscheltieren stopft meine Tochter nur eine lausige Fledermaus in ihr Handgepäck. Mit einem Saugnapf ausgestattet, hängt diese an dem zerkratzten Sichtfenster der Boeing 707 und hat damit glänzende Aussichten auf das himmlische Wolkenmeer. Nach einem strapaziösen Langstreckenflug landen wir erschöpft auf dem internationalen Flughafen der Hauptstadt Denpasar, um direkt mit einem Sammeltaxi ins 30 Kilometer entfernte Ubud weiterzufahren.

Am Busbahnhof lauern umtriebige Vermittler darauf, uns irgendwelche Kaschemmen unterzujubeln. Die Wahl aber fällt auf ein Appartement mit drei Zimmern im Zentrum der Stadt. Fast überall in Europa könnten wir uns so eine pompöse Unterbringung gar nicht leisten, hier aber ist sie erschwinglich. Auf die Schnelle holen wir die wichtigsten Klamotten aus den Rucksäcken, gehen ein schmackhaftes Reisgericht essen und schlafen dann bis in die Puppen. Gongschläge aus nahe gelegenen Palmenhainen holen uns stimmungsvoll aus den Träumen. Noch verhindert dichter Nebel den Durchbruch der Sonnenstrahlen. Auf der Dachterrasse zieht uns ein intensiver Duft von Räucherstäbchen in die Nase. Nach und nach erholen wir uns. Bereits vor der Haustür wimmelt es von Krämerläden, Boutiquen und Restaurants. Im gesamten Stadtzentrum verteilen sich Tempelanlagen des Hinduismus und Buddhismus. Überall sind Statuen und Gemälde mit Blumenkränzen geschmückt. Schon ein kurzer Eindruck lässt uns verstehen, warum Ubud als spirituelles Zentrum Balis bezeichnet wird. Man könnte hier tagelang tingeln, von einem Lädchen zum nächsten schlendern und sich mit den Köstlichkeiten der Tropen vollstopfen. Allein dafür sind wir jedoch nicht um den halben Planeten geflogen.

Über die gesamte Insel erstreckt sich eine Gebirgskette. Ganz im Osten ragen zwei aktive und ein bereits erloschener Vulkan zum Himmel empor. Um sie in Augenschein zu nehmen, lassen wir uns mit einem Taxi in diese Gegend chauffieren. Zu einem vorher ausgehandelten Preis, für uns spottbillig. Es geht durch ärmliche Dörfer, in denen die einfachen Bambushütten mit getrockneten Palmblättern eingedeckt sind. Deren Bewohner wissen nur zu gut, wie sie am Rande der Berggiganten den durch Vulkanasche fruchtbaren Boden nutzen können. Die hier lebenden Balinesen erwirtschaften ihr Einkommen durch den Anbau von Reis, Erdnüssen, Kaffee und Früchten. Von jedem Winkel aus sieht man die monströsen Vulkankegel.

In den drei Wochen wollen wir verschiedene Orte besuchen. Es zieht uns weiter in den touristisch kaum erschlossenen Norden. Anlaufpunkt ist Buleleng, von wo aus wir nach der Bustour mit Mopeds zum Segara Karang Rata Beach transferiert werden. Die Fahrer liefern uns am Bamboo House bei der zierlichen Besitzerin Dewi ab, die uns in balinesischer Art mit gefalteten Händen und einer grazilen Verbeugung empfängt. Mit einer weißen Kebaya, der landläufigen Bluse, und dem lilafarbenen Batik-Sarong sieht sie göttlich aus. Gleich am nächsten Morgen besuchen wir im Westteil der Insel den Nationalpark Bali Barat. Die Anreise erfolgt per Schiff, und schon am Landungssteg werden die Besucher von allzeit hungrigen Affen in Empfang genommen.

In Reih und Glied platzieren sie sich auf den Geländern, um das zu erbeuten, was essbar oder sonst irgendwie verlockend ist. Dewi hat uns von vornherein ermahnt, Fotoapparat, Sonnenbrille oder Schmuck möglichst dicht am Körper zu tragen. Die diebischen Waldbewohner sind an Touristen gewöhnt und können sehr aufdringlich werden. Mehrere Warungs, das sind die auf Bali weitverbreiteten Straßenverkaufsstände, stehen hier im Schatten massiger Bäume. Die Hitze verlangt uns einiges ab, und so kauft Svenja dort für jeden von uns eine eiskalte Cola-Dose. Soeben will Lena ihr Erfrischungsgetränk zu sich nehmen, da hüpft ein flinker Affe wie aus dem Nichts aus einem Baum und reißt ihr das Getränk aus der Hand. Den Schreck in den Gliedern, fängt sie bitterlich an zu weinen, doch den zanksüchtigen Langschwanzmakaken kümmert das nicht. Weniger als einen Meter von ihr entfernt hockt er in Siegerpose und ergötzt sich an seiner Beute. Ein junger Balinese, der alles mitbekommen hat, setzt sich zu uns. In gebrochenem Englisch erzählt er, dass vor allem in der Regenzeit unberechenbare Affenhorden die Warungs überfallen und ausplündern. Den Menschen bleibt einzig die Flucht. Svenja will von ihm wissen, warum niemand etwas dagegen unternimmt. Doch Affen besitzen auf Bali einen Heiligstatus und gelten daher als unantastbar. Das freche Affentheater geht uns gehörig auf die Ketten. Daher brechen wir diesen Ausflug und alsbald auch unsere Zelte im Norden vorzeitig ab.

Padang Bai ist ein umtriebiger Ort im Süden der Insel. Der stadtnahe Strand ist in einer Viertelstunde Fußweg über einen Hügel und durch ein Waldstück zu erreichen. Bei einem der zahlreichen Strandverkäufer erwerben wir unsere ersten Sarongs. Diese klassischen Baumwollstoffbahnen dienen den Balinesen als Kleidungsstücke, wir jedoch werden sie als Strandtücher nutzen. Mit ihren grellen Farben und den kunstvoll gefertigten Mustern sehen sie richtig cool aus. Und das geringe Gewicht ist für uns sehr praktikabel, daher kauft jeder auch gleich zwei davon. Dieser Strandplatz bietet eine prima Versorgung, denn in den höhergelegenen Bambushütten werden indonesische Leibgerichte dargeboten: gebratener Reis (Nasi Goreng), gebratene Nudeln (Bami Goreng), gegrilltes Hähnchen (Bami Ayam) und knusprige Fleischspieße (Satay) in klebriger Erdnusssoße. Den Durst löschen wir mit dem Saft junger Kokosnüsse, um wenig später in den nicht zu unterschätzenden Wellen des Ozeans zu toben.

Angrenzend an unsere Unterkunft ist ein Schweizer Paar untergebracht, mit dem wir viel Spaß haben. Daher wollen wir den Abend gemeinsam mit Michelle und Alex am Stadtrand ausklingen lassen. Das balinesische Fischrestaurant ist mit einer guten Mischung aus Ortsansässigen und Touristen aus allen Teilen der Welt bis auf den letzten Platz gefüllt. Anders als in Europa sind die Personalkosten in Indonesien so gering, dass uns auch in dieser angesagten Lokalität im Grunde Einzelbetreuung zuteilwird. Die vorwiegend jungen Arbeitskräfte bedienen uns zuvorkommend. Die Stimmung an unserem Tisch ist großartig. Alex und ich haben einen ähnlichen Musikgeschmack. Seiner Meinung nach verbirgt sich hinter Rockmusik auch immer ein Hauch von Freiheit. Da werde ich ihm nicht widersprechen. Michelle, Svenja und Lena philosophieren darüber, ob Sarongs vorzugsweise gebatikt oder bedruckt sein sollten. Alle sind sich darüber einig, dass wir in den kommenden Tagen etliche Unternehmungen miteinander starten werden. Nach zweistündiger Schlemmerei bestellt Alex die Rechnung. Die Bezahlung auf Bali wird cash beglichen, und so überreicht Alex dem Tischkellner ein passendes Bündel an Rupiah-Banknoten. Dieser bedankt sich, um nach wenigen Schritten auf dem Absatz kehrtzumachen. Einer der Geldscheine sei angerissen. Da er somit wertlos sei, könne er ihn nicht annehmen. Alex versichert ihm, dass wir leider keinen anderen Geldschein in petto hätten, und läutet damit den Rückweg ein. Vergnügt machen wir uns daran, das Lokal über eine steile Holztreppe zu verlassen. Zuerst jedoch verabschieden wir uns freundlich vom Personal.

Als wir am oberen Ende der Treppe ankommen, bricht hinter dem Tresen ein Tumult aus. Ein mit Knüppeln bewaffneter Trupp von Angestellten hat Alex ins Visier genommen, der bereits den sandigen Vorplatz des Haupthauses erreicht hat. Schützend stellt sich Michelle ihnen in den Weg, wird aber von zwei Typen in die Zange genommen. Die beiden zerren sie an ihren langen Haaren brutal zu Boden. Ein Raunen geht durch das voll besetzte Restaurant. Allerdings macht keiner irgendwelche Anstalten, uns zu Hilfe zu eilen. Während Alex mit allen Mitteln versucht, seine Freundin aus der misslichen Lage zu befreien, hauen die jungen Kerle bereits mit dünnen Holzlatten auf ihn ein. Die Lage eskaliert kurz darauf vollends, als sich auch unbeteiligte Balinesen an der Knüppelorgie beteiligen. Verängstigt klammert sich Lena an Svenja fest. Einstweilen hat sich ein Kreis von Männern um unsere Schweizer Freunde formiert, von denen jeder gewillt ist, draufzuhauen. Von meiner erhöhten Position auf der Holztreppe fällt mir ein Typ auf, der wie ein Besessener am Geländer zerrt. Er ist damit beschäftigt, ein massives Vierkantholz abzubrechen, mit dem man zweifellos jemanden erschlagen könnte.

Nun hält auch mich nichts mehr auf. Im Laufschritt rase ich die Treppenstufen herunter, um den durchgeknallten Kerl von seinem Vorhaben abzuhalten. Doch ich habe keine Chance, zu ihm durchzudringen, er ist wie betäubt. Von oben höre ich das Wimmern meiner Tochter, und hier unten herrscht absoluter Ausnahmezustand. Noch immer rührt sich keiner der anderen Gäste, alle sind paralysiert. Aus dem Gewühl heraus betritt ein Balinese von achtbarer Statur den Schauplatz. Ganz in Weiß gekleidet und die Haare zu einem Zopf gebunden, redet er auf den Typen ein. Dieser weicht zurück, und auch die übrigen lassen unmittelbar von Michelle und Alex ab. Erleichtert gehe ich auf ihn zu und will ihm schildern, wie wir in diese fatale Situation hineingeraten sind. Doch er zeigt mir unmissverständlich die kalte Schulter. Mit arroganter Attitüde lässt er mich Folgendes wissen: „Sollte einer von euch diesen Ort noch einmal aufsuchen, dann werden wir ihn töten.“ Sprachlos stehe ich da und traue meinen Ohren kaum. Wir sollten nun schleunigst von hier verschwinden. Alex hat blutende Kopfwunden, und Michelle fehlen büschelweise Haare. Beide sind untröstlich. Noch in der Nacht packen sie ihre Sachen, um Indonesien mit dem nächstbesten Flieger auf Nimmerwiedersehen zu verlassen.

Der Schreck steckt uns auch am nächsten Tag noch in den Gliedern. Und so entschließen auch wir uns, schleunigst auf die Nachbarinsel überzusetzen. Ein wenig Luftveränderung tut sicherlich gut. Der Pier am Schiffsanleger, von dem aus die Fähren ablegen, ist vollgestopft mit Mensch und Material. Wir wundern uns über die vielen Wanderschuhe an den Reiserucksäcken. Ein breitschultriger Franzose macht mich darauf aufmerksam, dass der Vulkan Rinjani auf Lombok Bergwanderer aus aller Welt anlockt. Lautes Hupen kündigt das Eintreffen zweier Überlandbusse an, die zusätzlich Touristen aus der Hauptstadt hier herbringen. Nur wenige Meter von uns entfernt wird ein älteres Ehepaar belästigt. Nach anfänglichem Zögern erkundige ich mich, ob alles in Ordnung sei. Die beiden kommen aus Dänemark und haben eine mühsame Anreise hinter sich. Bei ihrer Ankunft hier im Hafen hätten ihnen Jugendliche das Gepäck aus den Händen gerissen, um als Kofferträger ein wenig Taschengeld zu verdienen. Nach kurzer Absprache sei ein Preis von 2.000 Rupiah abgemacht worden, nun verlangen sie mit einem Mal das Zehnfache, pro Koffer. Damit sind sie überfordert, und der nötige Respekt wird ihnen auch nicht entgegengebracht, im Gegenteil. Vehement bemühe ich mich, mit den Halbwüchsigen ins Gespräch zu kommen, doch sie plappern unentwegt und scheren sich nicht darum. Im Gegenteil, sie machen sich lustig, beleidigen mich. Meine äußere Erscheinung flößt ihnen ohnehin keine Angst ein und stachelt sie eher noch an. Während mich eine solche Gangart früher oft bloßgestellt hat, so löst sie an dieser Stelle eine Trotzreaktion aus. „Allein machen sie dich ein", erinnere ich mich an einen alten Song von Ton Steine Scherben und drehe mich vielsagend dem Franzosen zu, der alles genau mitbekommen hat. Ausgestattet mit Oberarmen wie einst Muhammad Ali, stellt er sich an meine Seite. Mit derartiger Rückendeckung dränge ich mich zwischen die Störenfriede und das dänische Ehepaar. Dann schreie ich die Milchbärte lauthals an und mache ihnen klar, dass sie heute keine einzige Rupiah mehr abzocken werden, und scheuche sie weg. Zusammen eskortieren wir das Ehepaar auf das Fährschiff, wofür diese ausgesprochen dankbar sind.

Auf Lombok ändert sich auch das religiöse Leben der Menschen, denn hier herrscht der muslimische Glaube vor. Den Vulkan lassen wir inlands liegen, denn unser Augenmerk gilt den Gili Islands mit ihren schönen Stränden. Von Bangsal aus ist es per Boot nur noch ein Katzensprung. Da Gili Air der Hauptinsel am nächsten ist, wählen wir die Unterkunft Salili Bungalow als Basislager aus. Mit einer Pferdekutsche werden wir zu Putu gebracht, der uns mit Taucherbrillen in den Händen in Empfang nimmt. In den nächsten acht Tagen unternehmen wir Abstecher zu den Nachbarinseln. Die kleinste, Gili Meno, lockt unter der Wasseroberfläche mit Meeresschildkröten, die hier ihr Refugium haben. Nur die lästigen Strandverkäufer rauben uns den letzten Nerv. Oft schicken sie ihre Kinder vor, um uns geknüpfte Armbänder, Perlenketten und Sarongs anzudrehen. Während Svenja hin und wieder in ihre Bücher vertieft ist, wachsen Lena und mir beinahe Schwimmhäute zwischen den Fußzehen. Es gibt Tage, da befinden wir uns länger im Wasser als an Land. Von der Rifflandschaft mit ihrer Vielzahl an Fischschwärmen und mehrfarbigen Korallen können wir nie genug bekommen.

Am Vorabend unserer Rückfahrt nach Bali klagt Svenja über derbe Magenbeschwerden. Sie ernährt sich schon seit gestern nur noch von gekochtem Reis und Bananen. Zurück in Padang Bai bekommen wir erneut ein Zimmer in dem uns vertrauten Resort. Svenja muss beim Abendessen passen, und so versorgen wir sie mit dem Nötigsten. Auf dem Weg zu einem Strandrestaurant knurrt Lena der Magen, und auch ich habe ein ständiges Hungergefühl. Hand in Hand gehen wir durch menschenleere Gassen. Die Taschenlampe gibt auch bald ihren Geist auf. Mit einem Mal höre ich von hinten Stimmengewirr, das von Minute zu Minute immer geräuschvoller wird. Bei einem Schulterblick mache ich eine Rasselbande aus, um diese Tageszeit nichts Ungewöhnliches. Aber irgendetwas macht mich dennoch stutzig. Die Horde kommt immer näher, und so drehe ich mich ein zweites Mal nach ihr um. Es sind wohl doch Jugendliche, die sich nur schemenhaft zu erkennen geben. Allerdings bemerke ich, dass sie irgendwelche Gegenstände mit sich führen. Auch wenn ich ihr balinesisches Gerede nicht einzuordnen weiß, so haben sie immerhin einen englischen Fachausdruck parat, der ohne Zweifel an mich gerichtet ist: „Motherfucker!" Schockstarre! Das darf doch nicht wahr sein, diese Typen scheinen uns zu kennen. Es können nur die Jugendlichen vom Pier sein, denen ich vor ein paar Tagen deftig in die Suppe gespuckt habe.

Diesen Zeitpunkt haben sie abgepasst, denn wir mussten zwangsläufig nach Padang Bai zurückkehren. Bei dem Wiedererkennungswert ist es ein Leichtes, meine Anwesenheit im Ort auszukundschaften. Wenn mir doch wenigstens der Franzose beistehen könnte, aber dieses Mal sind wir auf uns allein gestellt. Wegzurennen ist keine Option, da uns in der Ferne ein weiterer Schwarm gegenübertritt. Bald wird die Falle zuschnappen! Panik macht sich bei mir breit. Selbst wenn ich mich irgendwie verteidigen könnte, Lena ist ihnen schutzlos ausgeliefert. Die Eskalation vor dem Restaurant neulich hat mir vor Augen geführt, wie wenig ein Menschenleben in diesen Breitengraden wert ist. Die Schlinge zieht sich zu, und die Vorfreude auf ein Zusammenstoßen ist dem Lynchmob deutlich anzumerken. „Motherfucker!", schallt es von allen Seiten. Auch Selbsterniedrigung würde in diesem Fall auf taube Ohren stoßen. Lena lässt mich ihre Nervosität kaum spüren. Sie nimmt meine Hand in die ihre. Ich bewundere ihren Mut. Ob sie ahnt, dass ihr Vater nackte Angst um unser Leben hat? Auf all den Reisen hat sie sich bis heute immer sicher gefühlt und vollstes Vertrauen in mich gehabt. Kurze Arme hin oder her. Ich wittere schon den heißen Atem der Angreifer, da keimt in der Dunkelheit ein Fünkchen Hoffnung auf. Unter dem Vordach eines Steinhauses sehe ich das schwache Glimmen einer Öllampe. Auf mein Kommando spurten wir los! Mit einer Art Kung-Fu-Tritt traktiere ich die Eingangstür. Öffnet sie nicht, dann sind wir verloren, denn die Meute steht, mit Holzscheiten bewaffnet, nur wenige Meter von uns entfernt. Eines ist jetzt schon klar, sie werden keine Gefangenen machen.

Das Herz schlägt mir bis zum Hals, als sich eine knarrende Tür wie in Zeitlupe öffnet. Vor uns steht ein älterer Herr mit einer Petroleumlampe in der Hand. Erstaunt guckt er zuerst auf uns und dann auf die Gruppe Jugendlicher. Mit aschfahlem Gesichtsausdruck schildere ich hastig unsere Notlage. Obwohl er nur wenige Brocken Englisch versteht, erkennt er unsere aussichtslose Lage. Energisch wendet er sich an die Jugendlichen, uns nicht weiter zu behelligen. Mit einer Schimpfkanonade, die selbst einem Komodowaran das Fürchten gelehrt hätte, weist er sie in die Schranken. Wir warten noch, bis die Luft rein ist, dann nimmt der tattrige Herr seine Lampe und begleitet uns fürsorglich zur Unterkunft. Noch nie zuvor hatte ich Todesangst. Heute Abend schon, vor allem in Bezug auf mein Kind.

Shake's Bier

Im Frühsommer freue ich mich über das Angebot eines stadtbekannten Sozialverbandes, deren Jubiläumsfeier im Theater der Bremer Shakespeare Company musikalisch zu gestalten. Die Party ist ein voller Erfolg, und erst im Morgengrauen treten die letzten Gäste den Heimweg an. Holger und Michael, die Betreiber der Theaterkneipe Falstaff sind ebenfalls angetan. In den frühen Morgenstunden sinnieren wir darüber, aus dem Theaterfoyer eine Party-Location für die Bremer Kulturszene aus dem Boden zu stampfen. Zukunftsmusik. Dieses unter geringfügigem Alkoholgenuss stattfindende Brainstorming ist gewissermaßen die Geburtsstunde der späteren Falstaff-Disco.

In der Folge wollen wir ein Pilotprojekt starten, um zu sehen, ob sich genügend Menschen vom Bremer Stadtteil Steintorviertel auf die andere Weserseite in die Neustadt bequemen. Vorwiegend im dortigen Szeneviertel ist ausreichend Gästepotenzial für unser Vorhaben ansässig. Doch das Überqueren der Weser ist für die Bremer Community generell ein No-Go. Also pflastere ich jeden Quadratzentimeter der dortigen Gastronomiebetriebe, die Plakatwände der Universität, der Kinos und der Buchläden mit selbstgestalteten Plakaten. Besser gesagt, ich lasse pflastern. Auch dafür habe ich gute Freunde, die mir gerne unter die dafür zu kurzen Arme greifen. Die Plakate sind neonfarben und verkünden: „Wir stopfen das Sommerloch! Falstaff-Disco mit DJ Matze, jeden Freitag ab 22 Uhr im Falstaff, Theater am Leibnizplatz." Die DJ-Tätigkeit im Kulturzentrum Lagerhaus ist ein echtes Faustpfand, denn so kann ich im Viertel für meine Veranstaltungen im gegenüberliegenden Stadtteil werben. Für die Kampagne werden alle aus dem näheren Umfeld eingespannt.

Es ist ein warmer Sommertag, an dem mir meine zwölfjährige Tochter bei einem dieser Werbestreifzüge an der Domsheide, dem Verkehrsknotenpunkt für Straßenbahnen im Innenstadtbereich, zur Seite steht. Nach gekonnter Aktion steht ein halbvoller, tropfender Plastikeimer samt Tapezierpinsel hinter einem hohen Stromkasten. On top Lena, an deren Klamotten sich lange Bindfäden an Kleisterspuren ihren Weg auf den Asphalt bahnen. Soeben verlasse ich mit einer Eistüte in der Hand die nahe gelegene Eisdiele, um die gute Laune weiterhin hochzuhalten. Ziemlich spät entdecke ich einen Streifenpolizisten, der schnurstracks um die Ecke biegt und zielstrebig auf uns zusteuert. Auf etwa gleicher Höhe gerät Lena in sein Sichtfeld, die voller Vorfreude auf ihrem Popo hin und herrutscht. Fröhlich winkt sie dem Beamten zu, und der winkt zurück. Es ist ein Anblick für die Götter, mit einem zugekleisterten Engel in der tragenden Rolle. Der Stromkasten ist als solcher kaum mehr zu identifizieren, denn das fahle Grau ist frischen Farbtupfern gewichen. Ein fett gedruckter Schriftzug sticht eindeutig hervor: „Falstaff-Disco!“

Mit nur wenigen Gegenstimmen wird auf einem Plenum der Antrag angenommen, jeden Freitag nach Ende der Theateraufführungen die Tore für das tanzfreudige Bremer Publikum zu öffnen. Tanz im Theater, das passt. In einem Nutzungsvertrag mit der Theaterkneipe treffe ich eine Vereinbarung, die Veranstaltungsreihe eigenverantwortlich auszurichten. Meine Aufgabenfelder werden klar definiert:

Musik- und Lichtanlage, Dekoration, Kasse, Security, Garderobe, GEMA, und Werbung. Mit Schützenhilfe der Theatertechniker wird die niedrige Raumdecke des Foyers für entsprechende Lautsprecherboxen und Lichteffektgeräte neu verkabelt. Schneiderinnen, die sich sonst für die Kostüme des Ensembles verantwortlich zeigen, werden meterlange Bahnen eines schwarzen Stoffes nähen. Damit wollen wir die Wände des Tanzraumes verkleiden, um annähernd eine Clubatmosphäre zu schaffen. Da ich eine genaue Vorstellung davon habe, wie die teuren Dekorationsstoffe angefertigt werden sollen, suche ich auf schnellstem Weg die Theaterschneiderei auf. Die teuren und nicht brennbaren Stoffbahnen müssen nicht nur die entsprechenden Maße aufweisen, sondern zur Verstärkung der Lochränder auch mit stabilen Ösen versehen werden. Die junge Schneiderin Melanie ist findig motiviert mit von der Partie und fertigt eine präzise Skizze an. Auf einmal habe ich eine blendende Idee, die einige meiner größten Alltagssorgen vom Tisch wischen könnte. Nie wieder Änderungsschneiderei! Also frage ich Melanie, ob sie außerhalb ihrer Arbeitszeit auch privat für mich tätig sein könne. Viele meiner Kleidungsstücke verlangen nach einer auf mich zugeschnittenen Korrektur. Dazu erklärt sie sich nicht nur bereit, sondern entwickelt im Laufe der kommenden Jahre ausgeklügelte Varianten. Durch ihren Einfallsreichtum und handwerkliche Kunstgriffe lösen sich einige für mich Nerven raubende Stolpersteine in nichts auf. Sperrigen Reißverschlüssen zieht sie durch bunte Gummischleifen den Zahn, Hosenbündchen werden umgestaltet und Gürtelschnallen durch Klettverschlüsse ersetzt. Voller Elan kann ich nun meine Selbstständigkeit als Musikveranstalter vorantreiben. Das letzte noch fehlende Mosaiksteinchen ist die Gewerbeanmeldung bei der Bremer Stadtverwaltung.

Außerplanmäßig erhalte ich zuvor mal wieder einen Telefonanruf von Hi-Fi-City. Ich solle schleunigst im Ladengeschäft antanzen, da ein fortschrittliches Gerät meine DJ-Tätigkeit auf ein neues Level heben könne. Zwei Stunden später stellen sie mir einen Minidisc-Player vor. Michael simuliert den Abspielvorgang, indem er eine nur 7 mal 7 cm ultraleichte Diskette in das Gerät schiebt und per Fernbedienung anwählt. Der eigentliche Clou aber besteht darin, dass dieses Digitalmedium extrem aufnahmefähig und dazu noch editierbar ist. Die beiden Brüder dachten bei dieser Ausführung direkt an mich, da die handlichen Kunststoffdisketten prädestiniert sind. Mit zwei brandneuen Playern und 20 Minidiscs ziehe ich Leine, um in den nächsten Tagen eine Vielzahl von CDs auf das neue Format zu switchen. Da ich nicht über ein ausreichendes Kontingent verfüge, frage ich bei meinem Discjockeykollegen Pharma C nach. Herleiten lässt sich sein DJ-Name aus der Tatsache, dass Bernd von Beruf Apotheker und in seiner Freizeit als DJ im Alternativrockbereich aktiv ist. Da es ihm nicht an dem nötigen Kleingeld mangelt, ist sein Bestand an Tonträgern schier grenzenlos. Ohne zu zögern, bietet er mir an, kofferweise CDs auszuleihen. Dadurch spare ich unendlich viel Zeit und Geld. Mein Dankeschön quittiert er mit dem hier im Norden abfallend intonierten „Da nich für". Bernd erweitert nicht nur meinen Musikhorizont nachhaltig, sondern es entsteht eine langanhaltende Freundschaft. In diesen Tagen wird deutlich, dass auch ich für ihn eine gewichtige Rolle im Leben spielen könnte. Er ist alleinerziehend und schätzt meinen Umgang mit Lena. Daher bittet er mich um Unterstützung, zumal auch die zeitliche Einbindung durch seinen Apothekerberuf hinderlich ist. Ich unterbreite ihm, dass Thilko nach der Schule bei uns willkommen ist. Ob ich mittags für ein oder zwei Kinder Milchreis koche, das macht den Kohl auch nicht mehr fett.

Eines Sonntags lausche ich mit Svenja dem virtuosen Pianospiel unseres Freundes Matties. Den restlichen Nachmittag widmen wir dann dem gemeinsamen Lieblingsbrettspiel *Die Siedler von Catan*, bei dem wir zuweilen sogar bis zum Mond fliegen. Die Zeit rennt mal wieder, und das Spiel lässt uns nicht los, doch so langsam müssen wir mal nach Hause. Dort angekommen, höre ich den Anrufbeantworter ab. Eine ältere Dame stellt sich als Brautmutter für die Hochzeit am kommenden Samstag im Wilhelmshavener Landhaus Utkieker vor. Meine Telefonnummer hat Isolde von ihrer Tochter bekommen und nun bittet sie mich, ihre Darbietung bei der Hochzeitsfeier zu unterstützen. Da die Ursprungsfamilie aus Ostfriesland stamme, möchte sie nach dem Büffet gerne das regionale Volkslied *Die Torfstecher aus Papenburg* vortragen. Ich vernehme ein Räuspern, dann legt sie los. Kess singt sie die erste Strophe dieses mir unbekannten Liedguts. Es folgt eine nette Verabschiedung, und dann legt sie auf. Meine erste Reaktion ist ein Lachanfall, die zweite ein Rückruf. Während des Telefonats ist sie einfach goldig, und ich versichere ihr vollen Rückhalt.

Zu den Festivitäten fahre ich stets viel zu früh los, um bloß nicht in Stress zu geraten. In meinem besonderen Fall muss immer eine Absprache getroffen werden, um das komplette Equipment startklar zu machen. Ein hinreichender Zeitpuffer erweist sich auch als beruhigend für den Fall, dass die Technik mal nicht reibungslos funktioniert. Lothar, der die mondäne Eventlocation leitet, kommt mir auch diesmal wieder zu Hilfe. Obwohl er jede Menge zu tun hat, baut er eigenhändig die komplette Musik- und Lichtanlage auf.

Später, zum Essen, serviert er mir feinstes Grillgut und die Angestellten versorgen mich am laufenden Meter mit alkoholfreien Getränken. Pünktlich trudelt die Hochzeitsgesellschaft auf der festlich geschmückten Terrasse ein. Bei chilligen Elektrobeats schmeckt der erste Sekt vorzüglich. Nach offizieller Begrüßungsansprache des Brautpaares beim Bankett untermale ich die Szenerie mit einer Mischung aus klassischem und modernem Barjazz. Soeben verputze ich den letzten Bissen des zarten Rumpsteaks, da tritt Isolde auf den Plan. Mit wallenden Locken ist sie an meiner Seite herzallerliebst und strahlt trotz ihres bevorstehenden Auftritts eine Seelenruhe aus. Vor den erwartungsvollen Gästen hantiert sie lässig mit dem Gesangsmikrofon. Am Anfang huldigt sie dem Hochzeitspaar und lässt dieses hochleben, dann tiriliert Brautmutter los. „Die Torfstecher aus Papenburg, sind heut schon früh dabei ..."

Isoldes A-Cappella-Gesang ist zwar nicht sensationell, doch ihre Ausstrahlung ist umwerfend. Das Gleiche geht wohl auch allen anderen durch den Kopf, zumindest bis zur dritten Strophe. Zu Beginn der vierten rutschen einige bereits unruhig auf ihren Stühlen hin und her. Währenddessen strecke ich ihr das Mikro fürsorglich entgegen. Diese Körperhaltung wirkt einschläfernd, und stückweise erlahmt meine Muskulatur, sodass ich das Mikrofon in die rechte Hand wechsele. Ein flehender Blick der Braut belegt ihren frommen Wunsch, dass die leidenschaftliche Vorführung ihrer ausdauernden Mutter augenblicklich enden möge. Immer mehr Zuhörer rümpfen die Nase. Ab der fünften Strophe erdreisten sich einige, ihre angestammten Sitzplätze zu verlassen, und ab der siebten herrscht ungelogen Aufbruchstimmung. Irgendwo kippt ein Weinglas um, und am hinteren Ende werden eifrig

Stühle gerückt. Von dem Getöse lässt sich die extrovertierte Entertainerin jedoch nicht aus dem Konzept bringen, geschweige denn einschüchtern. Lichtjahre später erklärt Isolde ihren Vortrag nach der zehnten Strophe für beendet. Für ihre gehörgangsstrapazierende Darbietung erhält sie nur spärlichen Applaus, was schätzungsweise auch dem arg geschrumpften Auditorium geschuldet ist. Dann steppt wenig später der Bär, und ich bin erst um sieben Uhr morgens in meinem Bettchen. Den umnächtigten Gedanken, die adrette Isolde für auserwählte Anlässe als Stimmungskanone zu engagieren, lasse ich am frühen Nachmittag nach kurzer, nicht koffeinfreier Überlegung wieder fallen.

Rosalie

Jamaika zeigt sich rein gar nicht von seiner Schokoladenseite, denn heute Abend schüttet es wie aus Kübeln. Einem Rudel Wölfe gleich belagern uns am Ausgang des Flughafenterminals aufdringliche Taxifahrer, um diese belämmerte Ausgangssituation auszunutzen. Bei Dunkelheit und schlechten Wetterbedingungen vervielfachen sich die Tarife häufig. Die nervigsten lege ich mit dem Hinweis lahm, dass Lena und ihr Papa ein nicht weit entfernt gelegenes Zimmer gebucht haben. Allen Widrigkeiten zum Trotz wollen wir den Fußweg dorthin in Kauf nehmen. Skeptisch lenken sie irgendwann ein, bis mich eine ausgeflippte Type mit verfilzten Locken und abgerissenen Klamotten bekniet. Statt der von den Taxifahrern erhobenen Wucherpreise von über 50 Dollar würde er uns in seinem Privatwagen für nur zehn Dollar zum Zielort befördern. Obwohl die Entfernung tatsächlich nicht übermäßig ist, willige ich ein. Die fixe Anreise zur Pension erfolgt bei Reggae und dem unverwechselbaren Geruch nach Marihuana. Nachdem Lena halbwegs trocken im Hausflur angelangt ist, bittet er mich nochmal zum Wagen. Ein Griff in die Seitentür – und heraus kommt eine durchsichtige Plastiktüte, bis zum Rand gefüllt mit Marihuanablüten. Die will er mir für läppische 20 Dollar verticken. Er behauptet, das Zeugs selbst angebaut zu haben, und lobt die spitzenmäßige Qualität. Seine trüben Augen legen hinreichend Zeugnis ab, doch will ich morgen früh auch so aussehen? „Good quality, ya man!“, stammelt er verhalten. „No man!“, entgegne ich forsch und zische von dannen.

Port Antonio ist schön weit weg von nervigen Kreuzfahrtschiffen, die weiter westlich anlanden. Eine unfreundliche Rezeptionistin faselt ständig von einzelnen Stunden, die ich abdrücken soll. Im Zimmer wundere ich mich nur, dass in dieser Absteige nicht einmal Fenster vorhanden sind. In halbstündigen Abständen vernehme ich hinter den hauchdünnen Wänden das monotone, prasselnde Geräusch von laufenden Duschen. Und dann macht es auch bei mir endlich klick. Idiotischerweise habe ich uns in einem Stundenhotel eingecheckt. Schon meiner Tochter zuliebe hoffe ich sehnlichst, dass in diesem Kabuff heute Nacht nicht allzu viel Verkehr herrscht. Direkt nach dem Aufstehen packen wir unsere Siebensachen. Mithilfe des Mittelamerika-Reiseführers kundschaften wir eine vernünftige Bleibe aus. Vor der Haustür bittet mich Abigail um ein paar Dollar. Mit ihren fünf Kindern haust sie unter einem primitiven Zeltdach am örtlichen Strand. Einzig ihre Tochter Jada, die ungefähr in Lenas Alter ist, begleitet sie heute. Kurzentschlossen laden wir die beiden zum Frühstück ein. Bei jedem Bissen vom Pfannkuchen, den Jada am liebsten als Ganzes verschlingen würde, ermahnt ihre Mutter sie dazu, innezuhalten. Sie soll nämlich eine Kleinigkeit für die Geschwister übrig lassen, die zur selben Zeit auf etwas Essbares warten. Das kann ich nur schwer aushalten und bestelle bei der Kellnerin eine ordentliche Portion an Sandwiches zum Mitnehmen. Nach dem Essen lotsen uns die beiden zu ihrer jämmerlichen Behausung, wo die hungrigen Mäuler genüsslich gestopft werden. Nach kurzer Absprache mit Lena unterbreite ich den Vorschlag, Jada beim heutigen Strandausflug unter die Fittiche zu nehmen. Da sie keinen Bikini besitzt, erhält sie flugs einen von Lena. Am Winnifred Beach, östlich von Port Antonio, ist das jamaikanische Mädchen ganz beseelt. Endlich kann sie dem strapaziösen Alltag wenigstens für einige Stunden entfliehen. Händchenhaltend spaziert sie mit Lena den Strand entlang. Verzaubert vom Ozean folge ich den Mädels zur Wasserkante. Allen Ernstes ermahne ich sie, sich nicht zu weit in die gefährlichen Wellen vorzuwagen. Die Vorsichtsmaßnahme scheinen sie nicht zu hinterfragen, und so lege ich mich in angemessener Entfernung auf meinem Strandtuch nieder. Abseits in einer Strandbar dudelt *Jammin'* von Bob Marley. Unter einer schattenspendenden Fächerpalme dämmere ich vor mich hin. Gerade will ich mich auf den Bauch rollen, da werfe ich einen flüchtigen Blick in Richtung Meer. Von hier oben kann ich erkennen, dass Jada sich in gebückter Haltung über Lenas Körper beugt. Bei näherem Hinsehen wird deutlich, dass diese regungslos daliegt.

Im Eiltempo rase ich herbei und ziehe die verstörte Jada nach oben. Als ich mich schließlich meiner Tochter zuwende, nimmt diese nur stückweise Notiz von mir. Sie klammert sich an mich und will erst einmal nur in meinen Armen liegen. Nach einer kurzen Erholungsphase trotten wir zu den Stranddecken, wo ich zügig herausfinde, was genau den beiden widerfahren ist. Zunächst haben sie in der Brandung getollt, doch irgendwann bekam Jada es mit der Angst zu tun. Da sie nicht schwimmen kann, hat sie sich mit der ersten größeren Welle auf Lena geworfen, um nicht selbst überspült zu werden. Körperlich ist sie Lena weit überlegen, sodass diese sich nicht aus der Umklammerung befreien konnte. Tatsächlich sind beide Mädchen am Ende, nur aus unterschiedlichen Beweggründen. Jada drücke ich Geld für zwei Cola in die Hand und widme mich eine Zeit lang ausnahmslos meiner Tochter.

Nach diesen Geschehnissen ist ein Ortswechsel die beste Alternative. Die Unterbringung am Boston Beach ist dürftig, doch dieser übertrifft alle Erwartungen. Gleich am nächsten Morgen gehen wir in Begleitung von Andrea, die wir erst vorgestern kennengelernt haben, zum Strand. Gegen Mittag fährt ein schwarz-gelber Bus vor, der die Strandbesucher in Scharen anlockt. Auch wir drei wollen wissen, was da vor sich geht. Die hinteren Türen öffnen sich, und heraus steigen drei schwergewichtige Frauen. Ohne Vorankündigung legen sie einen Striptease hin, der sich gewaschen hat. Die Frauen räkeln sich so lange im Staub, bis ihre tigergemusterten Tangas auch dem letzten Rastafari ins Auge springen. Sollte ich meiner Tochter jetzt besser die Augen verbinden? Mit unverblümtem Gejohle werden die Stripperinnen dazu animiert, ihre drallen Körper mehr und mehr in Szene zu setzen. Dieser Körperkult elektrisiert alle. Doch das ist nur die Ouvertüre. Unterdessen sind nämlich tüchtige Helfer bemüht, zwei überdimensionale Lautsprechertürme aufzubauen. Und dann geht die Post ab. Der Reggae-DJ im hinteren Teil des ausrangierten Omnibusses übernimmt die Regie und heizt der Menge ordentlich ein.

Jamaikaner benötigen nur einen Wimpernschlag, um beim Reggae-Sound so richtig in Fahrt zu kommen. Sie flexen sich gerne mal die Birne weg, was ein sich rasch ausbreitender süßlicher Marihuanageruch unzweifelhaft bestätigen kann. Die fetten Bässe der Lautsprecherboxen wirken wie leichte Schläge in die Magengrube. Auch für das leibliche Wohl ist gesorgt, denn auf halben, ausgedienten Ölfässern, die als Grill umgerüstet werden, brutzelt das unübertroffene Jerk Chicken. Es ist eine in der scharfen und aromatischen Scotch-Bonnet-Pfefferschotensoße eingelegte Hähnchenbrust, die mit reichlich Zwiebelauflage die kulinarische Verführung im Norden der Karibikinsel ist. Während Andrea lässig ihre Hüften schwingt, schlagen wir uns die Bäuche mit dem Kultsnack voll. Allerorten konfrontieren mich hauptsächlich die Rastafaris mit dem Ausspruch „Respekt!" „Warum sagen diese Typen das immer wieder zu dir, Papa?", will Lena entschlüsseln. Eine Erklärung bleibe ich allerdings schuldig. Vielleicht bin ich ja für einige von ihnen ein nicht der Norm entsprechender Weißer, dem sie sich eher verbunden fühlen. Sicher bin ich mir da aber nicht. Die jamaikanischen Männer sind für meine Begriffe etwas zu stolz und machohaft. Das Markenzeichen der Rastafaris ist die unverfälschte Haarpracht. Rastalocken symbolisieren sowohl die Religion als auch die Kultur. Sie verkörpern gleichzeitig eine politische Aussage, nämlich die Ablehnung westlicher Politik bei gleichzeitigem Kampf für die Gleichberichtigung der schwarzen Bevölkerung weltweit. Mit Andrea verbringen wir später auch noch den lauen Sommerabend. Die Brünette aus dem Rheinland ist besonders für jamaikanische Männer ein Augenschmaus. Gestresst von der ständigen Anmache fragt sie frei heraus, ob sie sich eine Zeit lang als meine Frau ausgeben dürfe. Zuhause habe sie einen festen Freund, aber hier fühlt sie sich wie Freiwild. Das stellt für uns keine Hürde dar, und so verschaffen wir ihr eine wohltuende Auszeit. Unter Vortäuschung falscher Tatsachen erkunden wir von nun an als Mama, Papa und Tochter die Blue Mountains. In dieser Bergregion im Osten der Insel wechseln sich Kaffeeplantagen und Hanffelder ab. Auf Letzteren werden uns säckeweise Marihuanapflanzen angeboten, doch wir lehnen jedemal dankend ab.

Nach ein paar Tagen verabschiedet sich Andrea von uns. Wir wollen weiter nach Kingston Town, doch davon will sie lieber Abstand nehmen. Aus Sicherheitsgründen entscheide ich mich dafür, mit anderen als Gruppe dorthin aufzubrechen. Sobald die trostlosen Rostlauben der Vorstadtslums an uns vorüberziehen, wird auch mir mulmig. Der Ankunftsplatz am Busterminal gerät dann völlig aus den Fugen. Von allen Seiten bedrängen uns sowohl Frauen als auch Männer. Schon auf den ersten Metern durch Kingston Downtown werden wir rüde schikaniert. Jedem Einzelnen von uns wird vor Augen geführt, wie erniedrigend es sein kann, weißer Hautfarbe zu sein. Einzelne bangen sogar um ihre heile Haut. Alle Läden sind an der Vorderseite vergittert. Dort angebotene Waren, wie Jeanshosen oder Lederjacken, sind an den Rückwänden festgenagelt. In mancherlei Hinsicht bereue ich es, Lena diesem Spießrutenlaufen auszusetzen. Erst mit Erreichen des oberen Stadtviertels beruhigt sich die Lage, da Polizeipräsenz und private Sicherheitsdienste für eine gewisse Ordnung sorgen. Wir koppeln uns von den anderen ab, wollen nicht weiter in einem Pulk unterwegs sein. Koloniale Prachtbauten zieren das Stadtbild. Früher war die Hauptstadt Jamaikas für lange Zeit das Zentrum des Sklaven- und Zuckerhandels. Heutzutage ist Kingston Town ein brodelnder Schmelztiegel von Geschichte, Kultur, unbändiger Lebenslust und unberechenbarer Kriminalität. Ein Besuch des Bob-Marley-Museums ist nicht von langer Dauer, denn dort lerne ich einen älteren Herrn kennen, der früher als Taxifahrer in Kingston gearbeitet hat. Durch ihn könnten wir sicher die Stadt verlassen. Er verbürgt sich dafür, uns für einen geringen Obulus an den Stadtrand zu bringen. Dort setzt er uns in einen Minibus mit dem Fahrtziel Black River.

Der Busfahrer, ein korpulenter Typ mit zerrissenem Oberhemd, kommt mir irgendwie nicht geheuer vor. Schon vor Antritt der Fahrt beäugt er in einer Tour junge Frauen und pfeift ihnen unverhohlen nach. Mit Nachdruck verlange ich von ihm, die Finger von meiner Tochter zu lassen. „Fass bloß nicht meine Tochter an“, blaffe ich ihn an. Doch das lässt so ein Kerl wie er nicht auf sich sitzen. Sofort will er wissen, warum ich ihm so boshaft begegne, doch die einzige Antwort ist ein abschätziger Blick meinerseits. Unter Mühen krabbeln wir in den vollgestopften Bus. Die Fahrt ist anstrengend, denn bei über 30 Grad Außentemperatur ist die Luft im Fahrzeuginneren zum Schneiden. Eine Mischung aus verschwitzten Körpern, Alkoholausdünstungen sowie schwülstigem Haschischduft gilt es zu ertragen. All das kann auch von dem lauten Reggae nicht überlagert werden kann. Bei jeder sich bietenden Gelegenheit hält der Fahrer an, um selbst vor Schulgebäuden unzweideutig mit Teenagern zu flirten. Von den vorwiegend weiblichen Fahrgästen stört das Machogehabe niemanden, und so erreichen wir nach zwei unlustigen Stunden endlich den Zielort. Ein Schwall Leiber ergießt sich auf den Parkplatz, als der Fahrer die Seitentür öffnet. Brüsk greift er sich Lena und stellt sie direkt neben mich. Geht's noch? Wutentbrannt schreie ich ihn an. Wenn er wollte, dann könnte er mich zerquetschen wie eine Fliege, denn seinen muskulösen Oberarmen habe ich nun mal auf meiner Seite schlicht nichts entgegenzusetzen. Außer meiner große Klappe natürlich. Statt zum körperlichen kommt es so zum verbalen Schlagabtausch. Flüche und Beschimpfungen hüben wie drüben. Bis er mit Blick zum Himmel unversehens einlenkt:: „Heute ist wirklich ein schöner Tag!“ „Das ist wohl wahr“, stimme ich erleichtert zu. „Respekt“, ruft er mir am Ende zu und presst mich mit seinen Pranken fest an den feuchtwarmen Oberkörper.

Allein die wahnwitzigen Klippenspringer an Rick's-Café sind die Anreise nach Negril wert, ansonsten ist dieser Ort die Touristenhochburg der Insel schlechthin. Zu meinem Erstaunen bläst der Wind an diesem Küstenabschnitt aus einer ganz anderen Richtung. Hier nämlich aalen sich hellhäutige ältere Frauen mit jungen Jamaikanern an den Badestränden. Wohl nur, weil sie es sich leisten können, denn der Slogan des hiesigen Sextourismus ist eindeutig: „Rent a Dread!" Doch das Gehabe ist uns zuwider, und wir flüchten in eine Strandbar, wo sich der Barkeeper zu Tode langweilt. Das Tagesgeschäft ist mau, und wir sind die einzigen Gäste, also spendiert er Lena einen Teller mit fein gehackten Kokosnussstreifen. Beim Geplauder erfährt Anthony von meiner DJ-Tätigkeit. Da die Musik auf der umtriebigen Karibikinsel eine überbordende Rolle spielt, interessiert es ihn brennend, ob diese auch bei mir zum Repertoire gehört. Mit räusperndem Unterton versichere ich, hin und wieder schon mal auf Dancehall zurückzugreifen. Diese Stilrichtung mit ihrem stampfenden Beat hat ihre Partytauglichkeit selbst in deutschen Clubs ausreichend unter Beweis gestellt. Allerdings gibt es nur einen einzigen Ort auf der Welt, wo Reggae mit der Muttermilch aufgesogen wird: Jamaika!

Unsanft setzt der Flieger auf dem Rollfeld nahe der Hauptstadt Costa Ricas auf. In einem der wohlhabendsten Länder Mittelamerikas färben indigener Ursprung und spanische Kolonialgeschichte auf viele Lebensbereiche ab. Am Flughafen in San José preist uns ein Taxifahrer den Stadtteil Milflor an. Zu später Stunde ist Lena auf den letzten Metern zur Unterkunft verängstigt. Wir laufen Slalom durch eine Ansammlung von Menschen, die verloren auf zerrissenen

Pappkartons liegen. Das ist harter Tobak, über den sie erst einmal eine Nacht schlafen muss. Frühmorgens kommt San José schon ganz anders daher, vor allem die im Kolonialstil erbaute Altstadt. Die costa-ricanische Bevölkerung nennt sich selbst Ticos und hat ihr Ethos als Label ausgerufen: „Pura Vida“ – „Reines Leben!“ An einer Imbissbude gönnen wir uns schmackhafte Tortillas mit Bohnenmus und probieren frisch ausgepressten Guavensaft. Die über den Marktplatz verteilten Panflötenspieler in ihren Hochlandtrachten gehen mir mit ihrem Geflöte allerdings gehörig auf den Senkel. Schon als Kind habe ich Flöten gehasst, konnte mir bedauerlicherweise aber nicht die Ohren zuhalten. Da Ballungszentren, egal welcher Art, irgendwann ermüdend sind, ist ein Abstecher ins Gebirge bestimmt das Richtige für uns.

Im Bergdorf San Gerardo de Rivas reicht es nur für leichte Wanderungen, denn ohne vernünftiges Schuhwerk ist ein Vorankommen in höhergelegenen Gebirgsregionen chancenlos. Hier erwarten uns heiße Tage und eiskalte Nächte. Sicherheitshalber fragen wir daher bei Renata in der Casa Galini frühzeitig nach zusätzlichen Bettdecken. Sie versorgt uns mütterlich und ist hocherfreut über meine Spanischkenntnisse. In der Gymnasialzeit hätte ich meinen Vater dafür auf den Mond schießen können, mich zu einem Großen Latinum zu drängen. Heute bin ich dankbar dafür, in kürzester Zeit den Zugang zu romanischen Sprachen zu finden. Auch wenn es hier landschaftlich reizvoll ist, meine Tochter will doch lieber ans Meer.

Der Costa-Rica-Reiseführer erklärt den Strand von Uvita als Geheimtipp und liegt damit goldrichtig. Am zweiten Tag werden wir von José angesprochen. Der ältere Mann bietet Reittouren in den Regenwald an, der sich bis in die angrenzende Hügellandschaft ausdehnt. Lena ist Feuer und Flamme, hat sie doch in jungen Jahren hinreichend Reiterfahrung auf einem Ponyhof nördlich von Bremen gesammelt. Bei mir hingegen hält sich die Euphorie in Grenzen, da ich Pferden noch nie über den Weg getraut habe. Ferner habe ich Manschetten vor deren Körpergröße. Die Fallhöhe bei einem Sturz wäre enorm und, wie beim Radfahren, wäre ich auch hier kaum imstande, diesen abzufedern. Abgesehen davon, möchte ich jedoch kein Spielverderber sein, denn für Lena wäre solch eine Aktivität das Highlight unserer Reise.

Also stimme ich dem Tagesausritt zu. Glaubhaft versichert mir der routinierte José, gut auf mich aufzupassen. Wir vereinbaren einen Treffpunkt für den nächsten Morgen. An seinem primitiven Pferdestall stellt er uns die Kandidaten der Reihe nach vor. Für Lena hat er Valeria auserwählt, ein braungecheecktes Pferd mit schwarzer Blesse, für mich dessen altersschwache Mutter. José wird nicht müde, mir zu verklickern, dass Rosalie schon weit in die Jahre gekommen ist und für mich keinerlei Risiko besteht. Im Schneckentempo zuckeln wir durch die morgendliche Dünenlandschaft bis tief hinein in den Dschungel. Die Pfade dorthin werden schmaler und schmaler, bis einer im undurchdringlichen Dickicht endet. José verwendet eine Machete, um uns einen Weg durch das Unterholz zu bahnen. Wohlweislich haben wir uns im Vorfeld mit Moskitospray eingedieselt, denn schon frühmorgens wimmelt es hier von Stechmücken. Mit ihren schwungvoll gebogenen Schnäbeln bevölkern Tukane diesen Teil des Dschungels. Auf der Suche nach Beeren oder anderen Früchten geben sie ihre merkwürdigen Laute von sich. Diese vereinen sich mit dem Zirpen unzähliger Insekten und dem Gekrächze von Papageien, Kolibris und Eisvögeln zu einem unbeschreiblichen Konzert.

Gemächlich traben wir in Richtung Küstenlandschaft. Unvermutet rast Lena in vollem Galopp an mir vorbei. „Nein, bloß nicht galoppieren!“, rufe ich beschwörend hinterher. Zu spät, denn ruckartig setzt sich auch Rosalie in Bewegung. Die Pferdemama will partout nicht von der Seite des Jungpferdes weichen. Sie nimmt nun spürbar an Fahrt auf, und ich gebe mir alle Mühe, mich ihrem Rhythmus anzupassen. José ist der vortreffliche Reiseleiter, denn seine Planung sieht offensichtlich vor, dass wir in den Brandungswellen des Pazifiks der untergehenden Sonne entgegenreiten. Vorneweg ertönen bereits die Jubelschreie meiner Tochter, die ihr Glück kaum fassen kann. Mit wehenden Haaren gibt sie Valeria die Sporen, um jungdynamisch in das schemenhafte Abendlicht vorzupreschen. Mit meiner Rosalie bilde ich zwar das Schlusslicht, biege aber ganz passabel auf die Zielgerade ein. Das aufspritzende Meerwasser gerät zwangsläufig in mein Sichtfeld, was die Vorfreude auf den Ritt durch die Wellenkämme nur noch steigert. Doch unerklärlicherweise verschleppt Rosalie mittendrin das Tempo. Wie ein Wahnsinniger trete ich ihr in die Seiten und wundere mich nur, warum sie ausgerechnet an dieser Stelle schlapp macht.

Über einem tosenden Ozean steht ein feuerroter Sonnenball am Horizont bereit, kitschig in die Fluten einzutauchen, da biegt mein Gaul schroff rechts ab. Der Stall ist derweil in Sichtweite, und so langsam dämmert es mir. Dem Hottemax scheint ein Häufchen Stroh wichtiger zu sein, als der Kolonne zu folgen. Wenig später befinden wir uns vor ihrem Futtertrog. Restlos ausgehungert beugt sie sich nach vorne, um teilnahmslos zu fressen. In dieser für mich waghalsigen Sitzposition ziehe ich es vor, lieber nicht abzuspringen. Und so warte ich, und warte. Als die Sonne längst im Meer versunken ist, kehren auch Lena und José zurück. Euphorisch erkundigt sich die eine, wo ich denn geblieben sei, doch der gewiefte Pferdenarr hat den Braten längst gerochen. Ein Hauch von Häme liegt in der Luft, doch meine Empörung über den entrückten Sonnenuntergang versuche ich geflissentlich zu verbergen. Ernüchtert rede ich mir ein, dass einfach alles, was mit Pferden zu tun hat, ohnehin Schnickschnack ist.

Am Bremer Flughafen nehmen uns zwei Tage später Svenja und Biggi, die ihre Tochter sehnsüchtig erwartet, in Empfang. Als die beiden aufeinander zulaufen, reibt sich die Mama kurzzeitig die Augen, denn ihr Kind hat sich rein optisch verändert. Das Haupt ziert ein rebellisches Cappy mit einem Hanfblatt, das zusammen mit dem Konterfei von Bob Marley in Reggae-Farben auch auf ihrem T-Shirt abgebildet ist. Und dann ist da noch diese ungewohnt rastalockige Haarpracht. Mit todernster Miene wendet Biggi sich schließlich an mich: „Kifft unsere Tochter jetzt?"

Tequila geht runter wie Öl

Die Falstaff-Disco ist aus dem Bremer Nachtleben nicht mehr wegzudenken. Aus allen Ecken der Stadt strömen die Leute zum Leibnizplatz. Ich habe ein treues Stammpublikum und viele von ihnen richtig gern. In letzter Zeit unterstützt mich Gürhan beim Musikauflegen. Er ist glühender Verfechter der 80er-Jahre Elektropopmusik und vergöttert Depeche Mode. Mir ist keine Musikband bekannt, die mehr Remixe ihrer Titel produziert hat. Und Gürhan hat sie alle in petto. Auch mein Publikum ist diesem Musikstil sehr zugetan, und so beschließen wir, an ausgewählten Terminen Depeche-Mode-Partys auszurichten. Mein Kollege macht sich viel Arbeit damit, den Tanzraum vielfältig auszustatten. Überall schmücken Fotokopien der Bandmitglieder oder ihre Plattencover die Wände. Spezielles Schwarzlicht sowie neonfarbene Resonanzkörper werden breit gefächert im Raum verteilt. Obwohl die geringe Deckenhöhe des Foyers nicht dazu einlädt, besorgen wir eigens für die erste außerplanmäßige Veranstaltung eine Nebelmaschine.

Die Atmosphäre ist mitreißend, denn ein vernebelter Schwarzlichttraum, untermalt mit dem Synthesizer-Sound der 80er-Jahre, bringt die Tanzfläche zum Brodeln. Direkt neben unserer Musikanlage haben sich zwei Frauen eingenistet. Die beiden sind mir nicht unbekannt, denn sie sind regelmäßige Besucherinnen der Disconächte. Heute haben wir innigen Blickkontakt. Justament will ich den Klassiker *Never let me down again* in der XXL-Liveversion anspielen, da guckt mich Ramona entgeistert an. Sie deutet auf Gürhan, der sich mit einem Gesangsmikrofon in der Nähe der Tanzfläche postiert hat. Voller Hingabe singt er zum laufenden Song. Mit seinen hochtoupierten Haaren und dem lässigen Outfit steht er Dave Gahan, dem Liedsänger von Depeche Mode, in nichts nach. Die Herzen der Partybesucher schlagen synchron, doch kaum jemand nimmt Notiz davon, dass er jetzt im Rampenlicht steht. Seine Stimme scheint gut mit dem Sound aus den Lautsprecherboxen zu harmonieren und spricht in jedem Fall für die unerwartete Gesangseinlage. Bei meinen Events sitzt Svenja neuerdings an der Kasse, sodass wir zwei Fliegen mit einer Klappe schlagen. Denn sie muss keine Arbeit am Tresen verrichten, und ich kann meiner Kassiererin blind vertrauen. Bedingt durch Gürhans Mitwirken, habe ich genügend Zeit, mich dem entzückenden Besuch zuzuwenden. Ramona ist verführerisch. Sie hat eine umwerfende Ausstrahlung, knallblaue Augen und rote Haare, die ihr bis an die Hüften reichen. Gürhan und ich wechseln uns gegenseitig mit Auflegen und Tanzen ab. Irgendwann mache ich eine längere Pause und gehe zur Kasse, um die Lage zu sondieren. Während ich mich mit Svenja über die Besucheranzahl austausche, diese Party ist ein voller Erfolg,, spüre ich hinterrücks eine Hand unter meinem T-Shirt, die nach und nach höher rutscht. Es ist Ramona, die immer zutraulicher wird und ihre Hände fühlbar nicht von mir lassen kann. Die Reaktion von Svenja ist eindeutig, denn sie ignoriert mich und nimmt weiter Geldscheine entgegen. Nach mehreren Stunden und etlichen Drinks, die Kasse ist in der Zwischenzeit geschlossen, gehe ich mit Ramona schwofen. Ausgelassen geben wir uns dem druckvollen Sound hin.

Das ultraviolette Schwarzlicht emittiert nur wenige Lichtstrahlen, in denen diese Frau einfach entzückend aussieht. Wir fressen uns mit den Augen auf, und beim

Tanzen berühren ihre Hände meine Hüften. Doch wie ein Blitz aus heiterem Himmel ergießt sich eine gallertartige Flüssigkeit auf mein Haupt. Svenja ist darauf erpicht, dass sich der zuckersüße Tequila Sunrise seinen Weg über meinen gesamten Körper bis hinunter in die Schuhsohlen bahnt. Als ich mich erschrocken umdrehe, blicke ich in das ironisch grinsende Gesicht meiner Freundin. Zeit für eine Reaktion bleibt nicht, denn gleichzeitig wird ihre Statur auch schon wieder vom Dämmerlicht verschluckt. Ramona ist das alles zu heikel und so verschwindet auch sie hastig von der Bildfläche. Inmitten einer tanzwütigen Menge stehe ich mit verklebten Haaren da und komme mir vor wie ein Pinguin nach der Ölpest.

Zu Hause ärgere ich mich maßlos darüber, Svenja so bloßgestellt zu haben. Dabei führen wir doch eine so einfühlsame Beziehung. Ihr auf diese Weise in den Rücken zu fallen, ist unverzeihlich. Sie selbst hat nicht zu Hause übernachtet, sondern die restliche Nacht bei ihrer besten Freundin verbracht. In vielen Gesprächen versuchen wir anschließend, verloren gegangenes Vertrauen Stück für Stück wiederzugewinnen. An einem trüben Dienstagnachmittag entscheidet sich Svenja dazu, unsere Partnerschaft zu beenden. Mich sollte das am wenigsten wundern, da mein exzentrisches Gehabe und unkontrollierte Alkoholexzesse in den letzten Monaten nicht von der Hand zu weisen sind. Dennoch lösen Wut und Trotz bei mir Kurzschlussreaktionen aus. Ein Weinglas versuche ich krampfhaft am Wohnzimmertisch zu zerschlagen, scheitere aber an der stumpfen Tischkante. Also hole ich aus der Küche das Italienisch-Kochbuch vom Bücherregal, dass sie mir zum letzten Geburtstag geschenkt hat. Dort reiße ich die erste Seite heraus und zerfetze sie in tausend Einzelteile. Es stand eine Widmung von ihr darauf: „Weil Liebe durch den Magen geht!"

Trost finde ich bei Burkhard, den ich nun schon seit geraumer Zeit kenne. Im Laufe der letzten Monate haben wir uns angenähert. In der „Wilden Liga", einer Hobbyliga auf Bremischen Fußballplätzen, rennen wir uns Woche für Woche die Hacken ab. Mir tut Burkhard gut. Mit aller Deutlichkeit konfrontiert mich der angehende Sozialarbeiter damit, dass mir mein Ego zu sehr im Wege steht. Warum kann ich nicht zufrieden sein mit dem, was ich habe? In meiner Funktion als DJ treffe ich andauernd auf Frauen, deren Attraktivität ihre Reize ausstrahlen.

Doch lange allein zu sein, das ist nichts für mich. Kurz vor meinem 40. Geburtstag treffen ich erste Vorbereitungen für eine Gartenparty. Mit Erstaunen registriert mein Freundeskreis eine neue Frau neben mir. Kirsten habe ich bei der letzten Falstaff-Disco kennengelernt. Als Stewardess arbeitet sie für die Deutsche Lufthansa. Da sie in wenigen Tagen einen Langstreckenflug nach Australien ableisten muss, lädt sie mich drei Tage nach meinem Geburtstag noch zu Kaffee und Kuchen bei sich ein. Während sie die Sahne schlägt, suche ich in ihrem Küchenradio nach meinem Lieblingssender Bremen Zwei. Noch bevor wir den ersten Krümel zwischen den Zähnen haben, werden wir von einer eigenartigen Programmunterbrechung aufgeschreckt. Zeitgleich soll in New York ein Flugzeug in einen Wolkenkratzer gestürzt sein. So richtig ernst nehmen wir diese Nachricht aber nicht und machen uns über den Zupfkuchen her. Doch die Meldungen überschlagen sich und so schaltet Kirsten irgendwann doch den Fernseher ein. Das muss ein Actionthriller oder sogar ein

Programmfehler sein. Ansonsten können wir uns nicht erklären, was sich da gerade auf der Mattscheibe abspielt. Durch ihre regelmäßigen Flüge nach New York erkennt Kirsten umgehend, dass es sich bei dem brennenden Hochhaus um einen der beiden Zwillingstürme des World Trade Centers handelt. Starr vor Entsetzen nehmen wir auf ihrem Sofa Platz, als unerwartet ein Flugzeug an der Stirnseite des zweiten Turmes einschlägt. Fassungslos starren wir auf den Bildschirm und verfolgen die dramatischen Ereignisse auf der anderen Seite des Atlantiks. Irgendwann tauchen Aufnahmen von Menschen auf, die vor lauter Verzweiflung aus den brennenden Hochhäusern in die Tiefe springen. Es ist kaum zu ertragen.

Nachdem auch der zweite Turm eingestürzt ist, schalte ich den Fernseher aus. Wir ziehen unsere Jacken an und gehen verloren durch die Straßen der Stadt. Es kommen uns beängstigende Gedanken in Bezug auf die nächsten Monate. Kirsten beschließt, sich aufgrund der unsicheren Weltlage für ihren Flug nach Sydney krankschreiben zu lassen.

Sansibar ist da, wo der Pfeffer wächst

In seiner stillen Abgeschiedenheit im indischen Ozean liegt Madagaskar fernab der gängigen Reiserouten. Das Sahnehäubchen tritt mit der Buchung der Flugtickets zutage, denn als eingetragener Lebenspartner muss auch ich nur zehn Prozent des vorgegebenen Flugpreises bezahlen.

Doch das Vorhaben erhält einen herben Dämpfer, denn die Anreise endet abrupt auf dem Pariser Flughafen Charles de Gaulle. Aufgrund politischer Unruhen kann die französische Fluggesellschaft Air France die ehemalige Kolonie Madagaskar nicht anfliegen. In der weitläufigen Schalterhalle liegen wir mit Hunderten Menschen rund 36 Stunden lang zusammengepfercht in einem provisorischen Bettenlager, bis die Weiterreise am darauffolgenden Tag ganz und gar gestrichen wird. Kirsten gelingt es aber am Schalter der Deutschen Lufthansa, mit Mauritius eine passable Alternative aufzutun.

Wie man sich täuschen kann, aber all unsere Erwartungen an Mauritius bleiben unerfüllt. Seit der Kolonisierung durch Franzosen und Briten durchziehen Zuckerrohrplantagen die Landschaft. Der einstmals üppige Baumbestand musste, wie so häufig in Kolonien, wieder einmal der Exportwirtschaft weichen. Heutzutage ist einzig das Tourismusgeschäft die Haupteinnahmequelle. Vorwiegend ausländische Investoren haben sich darauf verständigt, die verbliebenen Naturschönheiten durch Strandhotels und Tauchbasen flächendeckend zu vermarkten. Die Busfahrt nach Port Louis verläuft eintönig, da weit und breit nur Zuckerrohrpflanzen zu sehen sind.

Der Ort im Westen, mit schön gewachsenen Kokospalmen und bizarren Felsformationen, ist idyllisch gelegen. An der Uferpromenade suchen wir ein äthiopisches Restaurant auf, das einen guten Ruf genießt. Bei der Bestellung der Getränke bin ich irritiert, denn der Kellner bringt nur Kirsten eine Speisekarte und fragt auch nur bei ihr nach. Sie bestellt Rotwein und Mineralwasser. Ich fühle mich zwar ein wenig übergangen, aber gerade kann ich das verknusen, schließlich ist der Trubel um meine Person doch oft größer, als ich es mir wünschen würde. Mit einem vollen Tablett, er hat noch Snacks dabei, kehrt der Typ an Kirstens Tischseite zurück und serviert die Getränke. Beiläufig fragt er sie, ob wir zusammengehören würden. Verdattert sieht sie ihn an, versteht seine Frage gar nicht. Geringschätzig deutet er in meine Richtung, um ihr dann unverblümt mitzuteilen, wie hübsch er sie findet. Einen Moment lang überlege ich, ob ihn anblaffe, doch da kommt mir meine Freundin zuvor. Unmissverständlich macht sie ihm klar, er solle sich gefälligst um seinen Job kümmern, alles Weitere könne er sich verkneifen. Essen werden wir hier jedenfalls nicht. Kirsten bezahlt die Rechnung, und wir nippen noch ein wenig an unseren Gläsern. Kann der Ober nur annähernd erahnen, wie ich mir da vorkomme? Wenn ich könnte, dann würde ich ihm gerne die Fresse polieren. Vor allem im Beisein meiner Partnerin ist diese Art der Erniedrigung noch kränkender, als sie ohnehin schon ist. Derartige Begegnungen hinterlassen zugleich immer einen bitteren Nachgeschmack. Zum Glück sind sie eher die Ausnahme.

Der Plan, über Südafrika nach Tansania zu fliegen, erweist sich auf dem Flughafen von Johannesburg als undurchführbar. In Kirstens Impfpass ist zwar eine Gelbfieberimpfung vermerkt, bei mir aber steht da ein leeres Blatt. Somit wäre ein Weiterflug nach Tansania passé, da eine Gelbfieberimpfung dort zwingend vorgeschrieben ist. Die Dame am Lufthansa-Schalter verweist mich zum Flughafenarzt, der mir in kürzester Zeit eine Impfung verabreichen könnte. Doch in meinem Kopf spielt sich ein Worst-Case-Szenario ab, denn in Zeiten der Immunschwächekrankheit Aids wäre es fatal, durch eine Spritze in Johannesburg mit dem tödlichen Virus infiziert zu werden. Diesen logischen Gedankengang kann die diensthabende Ärztin überhaupt nicht nachvollziehen. Von ihrer schroffen Gangart will ich mich aber nicht abwimmeln lassen. Letztlich geht es bei dieser Frage um Leben und Tod. Resolut setze ich mich zur Wehr und schalte ihren Vorgesetzten ein. Der steht mir immerhin zur Seite und stellt die Kollegin in barschem Umgangston zur Rede. In diesen Zeiten sei es sehr wohl von Bedeutung, ob eine Injektion mit einem Blutplasma-Präparat erfolge oder nicht. Südafrika weist eine übermäßig hohe Zahl an Aids-Infektionen auf, und die Blutkonserven unterliegen nur unzureichenden Kontrollen. Der Chefarzt versichert mir, dass diese Impfung ohne Beigabe von Blutsubstanzen durchgeführt wird. Die Standpauke an die Ärztin ist genauso deftig wie die Vehemenz, mit der diese mir letzten Endes die Spritze in meinen Allerwertesten jagt.

Die ehemalige Hauptstadt Tansanias mit ihren mehr als fünf Millionen Einwohnern ist die größte Stadt Ostafrikas. Bereits in der Empfangshalle des Flughafengebäudes von Daressalam gerate ich in ein Spalier von Gaffern. Schlimmer noch auf den staubigen Bürgersteigen im Stadtzentrum, wo Tausende von Menschen hocken, hauptsächlich Männer. Sobald sie mich sehen, glotzen sie auf meine Arme, tuscheln untereinander oder gestikulieren in meine Richtung. Weltweit gerate ich allerorten ins Visier, doch nie zuvor habe ich mich so gedemütigt gefühlt wie hier. Auch deshalb ist unsere Stimmung am Abend in einem indischen Restaurant gedrückt. Die Bedienung stellt die Getränke auf den Tisch, da fallen plötzlich Schüsse draußen vor der Tür. Erschrocken richten wir uns an den Restaurantbesitzer, der im Handumdrehen die Eingangspforte verriegelt. Er berichtet von zwei Morden, die erst kürzlich in diesem Stadtteil auf offener Straße begangen wurden.

Das kann so nicht weitergehen, und endlich treffe ich in dieser trostlosen Millionenstadt auch mal auf ein paar nette Typen. Voller Tatendrang schrauben diese am nächsten Morgen in einer Werkstatt an abgewrackten Fahrzeugen herum. Meine Frage nach einem ausrangierten afrikanischen Nummernschild ist für die Mechaniker allerdings nicht nachzuvollziehen, da ich ja gar kein Fahrzeug mit mir führe. Und Englisch scheint hier auch niemand zu verstehen. Mit Händen und Füßen versuche ich, ihnen deutlich zu machen, dass ich auf meinen Reisen immer versuchen würde, ein Nummernschild des jeweiligen Landes zu ergattern. Doch das ganze Gelaber bringt mich nicht weiter, also verabschiede ich mich. Vor der Garage erzähle ich einem von ihnen, dass ich es nochmal auf Sansibar versuchen wolle, wohin wir heute Nacht übersetzen würden.

Die Schiffsfahrt wird vermutlich ausverkauft sein, daher machen wir uns am Hafen unverzüglich auf die Suche nach einem Fahrkartencenter. Mit nur drei Stunden Verspätung, hier in Afrika geradezu überpünktlich, fährt der Dampfer mit lautem Getöse in den Hafen ein. Das Gedränge am Pier ist unbeschreiblich, denn mehr als 1.000 Menschen werden mit an Bord sein. Ob dieses mehrstöckige, verrostete Fahrgastschiff als seetauglich bezeichnet werden darf, sei mal dahingestellt. Noch bevor die Schiffscrew die Laufstege ausgefahren, geschweige denn angeleint hat, stürzen sich die ersten Fahrgäste darauf. An Bord sind sämtliche Sitzplätze in kürzester Zeit vergriffen. So richten wir uns auf dem harten Fußboden mit den Rucksäcken ein Lager für die nächtliche Überfahrt nahe der Waschräume ein. Es braucht seine Zeit, bis so ein Schiff voll beladen ist, aber bei diesem dauert es ewig. Da taucht ein Schiffsoffizier in Uniform auf, der vorgeblich überall nach mir gesucht hat. Klipp und klar bringt er zum Ausdruck, dass ich ihm folgen solle. Im Laufschritt rasen wir durch die Gänge. Wenig später stehe ich hechelnd an der Reling und schaue hinunter. Alles wartet auf das Hupsignal zur Abfahrt, doch vorher gilt es, noch ein weiteres Manöver durchzuführen. Auf dem Kai wedeln zwei jungen Typen auf einem Mofa mit ihren Händen, von denen der eine juchzend ein Nummernschild in die Höhe hält. Der Schiffsoffizier gibt mir genau drei Minuten, und dann spurte ich los. Fassungslos stehe ich vor den beiden Mofafahrern und erkenne den einen aus der Werkstatt wieder. Geld wollen sie keines von mir annehmen. Dies sei ein Geschenk aus Afrika. Es bleibt mir gerade noch genügend Zeit, sie zu umarmen, bevor das Hupsignal zur Abfahrt ertönt. Der Seelenverkäufer kann endlich in See stechen.

Sansibar. Allein der klangvolle Name erzeugt bei mir eine Gänsehaut. Das lang gezogene „Allahu akbar!" des Muezzin aus einer entfernten Moschee erinnert uns um vier Uhr morgens unweigerlich daran, dass für die überwiegende Mehrheit der Afrikaner im Ostteil des Kontinents der Islam alle Lebensbereiche vereinnahmt. Das Taxi russischer Bauart rast mit derart hoher Geschwindigkeit durch die engen Gassen der Hauptstadt, dass uns bald schwindelig wird. Es passt kein Fußbreit zwischen das Gefährt und die hellen, aus Korallenkalkstein erbauten Hauswände. Bei näherer Betrachtung hat man den Eindruck, in Arabien angelandet zu sein. Das auch aus gutem Grund, denn jahrhundertelang wurde die sansibarische Gewürzinsel von der arabischen Halbinsel aus zuerst als Handelsstützpunkt und später als Sklavenumschlagplatz auserkoren. Erster Anlaufpunkt ist der Ostteil der Insel. Für alle Fahrzeuge auf Sansibar ist das Vorankommen eine Art Hindernislauf, so auch für unseres. Bewaffnete Clans, so unterrichtet uns der Taxifahrer, haben die Insel in Gebiete aufgeteilt, in denen sie allein für die Durchfahrt Geld verlangen. Das zieht die Anreise erheblich in die Länge, zudem orientiert sich der Preis an der Nasenspitze. Mit deutschen Touristen im Taxi wird der Verhandlungsspielraum selbstverständlich größer. Kirsten und ich sind heilfroh, irgendwann im Hotel angekommen zu sein. Vor unserem Balkon liegt ein Ozean, dessen Farben intensiver nicht sein könnten. Unterschiedliche Grüntöne im flachen Wasser vermischen sich erst viel weiter draußen mit den Blautönen der tiefen See. Eine Vielzahl an Frauen sammelt bündelweise buschiges Seegras, um es später auf dem Markt zu verkaufen. So schön es landschaftlich auch ist, aber an Baden ist hier leider nicht zu denken, da Felsen und Korallenblöcke den Zugang zum Meer blockieren. Mit einer Flasche Rotwein lassen wir den Abend ausklingen und beschließen, am nächsten Tag nach Stonetown weiterzuziehen.

Im ältesten Stadtteil Sansibars wohnen wir mittendrin im Gewimmel. In Meeresnähe verlassen wir das Quartier und sind nach wenigen Schritten umringt von qualmenden Grillstationen. Auf Wunsch wird aus erster Hand Meeresgetier zubereitet, was wir uns nicht entgehen lassen. Neben mir am Holztisch formiert sich eine Menschenansammlung, gespannt starrend, auf welche Weise ich denn wohl an das zarte Fleisch der feurigen Garnelen gelange. Eines wird nun immer deutlicher, ich werde auf dieser Reise nicht eine Millisekunde lang unbeobachtet sein. An einem Verkaufsstand für Kleidungsstücke werden uns T-Shirts mit dem Porträt von Osama Bin Laden angepriesen. Auf denen posiert er triumphierend vor den brennenden Türmen des World Trade Centers, indem er martialisch eine Kalaschnikow in die Höhe reckt. Eine gewisse Schadenfreude ist den Umstehenden nicht abzusprechen, da lassen die dreist grinsenden Gesichter keine Zweifel aufkommen. Auch wenn wir uns davon nicht einschüchtern lassen wollen, so wäre jegliche Reaktion darauf wie der Ritt auf einer Rasierklinge.

Viel schöner ist da eine Spice-Tour, bei der wir dahin gehen, wo der Pfeffer wächst. Unter schattigen Bäumen hindurch hangeln wir uns von einem exklusiven Gewürzstoff zum nächsten. Alle naselang machen wir mit vielfältigsten Gewürzen Bekanntschaft, wie Pfeffer, Kardamom, Kurkuma, Muskatnuss, Zimtrinde, Curryblättern, Gewürznelken und der Königin unter diesen Exoten, der Vanilleschote.

Zurück auf dem Festland besteigen wir in Daressalam spätabends einen Minibus in westliche Richtung. Vor Erschöpfung fallen uns irgendwann die Augen zu. Als ich wieder zu mir komme, nehme ich bereits das Tageslicht wahr. Würdevoll erhebt sich der Kilimandscharo in der Morgenröte. Das schneebedeckte Bergmassiv zieht alle in den Bann. Rund zwei Stunden später stoppt das Fahrzeug dann im Nirgendwo. Eine

Gruppe Massai steht am Wegesrand und hat den Fahrer zum Anhalten bewegt.

Das Nomadenvolk ist hier im Norden Tansanias heimisch. In holprigem Englisch klärt mich mein Sitznachbar über die Sachlage auf: Eine junge Frau aus der Gruppe sei erkrankt und müsse zu nächsten Erste-Hilfe-Station gebracht werden. In Begleitung zweier stattlicher Männer besteigt sie unseren Kleinbus, der ohnehin schon proppenvoll ist. Wortlos zwängen sie sich zwischen die Insassen. Wir hatten uns schon darauf eingestellt, das Antlitz dieser Menschen zu Gesicht zu bekommen, nur nicht so hautnah. Es riecht nach Feuerrauch. Während bei meiner Nachbarin unter ihrem kahl geschorenen Kopf ausgeweitete Ohrläppchen und eine schwere Halskette auffallen, so sind es bei den anderen die rotkarierten Umhänge sowie sonderbare Sandalen an den Füßen. Später erfahren wir, dass die Massai diese aus dem Gummi alter Lkw-Reifen herstellen.

Auf dem Busbahnhof in Arusha ist die Hölle los, und wir werden mal wieder von A bis Z in Beschlag genommen. An einem Fahrkartenschalter führe ich langwierige Verhandlungen, bis die Tour in die entlegene Tierwelt der Savannenlandschaft definitiv feststeht. Die Fahrt dorthin ist abenteuerlich, denn die Straßen sind nach tagelangen Regenfällen auch für unseren Geländewagen nur schwer passierbar. Von erhöhten Sitzplätzen aus entdecken wir laufend Massai, die mit ihren Ziegen in diesem Landesteil schon seit etlichen Generationen als Hirtenvolk unterwegs sind. Aus der Ferne können wir die aus Lehm und Kuhdung gefertigten Rundhütten ausmachen, die für die Bauweise des Volkes stehen. Schirmakazien und Affenbrotbäume geben der Savanne den unverkennbaren afrikanischen Look, sodass unser Blutdruck stetig steigt.

Die ersten Giraffen sind Vorboten einer verwunschenen Naturlandschaft. Das Herzstück im Ngorongoro-Distrikt bildet der weltweit größte Vulkankraterkessel. Vom Norden her gelangen wir in das flache Grasland innerhalb des Kraters und entdecken Zebras und Gnus. An einer Wasserstelle planscht munter eine Elefantenherde. Im nahegelegenen Dickicht tollen Löwenbabys unter den wachsamen Augen ihrer Mutter umher. Nach aufregenden Stunden erreichen wir das Camp. Hier werden wir übernachten, um schon vor Sonnenaufgang in Richtung Serengeti aufzubrechen. Engmaschige Sträucher und Holzbarrikaden um das Zeltlager herum sollen verhindern, dass uns hungrige Löwen nachts einen Besuch abstatten.

Eingemummelt in meinen Schlafsack, ist mir in dem naturbelassenen Areal schon ein wenig unheimlich. Auch die unbekannten Geräusche der Wildnis erschweren das Einschlafen. Mitten in der Nacht reißt Kirsten mich dann aus dem Schlaf. Im Schein ihrer Taschenlampe frage ich mürrisch, was denn los sei. Doch sie deutet nur vorsichtig mit ihrem ausgestreckten Zeigefinger auf die nach innen gewölbte Zeltwand. In Sekundenbruchteilen bin ich hellwach! Längere Zeit schon hört sie von draußen lautes Grunzen, das sich nach wie vor nähert. Kein Wunder, dass sie sich nicht traut, das Zelt zu verlassen, um auf die Toilette zu gehen. Salim, der Fahrer des Land Rovers, hatte uns gewarnt, keine Lebensmittel im Zelt aufzubewahren. Im Schummerlicht sehe ich meine Freundin eindringlich an. „Okay, die Kekse mit Zuckerrand sind vielleicht noch in meiner Tasche“, gibt sie kleinlaut von sich. Vor lauter Schreck falle ich fast in Ohnmacht. Die Beule in der Zeltwand wird mal kleiner und mal größer, nonstop begleitet von gierigem Schmatzen. Nun fasse ich all meinen

Mut zusammen und trete mit vollem Karacho dagegen. Von der anderen Seite ist lautes Gequieke zu hören. Dann legt das unbekannte Etwas eine Pause ein. Angestrengt überlegen wir, wer von uns beiden die Leckerlies aus dem Zelt herauskatapultiert. Schlussendlich erledigen wir diese Angelegenheit gemeinsam. Vorsichtig öffnet Kirsten den Reißverschluss des Zelteingangs, und ich werfe die Kekstüte ins Freie. Mit voller Wucht wirft sich die Kreatur darauf und lässt uns sowohl innerlich als auch äußerlich zusammenzucken. Kirsten muss inzwischen nicht mehr aufs Klo, ich aber will nun tatsächlich wissen, was sich da abspielt. Also luge ich durch den Spalt der Zeltöffnung. Mit seiner länglichen Schnauze und den scharfen Eckzähnen zerfetzt gerade ein Warzenschwein die Keksverpackung vor dem Zelt und macht sich über den Inhalt her. Ein durchdringender Blick des Viechs aus den kleinen, eng stehenden Augen – und schon verschließen wir den Zelteingang.

Es ist noch stockdunkel, als wir unausgeschlafen mit einem Jeep das Grenzland zur Serengeti passieren. Dort müssen wir als Erstes einen Schlagbaum passieren. Hier berappen wir hohen Eintritt, der nach Aufenthaltsstunden berechnet wird. Unser Budget entscheidet sich für einen zweistündigen Abstecher durch eine der aufsehenerregendsten Gegenden des gesamten Kontinents. Dieses „endlose Land", was Serengeti dem Ursprung nach bedeutet, ist in seiner Ausdehnung ungefähr so groß wie das Bundesland Nordrhein-Westfalen. Nicht zu fassen, aber wir sind hier nicht annähernd im Kernland des Nationalparks, da kommt bereits die geballte Tierwelt zum Vorschein. Es ist eine Augenweide. In großflächigen Ansammlungen weiden Gnus, Zebras und Antilopen. Ein Rudel Hyänen macht sich über die Reste eines verwesenden Zebras her. Der Hingucker aber ist ein Gepard, den uns Salim mit seinem Fernglas in seiner ganzen Pracht näherbringt.

Nur über Arusha führt der Weg zurück an den Indischen Ozean. Am örtlichen Busbahnhof will uns eine Gruppe junger Erwachsener auf eine falsche Fährte locken. Obwohl ich das Ziel mit Mombasa angegeben habe, wollen sie uns Tickets in die entgegengesetzte Richtung verkaufen. Diesmal drehe ich den Spieß jedoch um, indem ich nicht nur den richtigen Bus ausfindig mache, sondern die Jungs auch noch reinlege. Beim Geldtausch, um den sie mehr oder weniger gebettelt haben, haue ich die Bande richtig übers Ohr. Selbst bei uns in Europa haben seit der Währungsumstellung auf Euro im vorletzten Jahr viele Leute in Bezug auf Wechselkurse noch so ihre Schwierigkeiten. Und von diesen Typen hier hat jeder ein Fragezeichen auf der Stirn stehen, als ich ihnen drei Euro-Noten reiche. Sekunden später halte ich ein ganzes Bündel an Scheinen der einheimischen Währung in den Händen. Bei diesem Geldwechsel schneide ich sehr gut ab, was sie allerdings viel zu spät bemerken. In der Staubwolke einer aufgebrachten Menschenmenge gestikulieren erboste Halbstarke, während ich mir im Fernbus das Kopfteil meines Sitzplatzes zurechtrücke.

In Malindi machen wir eine mehrstündige Pause, da der Minibus einer Reparatur unterzogen wird. Der kenianische Ort hat für den Tourismus eine große Bedeutung, weil er direkt am Indischen Ozean liegt. Ein Strandspaziergang kommt da gerade recht. Wir starten im Süden und bemerken reges Treiben in einer angrenzenden Siedlung. Als wir an dieser vorüberziehen, macht sich eine Menschentraube auf, uns zu folgen. Kirsten möchte mit mir Hand in Hand an der

Wasserkante entlanggehen. Ich aber lehne ihre liebevoll gemeinte Geste ab. Eine blonde Frau neben ihrem kurzarmigen Partner sprengt ohnehin schon das klischeebeladene Denken der Menschen. Ein älterer Herr setzt sich an die Spitze der Gefolgschaft. Er hat uns bald eingeholt und scharwenzelt um mich herum. Als ich ihn anspreche, reagiert er nicht. Starrsinnig weicht er nicht mehr von meiner Seite und fuchtelt irgendwann an meinem linken Oberarm herum. Genug ist genug. Ich stoppe, und so stehen wir uns Nasenspitze an Nasenspitze gegenüber. Im Augenwinkel kann ich erkennen, dass auch die Dorfgemeinschaft in gebührendem Abstand innehält. Erneut stelle ich ihn zur Rede, was das Getue überhaupt soll, doch es erfolgt keine Reaktion. Zumindest auf sprachlicher Ebene. Fast aufdringlich stiert er auf meinen Hemdsärmel, und seine Augen fragen mich, ob er nicht kurz einen Blick riskieren dürfe. Die Situation wird immer befremdlicher, aber letztendlich gewähre ich ihm tatsächlich den Zugriff. Vielleicht werde ich ihn ja so los. Vorsichtig hebt er den Baumwollstoff an, grinst unumwunden in meine Richtung und dreht sich demonstrativ der Menge zu. In theatralischer Pose streckt er zwei Finger in die Höhe und ruft den Schaulustigen so etwas zu wie: „Zwei, er hat zwei Finger an jeder Hand!“ Das war also die alles entscheidende Frage. Die Leute reagieren wie bei einem Torjubel im Fußballstadion und winken mir freundlich zu. Allesamt legen sie sofort den Rückwärtsgang ein und gehen zurück in ihr Dorf. Beinahe ehrfurchtsvoll schüttelt mir der ältere Herr die Hand und verabschiedet sich ebenso. Kirsten aber versteht die Welt nicht mehr und fragt mich ernsthaft: „Warum tust du dir das überhaupt an? Mach deinen Urlaub doch lieber in Europa! Ich kann es nicht glauben, wie distanzlos diese

Leute zum Teil sind." Bei der Antwort bin ich unschlüssig: „Die Menschen in Afrika haben kulturell bedingt andere Erfahrungen gemacht und ticken daher anders. Mein Aussehen macht sie sowohl fassungslos als auch neugierig, weil sie eine Beeinträchtigung selten mit jemandem aus reichen Industriestaaten in Verbindung bringen. Trotzdem habe auch ich meine Grenzen, und hier werden sie oft überschritten. In diesem Kulturkreis muss ich einen Weg finden, mich davon abzugrenzen, ohne den Leuten dabei vor den Kopf zu stoßen. Es ist ein Vabanquespiel, bei dem jeder Beteiligte die Regeln permanent ändern kann. Und ob das Reisen in westlichen geprägten Ländern problemloser ist, das steht noch auf einem ganz anderen Blatt."

Lamu ist eine kenianische Inselgruppe abseits des Massentourismus und liegt gut 100 Kilometer südlich von Somalia. Durch Überfälle auf Reisebusse haben somalische Rebellen die Fahrten zu einem unkalkulierbaren Risiko gemacht, welches wir nach langem Zögern eingehen. Während die berüchtigten und drängelnden Matatu-Minibusse die kenianischen Straßen oft in einen Ort des Schreckens verwandeln, prägen auf Lamu Hunderte Esel das Bild auf der Hauptinsel. Es gibt sogar ein Altersheim samt Ambulanz für Esel, deren Aufgabe es ist, Lebensmittel und Waren zu transportieren. Wir wohnen für eine Woche in einem Hotel an der Ostküste, dessen Strohdach sich harmonisch in die Umgebung einfügt. Heute Nachmittag spiele ich Fußball mit Typen aus der Nachbarschaft. Einer von ihnen, Nakala, spricht gut Englisch. Ihm schenke ich ein St.-Pauli-Trikot, das ihm wie auf den Leib geschneidert ist. Die Sonne brennt immer noch erbarmungslos auf uns herunter, aber wir müssen das Tageslicht nutzen. Mit ein Grund dafür, dass ich diese Sportart schon von Kindertagen an geliebt habe, ist die Tatsache, dass ich sie perfekt ausüben kann. Andere, wie Basketball, Volleyball oder Handball kommen für mich logischerweise nicht in Frage. Erst wird gedehnt, dann gekickt. Und zwar auf dem Hartplatz hinter der Moschee. Der steinige Bolzplatz ist für einen verhätschelten Fußballspieler aus Westeuropa eine echte Herausforderung, deshalb trage ich auch als Einziger Turnschuhe. Wie damals auf dem Schulhof, so werden auch hier die Mannschaften ausgewählt. Wie damals, so warte ich auch hier auf die Schlussrunde, bis ein Finger auf mich gerichtet ist. Hört das denn nie auf? Der Anpfiff erfolgt, und schon nach wenigen Ballstafetten kann ich beweisen, dass ich trickreich und schnell bin. Die Jungs spielen klasse, es sind waschechte Straßenfußballer. Sie sind diesen Glutofen gewöhnt, doch auch ich werfe alles rein. Für eine Weile guckt sich mein Gegenspieler, der schwerfällige Bijan, diese Spielweise an, um mich schließlich mit einem ungestümen Körpereinsatz niederzustrecken. Körperlich habe ich nicht den Hauch einer Chance gegen ihn. Und so rammt er mir seine muskulösen Schultern voll in die rechte Seite. Wütend liege ich im Staub und krümme mich vor Schmerzen. Und anders als in meiner Kindheit lässt mich diese Wut heute wieder aufstehen. Nakala ist hier scheinbar so eine Art Anführer. Er boxt dem Übeltäter in die Magengrube und scheucht ihn weg. Dann geht er zum Spielfeldrand und holt eine Dose aus seiner Leinentasche hervor, um meine lädierten Rippen mit einer kühlenden Tinktur einzureiben. Das Spiel ist für mich zu Ende, und ich kann froh sein, überhaupt wieder richtig auf die Beine zu kommen. Vielleicht auch, um die Situation zu entschärfen, schlägt Nakala vor, in zwei Tagen einen Segeltörn zu unternehmen.

Die namenlose Dhau, von Nakalas Vater eigenhändig erbaut, ist ein Einmaster mit trapezförmigem Segel. Mit uns an Bord sind sechs Jungs aus der Fußballmannschaft. Die braucht es auch, um das Segelboot zu manövrieren. Vorbei an Mangrovenwäldern und Lagunen steuern wir das offene Meer an. Nakala erteilt uns strengstes Badeverbot, denn hier bevölkern Tigerhaie die Weiten des Ozeans. Gegen frühen Nachmittag erreichen wir die Mini-Insel Manda Toto. Als unsere Dhau soeben auf dem welligen Sandboden aufsetzt, springe ich nichts ahnend von Bord. Ehe ich mich versehe, breche ich im knietiefen Wasser zusammen. Die Beschaffenheit des Untergrundes habe ich glattweg falsch eingeschätzt, denn statt butterweich ist dieser hart wie Beton. Kirsten sieht sich das genauer an und vermutet eine Bandverletzung am rechten Sprunggelenk. Unter immensen Schmerzen, oben die Rippen und unten der Knöchel, schleiche ich von dannen. Über mehrere Stunden versuche ich, unter schattenspendenden Kokospalmen ein wenig zu entspannen, während die Crew mit den Vorbereitungen für ein Strandpicknick beschäftigt ist. Irgendwann bittet uns einer der Jungs zum Barbecue. Das Fleisch der vom Boot aus gefangenen Fische wird zusammen mit gekochtem Reis und herkömmlichen Gewürzen vermengt. Einer der beiden Köche verteilt diesen Brei auf zwei Plastikschüsseln, von denen die kleinere für Kirsten und mich vorgesehen ist. In einem Kreis versammelt sitzen wir auf dem Sandboden. Den traditionellen Gebräuchen nach beginnen die Gäste, also wir, mit dem Essen. Wie auf Kommando fällt im Anschluss die Schiffscrew über die Nahrung her. Mit bloßen Händen schaufelt jeder die größtmögliche Menge in seinen Mund. Von Kirsten mal abgesehen, fällt hier niemandem auf, dass ich in Afrika auf diese Weise nicht satt werde.

Tempel-Burnout

Eine Reise durch Burma zu unternehmen, ist ein zweischneidiges Schwert. Einerseits wollen Kirsten und ich die Militärregierung mit ihren Visa-Einnahmen nicht durch unseren Aufenthalt unterstützen, andererseits wäre es fatal, die Menschen dort auf sich gestellt zu lassen. Noch bis vor wenigen Jahren war es praktisch unmöglich, eine Reisegenehmigung für Burma zu erhalten. Die offizielle Bezeichnung des Landes heißt seit 1989 Union Myanmar, der Name aber ist ein Politikum. In jenen Tagen übernahm das Militär nach langem Ringen endgültig die Macht in der ehemals britischen Kolonie. Tausende fielen dem Militärputsch zum Opfer oder wurden inhaftiert. So halten oppositionelle Gruppen die Bezeichnung Myanmar für rechtswidrig, und auch wir schließen uns dem an. Schon die Abfertigung bei der Einreise am Flughafen macht deutlich, dass mit diesem Machtapparat nicht gut Kirschenessen ist.

Es gibt nur ausgewählte Unterkünfte, die wir in Burma bewohnen dürfen, da diese eine staatliche Lizenz benötigen. Das Ocean Pearl Inn besitzt so eine, und so werden wir in Yangon vom Empfangspersonal mit einem landesüblichen „Mingalaba“ – „Herzlich willkommen!“ – freundlich begrüßt. Gleich den ersten Sonnenuntergang erleben wir an der Shwedagon-Pagode, dem weltberühmten buddhistischen Heiligtum und goldenen Wahrzeichen des Landes. Stundenlang spazieren wir über das Gelände der 2.500 Jahre alten Pagode, lassen die Eindrücke auf uns wirken und stehen irgendwann in einem Lichtermeer voll brennender

Kerzen, die von den Gläubigen angezündet wurden. Frauen wie Männer tragen in Burma eine sandfarbene Creme auf ihrer Haut, die sogenannte Thanaka-Paste. Diese dient den Menschen als Sonnenschutzmittel und soll zusätzlich als Anti-Aging-Medizin wahre Wunder bewirken. Eine unangenehme Angewohnheit finden wir das Kauen von Betelnüssen. Im Zusammenspiel mit Tabak wird das Betelblatt derart zerkaut, dass der Speichel im Mund rot einfärbt. Der Genuss macht bekanntermaßen süchtig. An jeder Stelle wird eifrig gekaut und gespuckt, eine Fülle an blutroten Lippen und verfärbten Zähnen. Doch die Offenheit und Lebensfreude der Burmesen drängt diese Unannehmlichkeiten in den Hintergrund. Am zweiten Tag besuchen wir die nicht weniger bekannte Sule-Pagode. Dort wird Kirsten von einem jungen Mönch angesprochen, der uns hinter einem grauen Vorhang auf einen Tee einlädt. In gutem Englisch prangert er die Zustände in seinem Land an und bittet uns, die Menschen in unserer Heimat davon in Kenntnis zu setzen. Als wir ihn verlassen, wartet schon ein unangenehmer Mann in billigem Anzug, der mich sofort an einen Stasifunktionär der ehemaligen DDR erinnert. Wie zu erwarten, müssen wir unsere Reisepässe vorzeigen und werden dann in aller Öffentlichkeit von ihm ausgefragt. Er will wissen, seit wann wir im Land seien, aus welchen Grund wir überhaupt hier sind und ob wir mit dem Mönch über Politik gesprochen hätten. Das verneinen wir und müssen trotzdem mit ansehen, wie dieser unsanft abgeführt wird.

Auf dem Fluss Irrawady, der Lebensader Burmas, schippern wir auf einem Dampfer in Richtung Norden. Wie in einem Asien-Bilderbuch ziehen dichter Dschungel, tiefgrüne Reisfelder und ländliche Dörfer an uns vorüber. Schon von diesem Schiff aus wird die drastische Armut der burmesischen Landbevölkerung sichtbar. Wir erspähen Arbeitselefanten am Flussufer, die in Teakholzlagern dafür sorgen, dass der grenzenlose Hunger nach Tropenholz auch von hier aus gestillt wird. Nach einigen Stunden bestimmt in einem kargen Hinterland ein Meer von Pagoden und Tempeln der alten Königsstädte das Landschaftsbild. Angelehnt an die Reling, geben wir uns dem Zauber der Kulisse hin.

Im Umland von Bagan befinden sich mehr als 2.000 Sakralbauten, womit dieser Ort eines der architektonischen Highlights Südostasiens ist. Das kleine Dorf Nyaung U ist für den Aufenthalt einwandfrei gelegen. Ein Spaziergang durch den Ort ist wie die Reise mit einer Zeitmaschine. Die Leute kleiden sich ausnahmslos in der burmesischen Nationaltracht, der von Frauen, Männern und Kindern getragen wird. Der Longyi, auch bekannt als Sarong, wird um die Taille gebunden und sieht aus wie ein Röhrenrock. Die Spielzeuge der Kinder, Plastik scheint hier noch keinen Einzug zu halten, wirken wie aus einem anderen Jahrhundert. An vielen Straßenecken brennen Öfen oder offene Feuer, um die umtriebige Menschen versammelt sind. Eine sonnengegerbte Oma sitzt vor ihrer Bambushütte und qualmt eine riesengroße Zigarre. Das Spinnrad an ihrer Seite scheint noch in Betrieb zu sein, obwohl es schon arg in die Jahre gekommen ist.

Im Dunst des ersten Tageslichtes stehen tags darauf lange Schlangen junger Novizen auf den ungepflasterten Straßen der Ortschaft. In ihren rosafarbenen Roben und mit kahl geschorenen Köpfen tragen sie Almosenschalen vor sich her. Sie gehen von Haus zu Haus, damit die Leute entweder Reis oder andere Opfergaben hineingeben. Mit vor der Brust gefalteten Händen werden die Mönche von den Gläubigen sowohl empfangen als auch wieder verabschiedet. Die Prozession ist ein buddhistisches Ritual, das aus dem Leben der Burmesen nicht wegzudenken ist.

In Bagan sind keine Touristenmassen vor Ort, und die Erkundung der archäologischen Stätten ist hauptsächlich mit Ochsenkarren oder Pferdewagen möglich. Ersterer ist uns dann doch zu lahm, und so mieten wir für den gesamten Tag eine Pferdedroschke. Aing-Aing hat diese hergerichtet und verspricht uns, die beliebtesten Tempel anzufahren. Stück für Stück tauchen die ersten Pagoden und Tempel in der savannenartigen Landschaft hervor, während zwischen Akazien und dornigen Sträuchern vorwiegend Hirtenfrauen ihre Ziegen hüten. Die erste Pagode wirkt mysteriös, denn niemand sonst ist zugegen. Der Kutscher stellt unmissverständlich klar, dass wir diese rund 800 Jahre alten Pilgerstätten nur barfuß betreten dürfen. Das ist eine echte Herausforderung, denn der Untergrund ist steinig, und die Sonne hat die Steinplatten vor den Anlagen ordentlich aufgeheizt. Im Inneren dieser kleinen Pagode thront eine Buddha-Statue, aber das soll auch für all die anderen Denkmäler gelten. Der Duft von Räucherstäbchen und Jasminblüten erfüllt den Raum. In diesem klammen Gemäuer knien wir vor der Statue und halten inne.

Das ist der Startschuss für ein kontinuierliches Tempel-Hopping, sodass selbst unser Kutschpferd ins Schwitzen gerät. Am späten Nachmittag hat Aing-Aing den Plan für eine Sonnenuntergangszeremonie der Extraklasse. Die Shwesandaw-Pagode kann von außen über steile Treppen bestiegen werden. Von den insgesamt drei Plattformen, die rundherum führen, sieht man in sämtliche Himmelsrichtungen. Die Ziegelpagoden in der weiten Ebene reflektieren die letzten

Sonnenstrahlen des Tages in feinsten Rottönen. Diese Gesamtkomposition symbolisiert das spirituelle Herz Burmas.

Es ist ein gewöhnlicher Familienbetrieb, der Hunger und Durst stillen soll. He-He, der Sohn der Restaurantbesitzer, spricht ein paar Worte Englisch und führt uns in den Küchenbereich. Der liegt unter freiem Himmel, und schnell wird klar, dass mit ein paar Tomaten, Zwiebeln und Gurken in diesem Betrieb keine horrenden Umsätze zu erzielen sind. Auch die drei Schlafplätze im hinteren Teil der Wellblechdachhütte lassen keine Zweifel darüber aufkommen, dass dies gleichzeitig der Wohnraum der Familie ist. Der Sohn zeigt achselzuckend auf das wenige Gemüse, Fleisch ist keines vorhanden. Doch uns gefällt es hier, daher stratzen wir zurück an den Tisch und bestellen einfach irgendetwas. Derweil steigt der Restaurantbesitzer auf sein kleines Mofa und kommt zehn Minuten später mit tütenweise Zutaten zurück. He-He ist froh, seine Sprachkenntnisse anwenden zu können. Er sei zwölf Jahre alt und liebt Fußball über alles, an erster Stelle aber den Fußballklub Liverpool, was er mit seinem zerfledderten roten Shirt auch stolz zur Schau trägt. Erfreut über unsere Anwesenheit, hat sein Vater neben reichlich Gemüse auch frischen Fisch eingekauft. Geräuschlos verschwindet er mit seiner Frau in der Open-Air-Küche. Dort bereiten sie ein Fischcurry vor, basierend auf Zwiebeln, Knoblauch, Ingwer, Safran, Sojasoße, Salz und Chili-Pulver, gehackten Erdnüssen und getrockneten Garnelen. Dazu gibt es haufenweise gekochten Wildreis, der in Kugelform angerichtet wird. Wir schlemmen aus farblosen Plastikschüsseln und geben das Versprechen, am folgenden Tag wiederzukommen.

Der Ananda-Tempel vor den Toren Alt-Bagans zählt zu den imposantesten dieser Gegend. Die Wände sind voller

Nischen, in denen erloschene Öllämpchen, zerbrochene Tonscherben oder kleine Buddha-Figuren zur Schau gestellt werden. Diese Anlage zieht viele Besucher an, sodass am Tag darauf vor dem Eingang mehrere Omas in ihren Nationaltrachten hocken und fette Zigarren rauchen. Als begehrte Fotomotive haben sie die Zeichen der Zeit erkannt. Wieder einmal macht uns die brütende Hitze schwer zu schaffen, und wir brechen die Unternehmung vorzeitig ab, denn auch das Loch in unseren Mägen wird zunehmend größer. Und wir werden schon sehnlichst erwartet. Diesmal ist die Familie bestens vorbereitet, und schon nach wenigen Minuten steht ein schmackhaftes Mahl vor uns. Alle haben sich am Tisch eingefunden, und der Restaurantbesitzer ist erpicht darauf, das Gespräch auf seinen Sohn zu lenken. Dabei kommt heraus, dass sie für das kommende Jahr nicht das nötige Schulgeld von 50 Dollar für ihn aufbringen können. Aus dem Grund bliebe auch der Weg zu einem späteren Studium verwehrt.

Kurz suche ich Kirstens Augenkontakt, dann ist es unumstößlich. Da es in Burma vor Spitzeln nur so wimmelt, bitte ich die drei, uns in den Küchenbereich zu folgen. Dort hole ich einen 50-Dollarschein aus meinem Bauchgurt und überreiche ihn dem Familienvater. Dieser bricht in Tränen aus und drückt zuerst mich und dann Kirsten sanft an seine Brust. Seine Frau kann ihn im Flüsterton beruhigen, und dann bilden wir, Arm in Arm, einen gemeinschaftlichen Kreis, umgeben von Kochtöpfen und herumliegendem Geschirr. Das Geschenk ist verbunden mit der Hoffnung, dass der clevere He-He eines Tages die Universität besuchen kann und sich durch seinen Werdegang auch die wirtschaftliche Gesamtsituation der Familie verbessern wird.

Mandalay, die zweitgrößte Stadt des Landes, ist mit seinen zahllosen Klöstern und Mönchen das religiöse Zentrum Burmas und weithin für seine Handwerksbetriebe bekannt. Viele Leute in den Nebenstraßen hocken an kleinen Garküchen und bereiten mit Vorliebe tierische Innereien in gusseisernen Töpfen zu, die sie mit gekochtem Reis als Beilage verspeisen. Es fällt auf, dass uns in Burma, anders als in anderen asiatischen Ländern, niemand bedrängt, um irgendetwas zu kaufen, und wir auch nicht wahllos in Restaurants geschleust werden. Es ist angenehm, ohne Gezeter und Gezerre durch die Straßen zu streifen.

Puppenspiele sind die Quintessenz von Burma. Sie ermöglichen es den Menschen, sich auf diese Weise auszudrücken oder soziale und politische Verhältnisse darzustellen. Ich muss Kirsten nicht lange dazu überreden, ein Puppentheater aufzusuchen, jedoch finden zurzeit leider keine Aufführungen statt. Im hinteren Teil des Gebäudes ist eine Manufaktur, in der wir gebannt der Herstellung filigraner Puppen beiwohnen. Mit unseren Rucksäcken haben wir zugegebenermaßen noch einen weiten Weg durch Südostasien zurückzulegen, doch diese Gelegenheit kann ich mir nicht entgehen lassen und ergattere eine vier Kilogramm schwere Marionette.

Im Osten von Burma liegt der Inle-See auf einer Höhe von 900 Metern über dem Meeresspiegel und zählt zu den beliebtesten Sehenswürdigkeiten Burmas. Der Bootsanleger ist nur zehn Minuten Fußweg von unserem Pyi-Guesthouse entfernt. Auf dem Weg dahin kommen wir an einer abbruchreifen Holzhütte vorbei, vor der drei kichernde Frauen damit beschäftigt sind, ihre Thanaka-Bemalungen aufzufrischen. Wir grüßen gut gelaunt und sitzen zwei Minuten später als Versuchsobjekte in deren Beauty-Baracke. Keine von ihnen spricht auch nur ein Wort Englisch, aber das ist auch nicht von Nöten. Eine von ihnen schabt einen Fetzen von der Thanaka-Rinde, die vom indischen Holzapfelbaum gewonnen wird, auf eine Holzplatte und verreibt diesen mit einem rauen Stein und einem Spritzer Wasser zu einer goldgelben Paste. Kirsten trägt sie das weit verbreitete Symbol Buddhas, die Blattform einer Pappelfeige, hauchzart auf beide Wangen auf, mir ein Yin-und-Yang-Muster. Das burmesische Hautpflegemittel verströmt einen wohlriechenden Duft, gleichzeitig kühlt es. Der Ausflugstag beginnt schon mal galamäßig.

Der Inle-See ist unter anderem für seine schwimmenden Gärten bekannt. Fortlaufend passieren wir Ansammlungen von Holzbaracken, die auf hohen Stelzen den Wassermassen standhaft trotzen. Die Glanzlichter dieser Seenlandschaft sind die Einbeinruderer. Eine von hiesigen Fischern angewendete Rudertechnik ist einmalig und gerade für jemanden wie mich, der sein ganzes Leben mit seinen Füßen hantiert, eine prima Showeinlage. Der Rudernde steht am Heck seines Bootes, umschlingt beim Fischen mit einem Bein das Ruder, um damit paddeln zu können. Mit dem Standbein balanciert er artistisch seinen Körper aus und kann so wirksam seine Hände ins Spiel bringen. Vom Boot aus winke ich den Fischern hin und wieder mit einem ausgestreckten Bein und wippenden Zehen zu, was diese vielmals mit ungläubigem Lächeln erwidern. Die kommenden Tage werden wir etliche Bootsausflüge unternehmen, da an den Ufern des Sees an verschiedenen Tagen immer wieder Markttage abgehalten werden, die allesamt einen Besuch wert sind. In einem Fünf-Tage-Rhythmus treffen sich dann die Ureinwohner der Region nach einem ausgeklügelten Rotationsprinzip, um Waren und Lebensmittel zu handeln, die sie eigenhändig hergestellt oder angebaut haben. Beim ersten Marktbesuch halten wir an der Phaung-Daw-U-Pagode. Wir stürzen uns direkt in das Markttreiben und sind umgeben von kunterbunten Marktständen. Die ethnischen Volksgruppen unterscheiden sich durch prachtvolle Trachten und sind zurückhaltend, fast scheu. Für diese Menschen bin ich sonderbar, sodass einige der Marktbesucher mich ausgiebig mustern.

Ein wenig Abwechslung bringt unser Ausflug zum Shwe-Yan-Pyay-Kloster, das durch seine geografische Lage an einem breiten Kanal auch das „Tor zum Inle-See“ genannt wird. Dieses im 19. Jahrhundert aus Teakholz erbaute Kloster dient der schulischen Ausbildung junger Novizen. Glasmosaike und erdige Gipsfiguren schmücken das Gebäude in seinem Inneren. Durch die ovalen Holzfenster schweift der Blick über die sumpfigen Wiesen bis hin zum Horizont. Für diesen Besuch sind wir optimal vorbereitet, denn von zu Hause haben wir Buntstifte, Kugelschreiber, Anspitzer und Radiergummis mitgebracht. Die nützlichen Gebrauchsgegenstände überreichen wir dem Klostervorsteher. Der ist überglücklich, denn derlei Material ist in diesem Land ein rares Gut, worüber wir uns vor Antritt der Reise erkundigt hatten. Über mehrere Stunden sitzen wir mit aufgeregten Novizen beisammen, trinken Grünen Tee und malen lustige Bilder. Der Klostervorsteher berichtet uns, dass ein Großteil der Mönche in Burma die Oppositionsbewegung unterstützt und dafür von den Militärs hart bestraft würde. Kein burmesischer Soldat würde einem Schießbefehl auf Mönche Folge leisten, daher hat das Regime Hunderte Soldaten aus Indien rekrutiert, die dieser Umstand kalt lässt. Wir widmen uns tiefgreifenden Gespräche, die betrüben und nachdenklich stimmen.

Zurück in Yangon werden wir auf dem Weg zum Nachtmarkt von einer fünfköpfigen Gruppe aufgehalten. Hinter vorgehaltener Hand locken sie uns in einen Hauseingang, um sich dort mit uns auszutauschen. Einer von ihnen gehört zur Familie von Aung San Suu Kyi, die sich als Politikerin seit den späten 1980er-Jahren für eine gewaltlose Demokratisierung ihres Heimatlandes einsetzt und seit acht Jahren unter Hausarrest steht. Alle von ihnen waren bereits im Gefängnis. Würden staatliche Organe uns hier antreffen, wäre eine Inhaftierung dieser Aktivisten die logische Konsequenz. Sie richten nur eine einzige Bitte an uns, nämlich der Welt da draußen mitzuteilen, dass das burmesische Volk auf seinem steinigen Weg in die Freiheit die dringende Unterstützung anderer Nationen benötigt.

Die Hoffnung besteht darin, dass sich durch eine weitere Öffnung des Landes auch die politischen Voraussetzungen zum Positiven verändern. Irgendwann müssen die Burmesen endlich frei sein und ganz Burma das widerspiegeln, was es nach innen wie nach außen so gerne sein will, das „Goldene Land".

Mit Angkor Wat wartet in Kambodscha der größte Sakralbau des Planeten auf uns. Im Hauptort mieten wir für zwei Tage ein Tuk Tuk samt Fahrer. Der Haupttempel überragt zwar alles, doch wir lassen es ruhig angehen und bitten den Chauffeur darum, erst einmal die weiter entfernten Anlagen anzufahren. Das ist eine weise Entscheidung, denn wir streifen durch menschenleere Tempel. Es ist schon erstaunlich, wie sehr der Dschungel im Laufe der Zeit Besitz von diesen Tempeln ergriffen hat. Ein Glanzstück ist der von Würgefeigen überwucherte Tempel Ta Phrom, bei dem man nicht weiß, ob die strammen Wurzeln diesen Tempel eher zusammenhalten oder doch vielmehr auseinanderreißen. Fein auch die malerischen Gesichter auf den Türmen des Bayon Tempels, bei denen ich das Gefühl habe, dass mich die Geister einer weit zurückliegenden Epoche von jedem Winkel aus in Augenschein nehmen. An einer verwitterten Statue werde ich dann in Augenschein genommen. Kirsten macht mich darauf aufmerksam, dass ich soeben fotografiert worden sei. Zuerst kann ich das nicht glauben, denn der Mann, den sie meint, sieht gar nicht danach aus. Ich sehe ihn an, und es wirkt so, als fühle er sich ertappt. Schnurstracks gehe ich zu ihm hinüber und spreche ihn auf Englisch an. Der Typ aber stellt sich taub und winkt ab. Er nuschelt in seinen Bart, dass er Mexikaner sei. Doch ich versichere ihm, dass wir auch in seiner Sprache gut zurechtkommen würden. Seine Reisebegleiterin, es könnte gut seine Frau sein, ruft von Weitem zu ihm herüber und erkundigt sich, ob es Unstimmigkeiten gäbe. Ohne darauf zu reagieren, zeigt er auf seine Spiegelreflexkamera und senkt langsam den Kopf. Er entschuldigt sich vielmals und versichert mir, dass er die Aufnahmen direkt löschen wird. Dann frage ich ihn auf Spanisch: „Warum?“ Doch darauf hat er keine Antwort. Fahrig sucht er in dem Menü nach den Bildern. Seine Frau kommt hinzu und will wissen, was hier gespielt wird. Für mich ist an diesem Punkt Schluss und ich wende mich wortlos ab. Noch aus der Entfernung höre ich, wie sie angestrengt auf ihn einredet. Seine Körpersprache drückt aus, dass dieser Tag wohl für ihn gelaufen ist und er am liebsten vor lauter Scham im geschichtsträchtigen Erdboden versinken würde.

Am zweiten Tag steht dann der Besuch des Haupttempels an, bei dem wir respektvoll gekleidet sind. Das gigantische

Bauwerk aus dem 13. Jahrhundert wurde von der Khmer-Dynastie als hinduistischer Tempel errichtet. Menschenmassen erwarten uns bereits auf der breiten Trasse zum Hauptportal, und es herrscht ein heilloses Durcheinander. Die malerische Melange aus protzigen Gebäudeteilen, gut erhaltenen Reliefs und filigranen Steinfiguren führt uns vor Augen, was für eine Hochkultur hier am Werk war. Einen farblichen Kontrast bilden Mönche, die sich mit ihren orange leuchtenden Roben von den grauen Tempelmauern abheben. Letzte Woche noch Burma, und heute Kambodscha, allmählich haben wir genug von altem Gemäuer, ansonsten droht der Tempel-Burnout!

Kambodscha ist staubig und der Verkehr ist chaotisch, weil gerade hier viele Tuk Tuks auf den Straßen zu finden sind. Den einzigen Tag in Phnom Penh haben wir vollgepackt, da wir wenigstens einen kleinen Eindruck vom Stadtleben bekommen wollen. Nach dem Frühstück führt uns der Weg zum Fluss. Der Tonle Sap, ein Zufluss des Mekong, liegt im Osten der Stadt und verschafft uns durch sein mildes Klima ein wenig Abkühlung. Gemächlich gehen wir durch die Straßen und saugen das rege Treiben in uns auf. Der Wat Phnom ist das Wahrzeichen der Stadt und verlieh ihr seinen Namen. Die Gläubigen spenden die unterschiedlichsten Opfergaben, und überall erfüllt der Duft von Räucherstäbchen die Luft. Verschwunden die Hektik der Hauptstadt. Auf dem Bürgersteig steht mir unvermittelt ein Mann mit kurzen Armen und wenigen Fingern gegenüber. „Same same, but different", würde man in Asien sagen. Wir sind beide von den Socken. Haben die Contergan-Tabletten denn auch hier ihr Unheil verbreitet? Weltweit wurden etwa 10.000 Kinder mit Fehlbildungen der Gliedmaßen geboren, allein in Deutschland waren es 4.000 bis 5.000. Aber von Kambodscha habe ich in der Hinsicht noch nichts wahrgenommen. Freundlich begrüße ich ihn, doch leider spricht er kein einziges Wort Englisch. Beide sind wir ein wenig gehemmt, wobei ihm seine zerlumpten Kleider peinlich sind, das spüre ich. Es macht den Eindruck, als lebe er auf der Straße und sei damit einer von Abertausenden Obdachlosen in Phnom Penh. Seine Augen verraten, dass bei ihm die Verblüffung noch größer ist als bei mir selbst. Dann durchbreche ich die Unsicherheit auf beiden Seiten, indem ich mein Handy heraushole. Kirsten macht ein Foto von uns, was ihm sichtlich Freude bereitet. Arm in Arm posieren wir vor einem Laternenpfahl. Wohl wissend, dass wir uns nie mehr wiedersehen werden und sein weiterer Lebensweg beschwerlicher sein wird als der meinige. Gleichkurze Arme und doch so unterschiedliche Schicksale.

Am Nachmittag unternehmen wir einen Exkurs in die zerrüttete Vergangenheit Kambodschas. Im Jahre 1975 endete der Bürgerkrieg mit dem Einmarsch der Roten Khmer in Phnom Penh. Beim anschließenden Genozid kamen unter der Führung Pol Pots schätzungsweise drei Millionen Menschen, bei einer Gesamtbevölkerung von acht Millionen, auf zum Teil grausamste Weise ums Leben. Traurige Berühmtheit erlangte die Schule S21, die als Internierungslager und Foltergefängnis diente. Über ein Audiogerät werden wir Zeugen erschütternder Erfahrungsberichte, die kaum in Worte zu fassen sind. Im weiteren Verlauf fahren wir zu den Massengräbern im ländlichen Umfeld, den Killing Fields. Eine Stupa mit Tausenden von Totenschädeln gilt als Mahnmal dafür, dass die verhängnisvolle Geschichte sich nicht wiederholt. Auch hier bekommen wir abermals ein Audiogerät und erschaudern bei all den Horrorgeschichten von den Gräueltaten der Roten Khmer. Auch für mich persönlich ist es eine herausfordernde Erfahrung, viele Menschen mit Einschränkungen anzutreffen, die noch immer unter den Folgen der Kriegswirren zu leiden haben. Leute mit amputierten Gliedmaßen gehören zum Stadtbild, denn selbst heutzutage werden viele Opfer millionenfacher Landminen aus den Zeiten des Vietnamkrieges.

Morgen geht es zurück nach Hause, wobei uns der Gabelflug über Hongkong nach Frankfurt führt. In den abendlichen Fernsehnachrichten gibt es beunruhigende Meldungen aus der chinesischen Provinz Guangdong, die unsere Rückreise hoffentlich nicht beeinträchtigen werden. Eine Virusinfektion namens SARS bereitet den Behörden über die Grenzen hinaus erhebliche Sorgen. Wenn wir die Nachrichtensprecherin richtig interpretieren, dann hat die Weltgesundheitsorganisation bereits vor zehn Tagen einen weltweiten Alarm ausgelöst, doch das ist an uns vorbeigegangen. In der Eingangshalle des Hongkonger Flughafens wird langsam klar, dass wir das Ungemach bezüglich des Virus unterschätzen. Noch vor der Passkontrolle misst ein Flughafenmitarbeiter Fieber an den Schläfen. Eine gewisse Unsicherheit ist überall spürbar, auch im Flieger, wo jeder eine Atemschutzmaske tragen muss. Kurz vor der Landung in Frankfurt erfährt Kirsten von einer befreundeten Stewardess, dass dieses Flugzeug das letzte sei, welches unter normalen Umständen abgefertigt wird. Sämtliche Maschinen, die danach aus Asien ankommen, werden unter Quarantäne gestellt.

Beim Weiterflug nach Bremen stellt sich die Frage, wie wir nun mit diesem heiklen Umstand, dass wir soeben aus Hongkong eingetroffen sind, umgehen sollen. Direkt nach der Landung lassen wir uns im Klinikum Bremen auf SARS untersuchen und lösen damit Panik aus, da auch hier niemand vorbereitet ist. Der diensthabende Arzt bekommt einen Schreck, als ich ihm unseren Fall schildere, und entschuldigt sich für kurze Zeit. Fluchtartig verlässt er die Notaufnahme und kommt dann im Schutzanzug wieder. Für längere Zeit telefoniert er mit dem Frankfurter Flughafen, um nähere Informationen über das Virus zu erhalten. Es ist ein Gefühl der Erleichterung, als wir drei Stunden später in die Freiheit entlassen werden.

Scheiß St. Pauli

Thorsten, ein mittelalter Halbholländer, engagiert mich für eine Party, auf der die Gäste ihre allererste Schallplatte mitbringen dürfen. Diese soll zum passenden Zeitpunkt vom DJ abgespielt werden. Eine humorige Idee, bei der er eigenhändig einen Plattenspieler zum Equipment beisteuert. Die Chemie zwischen Thorsten und mir stimmt. Nur zwei Monate später lauschen wir in einer Hotellobby an der Ostsee den Klängen einer norwegischen Sängerin. Alljährlich findet am Weissenhäuser Strand ein Musikfestival für Insider statt, der Rolling Stone Weekender. Zu dieser Zeit verwandeln Bands aus allen Erdteilen, die nicht dem Mainstream zugeordnet werden, das Ferienhotel in eine alternative Eventlocation. Das Highlight ist ein originelles Zirkuszelt direkt am Ostseestrand, das für Auftritte der bekannteren Musikgruppen vorgesehen ist. Thorsten ist passionierter Konzertgänger und bereitet sich auf jeden Auftritt akribisch vor. Bei einer Combo, die er heute auf dem Zettel hat, trifft er voll ins Schwarze. Die Performance der amerikanischen Indieband The National geht mir durch Mark und Bein. Der Leadsänger hat eine überbordende Präsenz, die auf der Bühne sowohl melancholische als auch autistische Züge trägt. Der basslastige Sound komplettiert diesen Eindruck und lässt mich seitdem nicht mehr los.

Der folgende Freitag steht wieder einmal im Zeichen der Falstaff-Disco. Und irgendjemand linst mir ständig über die Schulter und will einfach nicht von mir weichen. Erst zum Ende der Nacht erkundigt sich Tom, warum ich mir die DJ-Tätigkeit nicht komfortabler gestalte. Er sei Computerfreak und macht den Vorschlag, mit seiner Hilfe einen Laptop einzurichten. In einer ersten Reaktion bin ich skeptisch, denn mit dem DJing assoziiere ich Haptik: Schallplatten, Musikkassetten, CDs, Mini-Discs und die Regler eines Mixers. Doch überstürzt will ich das Angebot nicht ausschlagen und verabrede mich mit ihm für kommende Woche.

Aftershowparty. Im Anschluss an diese Disco will ich mit Christina und Mark schnell noch einen Absacker trinken. Doch der Weg ins Heartbreak Hotel, wo sich sonst in den frühen Morgenstunden die Nachtschwärmer Bremens zusammenfinden, ist schlichtweg zu lang. Also bleiben wir in der Neustadt und sitzen wenig später in Marks Küche, da er noch Bier vorrätig hat. In Wahrheit bräuchte das keiner von uns dreien, denn wir alle haben den Kanal bereits gestrichen voll. „Ich bin so betrunken, dass ich unbedingt was essen muss", wirft Mark ein und holt zehn Fischstäbchen aus seinem Gefrierfach. Flugs den Gasherd angestellt und ab in die Pfanne damit. Wir prosten uns kurz zu, und schon liegt Mark mit dem Kopf auf seinem Küchentisch. Er ist eingepennt. Ich rüttele und schüttele ihn, doch er zeigt keine Reaktion. Urplötzlich steht der Herd in Flammen! Das Bratfett hat sich entzündet, und in rasender Geschwindigkeit entsteht ein ernst zu nehmendes Feuer. Wir schreien Mark an und nehmen ihn von zwei Seiten in die Mangel, doch der ist einfach nicht wach zu kriegen. Während ich es weiter versuche, sucht Christina händeringend nach einem Kochtopf. Den hat sie dann endlich gefunden, befüllt ihn mit Leitungswasser und schüttet dieses in hohem Bogen über den Brandherd. Eine gewaltige Stichflamme entsteht, und dann ist der gesamte Raum auch schon in eine müffelnde Nebelwand gehüllt. Als wir sicher sind, dass der Brand gelöscht ist, genehmigen wir uns schnell noch einen kräftigen Schluck aus der Pulle und machen uns dann lallend vom Acker. Zurück lassen wir den lauthals schnarchenden Discobesucher und zehn kohlrabenschwarze Fischstäbchen, die zum Himmel stinken.

An seinem heimischen PC überzeugt mich Tom von den Vorzügen eines Laptops. Wir überlegen, was zu berücksichtigen ist, um so ein Instrument effektiv in meine Arbeit einzubetten. Er muss stabil im Betrieb sein, damit ich nicht ständig Angst haben muss, dass er mitten im Set seinen Geist aufgibt. Der digitale Weg kann nur mit ausgereifter DJ-Software beschritten werden, doch davon ist eine breite Palette am Markt vorrätig. Zusätzlich ist eine externe Soundkarte erforderlich, damit ich mit dem Kopfhörer einzelne Songs vorhören kann, während im Hintergrund die Mucke abgespielt wird. Das Handwerkszeug ist zeitnah beschafft, denn ich bin gut vernetzt. Ich besorge einen Laptop. Eine Software ist zügig installiert, und schon hocke ich wochenlang vor dem Bildschirm, um mit der Verfahrensweise vertraut zu werden. Von nun an hantiere ich mit einem Abspielgerät, auf dem das gesamte Repertoire auf einer internen Festplatte gespeichert und allzeit abrufbereit ist. Trotzdem bin ich weiterhin skeptisch. Nur der Umgang mit dem Computer wird zeigen, ob ich ein Gefühl für das richtige Timing entwickeln werde.

In einem Hotel bei Osnabrück, wo ich der Hochzeits-DJ für ein Pärchen aus Münster bin, ist der Laptop zum ersten Mal im Einsatz. Doch es ist nicht mein nigelnagelneuer Ausrüstungsgegenstand, der hier im Vordergrund stehen wird. Mit dem Bräutigam habe ich eine Absprache getroffen, die viel mehr Aufsehen erregen wird. Festlich gekleidet warten die Hochzeitsgäste darauf, dass ich nach dem Bankett den Eröffnungstanz ansage. Das tue ich auch, breche diesen jedoch nach nur 20 Sekunden Spieldauer jäh wieder ab. Eine unverzeihliche Panne! Würden Blicke töten, wäre ich dort zigfach gestorben. Doch alles halb so wild. Gemächlich schalte ich mein Mikrofon ein und richte folgende Worte an den Bräutigam: „Mensch Stefan, mit dieser blassen Kette um ihren Hals kann deine Susanne den Eröffnungstanz mitnichten zu Ende bringen." Unter tosendem Applaus ziert er seine Braut mit einem ausgefallenen Schmuckstück, während ich den Ehrentanz erneut einspiele.

Auch Zaddam, dem Betreiber des Bremer Bistros Adamz, sind meine Darbietungen in der Hansestadt nicht verborgen geblieben. Die abendlichen Besuche in seinem Laden verlaufen zumeist feuchtfröhlich. Sie sind sehr unterhaltsam und maßgeblich dem Humor des Gastronomen geschuldet. Im näheren Umfeld sind wir bekannt wie bunte Hunde. Was liegt da näher, als diese Popularität für eine Großveranstaltung zu nutzen! Schon seit Langem lechzt die Bremer Neustadt nach einem generationsübergreifenden Stadtteilfest. In den Herbstmonaten lassen wir in seiner Gaststätte den Plan reifen, auf der gegenüberliegenden Straßenseite eine Silvesterparty im Festzelt durchzuführen. Alles eine Frage der Logistik, für die sich der zentrale Delmemarktplatz geradezu anbietet. Als Allererstes muss das Stadtamt Bremen zustimmen, um diese außerplanmäßige Inszenierung in einem weiträumigen Wohngebiet zu genehmigen.

Zu Beginn des Gesprächs ist der federführende Ressortleiter noch leicht mürrisch, weil er diese laissez faire Umgangsweise in den verstaubten Bremer Amtsstuben nicht gewohnt ist. Bei der Nachricht, dass selbst das ortsansässige Polizeirevier keine Bedenken äußert, entspannen sich seine Gesichtszüge ein wenig. Die Konzession für einen Getränkeausschank bringt ihn nicht in die Zwickmühle, im Gegensatz zur Veranstaltungsdauer. Da geht es in erster Linie um die zeitliche Begrenzung und um Fingerspitzengefühl. Sein kläglicher Vorschlag, das Ende der Silvesterparty auf null Uhr zu terminieren, klingt für mich nur erbärmlich. „Selbst Michael Jackson hat für sein Konzert im Weserstadion nur eine Konzession bis Mitternacht erhalten", verteidigt er sich. „Wer in aller Welt ist Michael Jackson?", frage ich provokativ. Er sieht mich an, als hätte ich nicht alle Latten am Zaun. „Gehe ich in ihrem Fall darüber hinaus, dann werde ich geteert und gefedert!", gibt er zu Protokoll. „Sollten sie tatsächlich vor dem Bremer Rathaus an den Pranger gestellt werden, dann sorge ich dafür, dass der Teer nicht so heiß ist und die Federn von glücklichen Hühnern stammen", beschwichtige ich ihn. Gebetsmühlenartig unterstreicht er, dass ihm aufgrund der Richtlinien die Hände gebunden seien. Obwohl ich seine Integrität mit meiner harten Gangart unterminiere, wirkt er weiterhin sehr souverän. Todernst überreicht er mir ein Dokument. Aus dem geht eindeutig hervor, dass wir bis zwei Uhr nachts Musik abspielen dürfen, womit ich ein respektierliches Ergebnis erziele. Die nächste Hürde ist nicht unwesentlich niedriger, denn ich muss ein weiteres Arrangement treffen.

Ein kolossales Partyzelt, das innerhalb von nur drei Stunden aufgebaut werden soll, ist von Nöten. So eine Nacht-und-Nebel-Aktion ist deswegen notwendig, weil am letzten Tag des Jahres noch bis 18 Uhr ein Obst- und Gemüsemarkt abgehalten wird. Wer könnte das besser bewerkstelligen als ein alteingesessener Zeltverleiher vom Lande? Also verhandle ich in Wildeshausen über den Verleihpreis, bei dem mir anfänglich die Ohren schlackern. Dieser relativiert sich jedoch angesichts der Tatsache, dass aufgrund des geringfügigen Zeitkontingents ausgesprochen viele Aufbauhelfer vonnöten sind. Doch sämtlichen Herausforderungen stellen wir uns entgegen. Von nun an spielt Zaddam seine Trumpfkarte Vitamin B aus. Die umliegenden Einzelhändler an der Pappelstraße werden als Sponsoren mit ins Boot geholt, damit der immense Kostenberg gestemmt werden kann. Ein mit 600 Personen ausverkauftes Festzelt ist am Silvesterabend der Tummelplatz für all diejenigen, die das neue Jahr spektakulär willkommen heißen.

Manche Freundschaften lechzen nach Ritualen. Bei Holger und mir sind das regelmäßige Saunabesuche. Ein solcher kommt uns im tiefsten Winter gerade recht. Nach einem schwindelerregenden Aufguss in der Banja-Sauna steigt Holger mit rötlichem Teint in ein Kältebecken und schimpft dabei wie ein Rohrspatz. Erst gestern habe ich ihm per E-Mail einen Hyperlink zu meiner neuen Homepage www.matzelawin.de geschickt. Dort stelle ich unter anderem Fußball-Videoclips zur Schau. Die hat er angeklickt und regt sich nun darüber auf, dass ich mich noch Monate später darin suhle, dass meine Fußballmannschaft die seinige letztes Frühjahr im DFB-Pokal bezwungen hatte. Seiner Denke nach ein irreguläres Spiel, weil es auf schneebedecktem Platz stattfand und niemals hätte angepfiffen werden dürfen. Halb Bremen regte sich darüber auf, doch mich lässt das auch heute noch eiskalt. Hauptsache, mein Hamburger Kiezclub war in die nächste Pokalrunde eingezogen. „Hey, du Elfmetergesicht“, ranze ich ihn an, „in eurer Vitrine stehen Meisterschalen und Pokale, bei uns reicht es nicht einmal für einen Blumentopf.“ Mal wieder führen wir eine endlose Diskussion darüber, warum ich nicht ins Weserstadion gehen würde, um Werder Bremen anzufeuern. Immerhin würde ich ja hier leben, und so ganz nebenbei sei Werder doch auch ein cooler Verein. Zwei schwergewichtige Argumente halte ich dagegen. Zum einen ist der FC St. Pauli, sozusagen als Abziehbild eines Hamburger Stadtteils, auch aufgrund seiner politischen Orientierung für mich alternativlos. Zum anderen liebe ich diese gelebte Selbstironie und den unschlagbaren Galgenhumor. Noch in der Umkleidekabine lege ich den Beweis vor, indem ich ihm meine derzeitige Dauerkarte unter die Nase halte. Das Konterfei ändert sich von Saison zu Saison. In diesem Jahr prangt dort unter einem weißen Totenkopfsymbol vor tiefschwarzem Hintergrund die Aufschrift „Scheiß St. Pauli".

Herz aus Sand

Am Flughafen von Hurghada wartet Machmut, der mich zu meinem Entspannungsort fahren wird. Im Vorfeld meiner Auslandsreisen lerne ich standardmäßig einige Worte und Redewendungen des jeweiligen Landes. Mit einem Minirucksack auf dem Rücken begrüße ich ihn mit dem standesgemäßen „Salam aleikum", was übersetzt bedeutet „Friede sei mit dir". Das zaubert sofort ein Lächeln in sein Gesicht. Die arabische Folklore aus dem Kassettenrekorder des Autos vermittelt mir gleich ein fremdländisches Gefühl, und so starten wir gemächlich in Richtung Süden. Seine Fremdsprachenkenntnisse beschränken sich auf nur wenige Wortfetzen. Auf die vermeintliche Standardfrage „Alles gut?" antwortete ich lediglich mit einem zustimmenden Nicken. Die Küstenstraße kommt dröge daher. Auf der linken Seite soll irgendwo das Schwarze Meer sein und rechts verleiht zumindest das Licht der untergehenden Sonne der schroffen Steinwüste ein wenig Sphäre.

Nach einiger Zeit frage ich Machmut auf Englisch, was es denn in Ägypten zu essen gibt. Seine Antwort ist unpräzise, denn er gibt zum Besten, ausschließlich Fisch zu essen. Aber nur die kleinen Fische, die klitzekleinen, also die allerkleinsten. Im Nu führt er seine straffen Bizeps vor, indem er die Ärmel seines Hemdes in Siegerpose nach oben schiebt. Schade, dass wir beiden auf diesem niedrigen Sprachniveau nicht direkt über seine Potenzprobleme reden können. So kann ich ihm nur nahebringen, dass auch ich gerne Fisch esse. Mit dem arabischen Dankeschön „Shukran" und angemessenem Trinkgeld verabschiede ich mich vom testosterongesteuerten Fahrer.

Schon beim ersten Abendessen im Sharm-el-Naga-Resort ermuntert mich der Rezeptionist, am folgenden Tag einen Ausflug ins südlich gelegene El Quseir zu unternehmen. Die älteste Stadt am Roten Meer könne mir gleich zu Beginn erste Eindrücke des Landes vermitteln. Guter Plan. Nach einer Mütze voll Schlaf steige ich am nächsten Morgen erwartungsvoll in den bereitstehenden Minibus ein. Mit an meiner Seite ein deutsches Paar aus einem benachbarten Hotelkomplex.

Im Mittelpunkt steht erst einmal Karim. Der Reiseleiter hat den Auftrag, uns professionelles Geleit zu geben. Als alle ihre Plätze im Bus eingenommen haben, erkundigt er sich mit einem lautstarken „Alles gut?" nach unserem Befinden. Kurz darauf leiert er in seiner Begrüßungsrede in annehmbarem Deutsch einen standardisierten Text über Land und Leute herunter. Karim lässt nicht unerwähnt, dass er in Kairo Ägyptologie und Germanistik studiert hat. Die fälschliche Behauptung, sein Geburtsort El Quseir sei die älteste Stadt Ägyptens, ignoriere ich wohlwollend. Am Ende seiner Einführungsrunde brüllt er uns in herrischem Befehlston an: „Verstanden?!" Stumm wie ein Fisch ignoriere ich das, was Karim bemerkt und einen weiteren Versuch startet, diesmal noch rücksichtsloser: „Verstanden?!" Damit erreicht er bei mir schon mal gar nichts. Wenigstens meine Mitstreiter, die mit einem braven „Ja, verstanden" antworten, reagieren auf ihn. Bernhard meint, dass er als ehemaliger Elitesoldat diesen Umgangston für längere Zeit gewohnt war, ist aber auch sichtlich pikiert. Bei mir erzeugt dieses undistanzierte Geschreie nur Argwohn. Alle zehn Minuten dreht sich Karim zu uns um und fragt: „Alles gut?“ Langsam bekomme ich eine Vorahnung davon, was mich heute noch so erwarten wird. Jens, ein befreundeter Bremer Buchhändler, hat mir für diesen Kurztrip einen Ägypten-Reiseführer mit auf den Weg gegeben. Dieser klärt mich insofern über El Quseir auf, als die Wohnhäuser des ehemaligen Fischerortes teilweise aus weißen Korallen erbaut wurden. Also erwarte ich eine dementsprechende Optik. Doch stattdessen kommt das Städtchen mit trostlosen Straßenzügen und einer Ansammlung von Müllhaufen daher. Es ist eine im alten Stadtkern teils verlassene, weil verfallene Ortschaft und hat den Glanz vergangener Tage weit hinter sich gelassen.

Erster Anlaufpunkt ist die Farran-Moschee. Dort demonstriert uns Karim detailgetreu, wie Muslime sich zum Gebet vorbereiten und diese Zeremonie minutiös abläuft. Den Islam erklärt er dabei zur einzig wahren Religion auf Erden und ergießt sich dabei in ausschweifenden Bekundungen. Er berichtet von Erfahrungen mit westlichen Touristen, die keiner Glaubensrichtung angehören. „Woran diese Leute glauben? Natur. Verrückt! Natur. Verrückt!“ Doris, die Frau des Leipzigers, ist vor ihrem Betreten vom Imam der Moschee in ein dunkelgrünes Kapuzengewand gehüllt worden. Darin sieht sie zwar putzig aus, doch ein Unbehagen bleibt selbst mir nicht verborgen. Hier darf sie sich nur ausnahmsweise aufhalten, da Frauen ansonsten in eigens dafür vorgesehenen Räumen beten müssen. Während Karim weiterhin in faden Ausführungen über die Vormachtstellung seiner Glaubensrichtung schwelgt, treffen sich meine Blicke mit denen des Imams. Dieser beäugt die Inszenierung mit Argusaugen und weicht nicht einen Schritt von unserer Seite. Ob er meine Gedanken lesen kann? Denn seinem widerspenstigen Gesichtsausdruck nach zu urteilen, ist er sich darüber im Klaren, dass ich im Grunde genommen nicht hier sein will. Ich bin mir auch ziemlich sicher, dass er mich an diesem heiligen Ort nicht dabeihaben will. Behindere ich ihn etwa? Vielleicht gefällt ihm ja mein selbstbewusstes Auftreten nicht. Es würde wohl besser in sein Weltbild passen, wenn ich, noch dazu mit meinen kurzen Armen, eine Art von Opferrolle einnähme. Doch das kann er sich von der Backe putzen. Nachdem Karim seine geistreichen Anekdoten zu Ende geführt hat, folgt selbst in diesem Kontext ein donnerndes „Verstanden?!". Entnervt gehe ich zum Ausgang und warte schon mal draußen, während Doris und Bernhard dem Imam zum Abschied eine Kollekte überreichen.

Der Besuch einer altertümlichen Zitadelle, die aber vielmehr als Fort zu bezeichnen ist, steht als Nächstes auf dem Programm. In früheren Jahren war der strategisch günstig gelegene Hafen ein Umschlagplatz für Handelswaren aus dem Fernen und Nahen Osten. Daneben wurde er von vielen Pilgern der umliegenden Länder als Zwischenstation auf ihrer Reise nach Mekka genutzt. Nachzulesen ist das auf den englischsprachigen Schautafeln, die den Besuchern an verschiedensten Stellen innerhalb der Festungsmauern zu Verfügung stehen. Diese entlarven Karim unentwegt, denn auch die Bauzeit, Nutzung und Funktion der Anlage stellt er fehlerhaft dar. Sein nach jeder Darlegung überzogenes „Verstanden?!" könnte er sich allmählich mal verkneifen. Die Kluft zwischen uns wird immer größer. Seine Ausführungen sorgen langsam aber sicher dafür, dass mein Geduldsfaden gleich reißt. Sicherlich ist es angebrachter, wenn ich mir auf die Lippen beiße. An einem schattigen Plätzchen vorm Hauptportal läuft mir der Schweiß in Strömen vom Körper.

Ausgelaugt und zermürbt kommt meine Reisegruppe dazu. Immerhin ist der Markt, den wir aufsuchen wollen, direkt gegenüber. „Welcher Markt?", fragt Doris nicht unbegründet, denn auf der anderen Straßenseite ist nur ein unscheinbarer Trödelladen auszumachen.

Das Bimmeln von Glöckchen stimmt uns auf der Türschwelle ein. Ein Schwall orientalischer Gerüche raubt mir umgehend die Luft zum Atmen. Noch hege ich Zweifel, ob ich nicht lieber auf dem Absatz kehrtmachen sollte. Zu spät. In Nullkommanichts wird mir der Platz auf einem roten Plüschsofa zugewiesen. Eine stattliche Anzahl an Bediensteten wuselt umher. Man scheint uns erwartet zu haben, denn auf dem Tisch stehen schon Gläser mit würzigem Granatapfeltee bereit. Überall stehen Regalwände voller Gewürze, Teesäcke, Duftöle und allerlei Gedöns. In der Folge beweist der Elitesoldat aus Leipzig guten Humor. Er kommentiert seine ersten Eindrücke im Angesicht der Glasregale so: „Oh, wie entzückend! Ein Sammelsurium an Urinproben ägyptischer Pharaone sieht man auch nicht aller Tage!" Damit hat er schon mal einen Lacher auf seiner Seite. Jetzt geht es Schlag auf Schlag! Während wir den Tee schlürfen, stellt einer der Angestellten Teesorten aller Couleur vor. Der gute Karim hingegen hält sich bedeckt, denn hier führen andere die Regie. Also kauert er sich leicht nach vorne gebeugt auf einen Sessel am Rande des Geschehens, um nach wenigen Minuten einzunicken. Wenn es gut für ihn läuft, dann erhält er im Falle hoher Verkaufszahlen etwas Bakschisch. In dem landestypischen Gewand, einem Galabea, lässig gekleidet betritt nun ein kräftiger Mann die Bühne. Mit einer Verbeugung stellt er sich uns mit Youssuf vor. Da in der Herangehensweise des jungen Verkäufers offenbar zu wenig Dynamik steckt, schwingt er nun das Zepter. Schon allein durch seine Strahlkraft macht er allen im Raum klar, wer in seinem Laden das Sagen hat. Sofort liefert er den Beweis, dass er ungelogen ein brillanter Verkäufer ist. In fliegendem Wechsel stellt er Gewürze zur Schau, die wir allesamt probieren können, um gleichzeitig Bestelllisten mit Stiften auszulegen. „Alles gute Qualität, alles original, nur Natur und sehr gesund! Hilft bei Kopfschmerzen, Unwohlsein und schlechtem Schlaf", orakelt er. „Die Produktpalette macht sicherlich auch resistent gegen Krebs, Aids, Malaria und beschlagene Taucherbrillen", würde ich gerne ergänzend hinzufügen. Doch das lasse ich besser, denn der Kerl hat etwas Einschüchterndes. Ein erster Verkaufserfolg stellt sich ein, als Doris und Bernhard gemischten Pfeffer, ganze Muskatnüsse, Cumin und Mango-Tee ordern. Doch da geht noch mehr!

Geschickt greift Youssuf in das Regal mit den vermeintlichen Urinproben. Nur einen einzigen Tropfen aus einer kleinen Ampulle verreibt er in seinen Händen. Mit denen massiert er der ahnungslosen Doris die Tinktur sowohl im Gesicht als auch auf ihrem Dekolleté ein. Ungefragt! Dafür, dass sich die heimischen Frauen nur mit Kopftuch zeigen sollen und in der Öffentlichkeit ohnehin kaum zu sehen sind, hat er bei einer westlichen Frau offensichtlich keinerlei Berührungsängste. Würde Bernhard das Gleiche mit einer Ägypterin anstellen, würden sie ihn womöglich dafür steinigen. Aus dem Nichts hält Youssuf der verdutzten Doris einen Spiegel vor die Nasenspitze. Und rühmt sich dafür, ihr eine Verjüngungskur epischen Ausmaßes verliehen zu haben. Skeptisch versuchen die Leipziger, das Spiegelbild zu deuten, sind aber unschlüssig. Doch es bleibt kaum Zeit zum Durchatmen, denn schon hat der gewitzte Youssuf das nächste

Präparat griffbereit. Eine orientalisch geformte Duftlampe für ätherische Öle hält er nun in die Höhe. Diese befüllt er mit einem Tropfen Jasminöl und zündet sie von unten mit einem Streichholz an. In einzigartiger Manier bläst er an der oberen Öffnung. Auf der Stelle ist die Sitzgruppe vernebelt. Es umgibt uns eine duftende Nebelwolke. „Nur drei Euro pro Lampe!", wirft der abgezockte Geschäftsführer ein. Hingerissen vom orientalischen Duft nimmt Doris Zettel und Stift zur Hand. Youssuf, der schlaue Fuchs, duldet keinen Schlendrian und wittert ein gutes Geschäft bei den Leipzigern, das erkenne ich an seinem Verhalten. „Aber diese zierlichen Lämpchen sind im Hinblick auf unser Reisegepäck sicherlich sehr zerbrechlich", gibt Bernhard zu bedenken.

Emotionslos lässt Youssuf die grazile Duftlampe aus nicht unbeträchtlicher Höhe auf den Fliesenboden fallen, um sie in einwandfreiem Zustand wieder hervorzuholen. Meine Person hingegen ignoriert er geflissentlich. Bestimmt steht mir auf der Stirn geschrieben, dass ein Verkaufsangebot nur im Sande verlaufen würde. Zum Abschluss seiner Show preist er den Kassenschlager an. Mit melodramatischem Gehabe holt er eine Ölflasche hervor und schüttelt diese mehrfach durch. Wiederum ohne jegliche Vorwarnung werden Doris und Bernhard abwechselnd an beiden Oberarmen mit einem stark riechenden Extrakt eingerieben. Dieses soll eine aphrodisierende Wirkung erzeugen. „Viel besser als Viagra!", posaunt Youssuf lauthals durch den Saal. „Alles Natur! Der Duft hält mindestens drei Wochen an." Ohne Hemmungen zeigt er auf all die Körperteile, an denen dieser Zündstoff gut zur Geltung kommt. Am liebsten würde der Elitesoldat gleich die ganze Flasche kaufen, doch seine Frau legt ihr Veto ein. Genug ist genug. Karim ist währenddessen aus seinem Dämmerzustand erwacht. Inschallah hofft er, dass auch für ihn selbst alles zu einem guten Ende führt. In rasendem Tempo bereiten die jungen Männer im Hintergrund die Bestellungen für den Transport vor. Somit ist nur noch die Bezahlung fällig. „Sicherheitshalber habe ich meine Kreditkarte gleich im Hotel gelassen", scherzt Bernhard. Warte es ab, denke ich mir und überschlage im Kopf die Preise, die vorhin in den Ring geworfen wurden. Nach eigenem Gutdünken komme ich auf maximal 18 Euro für sämtliche Produkte. Youssuf, das Schlitzohr, hat da ganz andere Preisvorstellungen. Blöderweise eröffnet er den Reigen bei 150 Euro. Da bleibt auch einem ausgemusterten Elitesoldaten kurzzeitig die Spucke weg. Panisch wollen die beiden den Laden verlassen. Doch was erwarten sie denn von einem Handel in Ägypten?

Feilschen ist fester Bestandteil arabischer Verkaufskultur. Dazu steht ihnen mit Youssuf ein erfahrener und notorischer Kontrahent gegenüber. Es geht hin und her, mittlerweile soll der Endpreis bei 90 Euro liegen. Den beiden perlen dicke Schweißtropfen die öligen Gesichter herunter. Wie in Zeitlupe erhebe ich mich und gehe auf die Handelsparteien zu. Youssuf wirft mir in dem Wissen, dass er von nun an erhebliche Einbußen erleiden wird, eine verächtliche Grimasse zu. Fletscht er sogar mit den Zähnen? Ich muss alle Register ziehen, um einen annehmbaren Preis für meine Reisebegleiter zu erzielen. In den Händen halte ich deren Taschen und fordere sie ausdrücklich auf, sofort mit mir das Geschäft zu verlassen. Wir stehen bereits auf der Türschwelle, als Youssuf einlenkt. Auch er hat mittlerweile Schweißperlen auf der Stirn, und so jagt ein Angebot das nächste. Bei einem Endpreis von grob geschätzt 35 Euro habe auch ich keine Geduld mehr und verschwinde vor die Ladentür. Halbwegs erleichtert zahlen Doris und

Bernhard den Betrag. Karims Vorschlag, zur Aufmunterung sowohl eine christliche Kirche als auch ein ägyptisches Café aufzusuchen, wird von uns dreien mit einem einhelligen Nein zunichte gemacht. Auf dem Heimweg durchzieht ein penetranter Gestank den Minibus. Als Erstes werde ich vor meinem Resort abgesetzt. „Treibt es nicht so dolle!", rufe ich Doris und Bernhard zu, bevor ich die Bustür zuknalle. Beinahe übertönt ihr schallendes Gelächter den Abschied von Karim. Ein Trinkgeld bekommt der dilettantische Tourleiter von mir nicht, nur ein leises „Shukran". Wie gerne würde ich ihm folgende drei Thesen mit auf den Weg geben, verschweige diese aber anstandshalber:
„Ägypten gehört nicht zu Südeuropa.
Der Islam ist nicht die einzige Weltreligion.
Unzulänglichkeiten sollte man nicht durch einen Befehlston kaschieren.
Verstanden?!"

Am Nachbartisch sitzen vier adrette Frauen und linsen beim Frühstück wiederholt zu mir herüber. Dem Getuschel nach zu urteilen, vermuten sie wohl, dass ich mir so mutterseelenallein ein wenig verloren vorkomme. Weit gefehlt! Dennoch fordern sie mich auf, ihnen Gesellschaft zu leisten. Die holländischen Paare machen hier seit einer Woche Urlaub. Wir stellen uns gegenseitig vor. Eine von ihnen, Johanna, besitzt weder Arme noch Beine. Während ihre Partnerin für beide ein Brot zubereitet, fragt sie mich nach den Beweggründen für meinen Aufenthalt. „Beziehungsstress, ich brauche etwas Abstand", lautet die Antwort. Betretenes Schweigen. „Null Problemo. Als DJ habe ich wie immer meine Musik dabei. Ein gutes Buch sowieso. Und gleich leihe ich mir noch eine Taucherbrille zum Schnorcheln aus." Gekicher am Tisch. Johanna wundert sich, weshalb ich denn ein Faible fürs Schnorcheln und nicht fürs Tauchen hätte. Meine Behauptung, dass ich dazu wohl kaum in der Lage sei, sorgt für Gelächter. „Panty ripper", ruft Johanna ihren drei Freundinnen zu, und die ganze Gesellschaft biegt sich vor Lachen. Eine genauere Übersetzung ist nicht überliefert, aber „Höschen-Aufschlitzer" trifft es wohl gut. Mit diesem Ausdruck spielen sie darauf an, dass sich Haifische für die Badehosen derer interessieren, die vorzugsweise an der Wasseroberfläche anzutreffen sind. Wie Schwimmer oder Schnorchler. Das Ganze geht mir so langsam auf den Keks. Unversehens will ich mich der Gegenwart dieser ignoranten Frauengruppe entziehen, da wendet sich mir Johanna zu. Auch sie ist mit einer Conterganschädigung zur Welt gekommen. Geradeheraus beschreibt sie gemeinsame Taucherlebnisse mit ihrer Lebensgefährtin, die selbst sie, trotz erheblicher Einschränkungen, in diese Sphären vordringen lassen. Im Gegensatz zu ihr hätte ich kraftvolle Beine, die bei einem Tauchvorgang ohnehin von entscheidender Bedeutung seien. Somit könne ich eigenständig tauchen. „Geh hinunter zum Tauchshop und mach wenigstens einen Schnupperkurs!", so ihr Appell.

Auf der Suche nach einer Schnorchelausrüstung begebe ich mich zum Dive Shop. Heute sind alle drei Tauchlehrer im Dienst: Andry, Billy und auch Ephraim, der Chef persönlich. Sie empfangen mich mit breitem Grinsen in ihren Gesichtern, während ich doch sehr reserviert bin. Verwundert erkundigt sich Ephraim danach. Vor meinem geistigen Auge versinkt die Titanic in den Weiten des Nordatlantiks. „Es ist die schreckliche Musik in eurem Laden", entgegne ich offen und ehrlich. Die drei müssen lachen, denn diese CD von Celine Dion ist tatsächlich das Einzige, was sie musikalisch zu bieten haben. „Das werde ich ändern", sage ich süffisant. Ob ich schon mit Johanna gesprochen hätte, will Billy wissen. Ernsthaft frage ich mich, ob hier alle unter einer Decke stecken. Ohne mich weiter zu beachten, ziehen die drei Streichhölzer. Andry, der junge Madagasse, gewinnt diesen Wettbewerb, bei dem es darum geht, wer mich als Tauchlehrer bei meinem Jungferntauchgang anleiten wird. Einwände werden schlechthin ignoriert. Das Ankleiden im Tauchshop ist nicht ohne, denn hierbei kann ich nichts selbst machen, fühle mich ausgeliefert. Da wird gefriemelt und gefummelt, hier noch etwas ziehen, da noch ein wenig zerren. Der Neoprenanzug, bei dem sie mir die Ärmel hochgekrempelt haben, sitzt hauteng, und das Tauchjacket mit seiner Sauerstoffflasche auf dem Rücken gibt mir das Gefühl, in einer Zwangsjacke zu stecken. Zum Schluss kommt die Tauchermaske. Doch fünfzehn Minuten später stehe ich in voller Montur am Ufer. Sie reden ohne Punkt und Komma auf mich ein, sodass gar keine Zeit für weiteren Widerstand bleibt. Alles taktisches Geplänkel. „Übrigens leide ich unter Platzangst", sind meine letzten Worte, bevor ich abtauche. Wow! Schon auf den ersten Metern sehe ich quietschbunte Fische. Das Einzige, was ich wahrnehme, ist meine Atmung. Führt er mich am Anfang noch an der Hand, so bemerke ich nun, dass Andry sich zwei Meter vor mir befindet. Um sicher zu sein, dass es mir gut geht, erkundigt er sich mit dem bei Tauchern üblichen Okay-Zeichen. Da ich dieses Zeichen mit meinen Händen nun mal nicht machen kann, nicke ich ihm mit weit geöffneten Pupillen zu. Er deutet auf seinen Tauchcomputer, der eine Tiefe von acht Metern anzeigt. Panik macht sich bei mir breit, doch zur Beruhigung der Nerven begeben wir uns wieder ein Stück weit nach oben.

Die Unterwasserwelt fesselt mich. Farbenprächtige Korallen und eine Vielzahl an Fischen wuseln um mich herum. Davon kann ich gar nicht genug bekommen. Ein weiteres Mal zeigt Andry mir die Tauchtiefe an. In der Zwischenzeit sind wir doch tatsächlich bei 15 Metern angekommen. Mit einer obligatorischen Handbewegung zeigt er mir dann aber den „langsamen Aufstieg" an. Am Ufer angelangt malt eine Hand unter Wasser ein Herz in den Sand. Es ist Ephraim, der damit signalisiert, dass er meine strahlenden Augen hinter einer triefenden Taucherbrille entsprechend zu deuten weiß. Am Strand befreit mich Andry zunächst einmal von dem Equipment. Ich könnte die ganze Welt umarmen. Unverzüglich melde ich mich zum Tauchschein an. Überglücklich klopfe ich an Johannas Zimmertür und bedanke mich bei den Mädels für den kleinen Tritt in den Hintern, der ab und zu notwendig ist. Künftig gibt es genug für mich zu tun, denn ich muss pausenlos für die spätere Abschlussprüfung lernen. So schön die Praxis auch ist, so wichtig ist auch die Theorie. Tauchen ist eine Unterwassersportart, die Risiken in sich birgt, und das werde ich nicht auf die leichte Schulter nehmen. Doch eine andere Aufgabe wartet ebenfalls auf mich. Akribisch stelle ich am Laptop einen Ordner mit Elektrobeats zusammen. Den ziehe ich auf einen USB-Stick und platziere ihn für jeden sichtbar auf dem Tresen des Tauchshops. Die Crew ist happy, und mit lautem Geschepper katapultiert Ephraim die furchterregende CD in den Mülleimer. Sein Vater hat Wind davon bekommen und lässt die Bitte ausrichten, auch für das Restaurant Hintergrundmusik zu arrangieren. Das wird mir eine Ehre sein! Bis spät in die Nacht studiere ich die Lehrhefte und bin gelegentlich entnervt, weil ich damals im Chemie- und Physikunterricht nicht genügend aufgepasst habe. Tagsüber gehe ich tauchen und abends spiele ich mit den Angestellten Fußball.

Das Tal der Könige streckt seine Fühler nach mir aus. Nach sechs Tagen empfiehlt mir Manuel, ebenfalls ein Gast des Hauses, unbedingt einen Ausflug dorthin zu unternehmen. Er selbst wäre schon dort gewesen. Ein Besuch dieser Kulturstätten sei Pflichtprogramm, zumal sie vergleichsweise um die Ecke liegen. Am Abend vor meinem Ausflug dorthin haben wir ein tiefgründiges Gespräch. Manuel bemerkt, dass ich im Resort schon nach kurzer Zeit von allen Seiten zuvorkommend empfangen werde, während es den Angestellten kaum auffalle, ob er überhaupt da sei. Er glaubt, dass mein individuelles Erscheinungsbild wie eine Eintrittskarte wirke. Da hat er vielleicht nicht ganz unrecht. Allein die Begrüßung, wenn ich jemandem die Hand reiche, hat es in sich. Denn wer da einschlägt, der kommt mir zwangsläufig nah, sehr nah. Und diese Nähe kann ich im Laufe meines Lebens immer mehr zulassen. Sie ist ein Türöffner für eine andere Art von Begegnung. Das gilt auch hier. Manuel ist von seinem Wesen her sicherlich ein Gönner, auch wenn er nun mit spöttischem Lächeln behauptet: „Gut, dass du morgen auch unterwegs bist, dann erhalte ich im Sharm el Naga sicherlich ein wenig mehr Aufmerksamkeit!“

Die Fahrt durch öde Steinwüsten ermöglicht es mir, ein wenig Schlaf nachzuholen. Auf den ersten Blick ist das Tal der Könige schmucklos. Aufgrund von dauernden Renovierungsarbeiten können die Besucher nicht alle Königsgräber besuchen, und so entscheide ich mich heute für drei aus der Ramses-Dynastie. Schon die Eingangstunnel mit ihren kunstvollen Wandbemalungen sind famos. Sie geben Aufschluss über das Leben und Sterben der Pharaonen im alten Ägypten, ihre religiösen Gebräuche im Glauben an Reinkarnation und das kulturelle Treiben jener Zeit. Auch der Totentempel der Pharaonin Hatschepsut bietet gut erhaltene Sphinxen und Statuen dar. Doch so richtig in den Bann zieht mich die Schönheit des Karnaktempels, der zu Ehren der Göttin Mut erbaut wurde und das größte jemals errichtete religiöse Gebäude darstellt. Eine Zeit lang starre ich im Licht der untergehenden Sonne auf die Säulen der Monumentalbauwerke. Noch Tausende Jahre später habe ich große Hochachtung für die längst untergegangene ehrwürdige Kultur der Pharaoninnen und Pharaonen.

Die Rückfahrt verbringe ich in einer Art Dämmerzustand. Glücklicherweise bekomme ich im Sharm el Naga zu später Stunde noch ein Abendessen kredenzt. Beschwingt berichte ich Manuel, der morgen wieder nach Hause fliegt, die Eindrücke in allen Einzelheiten. „Und?“, frage ich interessiert, „hast du heute ein wenig mehr Aufmerksamkeit erhalten?“ „Nö!“ antwortet er schnippisch. „Die Bediensteten haben den ganzen Tag über nur diese einzige Frage gestellt: ‚Wo ist Matze?‘ Daraufhin habe ich ihnen geantwortet, dass ich einen Trupp Beduinen entsandt habe, um ihn in der Grabkammer Tutanchamuns einzumauern. Sie könnten sich ja morgen gerne auf den Weg machen, um ihren Lieblingsgast wieder auszubuddeln. Witzig fanden sie das allerdings nicht. Ich schon.“

Es ist Montagmittag, und die gnadenlose Sonne lässt mich einen Schattenplatz aufsuchen, um die Prüfung abzulegen. Endlich ist es vollbracht, und ich bestehe sie mit nur wenigen Fehlern, logischerweise in den Sparten Chemie und Physik. Mit einem Okay-Zeichen überreicht mir Andry den Open-Water-Tauchschein. Gegen Abend bitte ich den Barkeeper des Restaurants, mir einen Korb voller Bierflaschen in den Tauchshop zu liefern. Die improvisierte Feier findet zwischen Neoprenanzügen und Sauerstoffflaschen statt. Billy dreht die Musik laut, und Ephraim nippt gut gelaunt an seinem Tee, da er aufgrund seines Glaubens keinen Alkohol trinkt. Von nun an muss ich fürs Tauchen nichts mehr bezahlen. Ephraim erklärt es mir so: „In den Zeiten meines Großvaters war es gang und gäbe, Waren zu tauschen. Heute machen wir dasselbe, nur auf andere Weise, denn wir tauschen Musik gegen Tauchen." Die Tauchgänge gestalten sich so, dass ich mit der Prozedur immer besser zurechtkomme. Doch die intensiven Tage sind morgen Geschichte, und ich muss dringend die Rückreise vorbereiten.

Die Rechnung ist bezahlt, und ich habe mich bei allen Menschen hier verabschiedet, bevor ich nochmal die Köstlichkeiten des Restaurants zu mir nehme. Alles ist so wie sonst. Doch mit einem Mal ist es stockdunkel. Ein kurzes Raunen der anderen Gäste ist zu vernehmen, dann öffnet sich die Schwingtür zur Küche. Die versammelte Mitarbeiterschaft kommt mit einer Torte heraus, auf der 14 Kerzen brennen, eine für jeden Tag meines Aufenthalts. Wie nett, denke ich und bedanke mich bei allen persönlich. Dann tritt Ibrahim, Ephraims Vater, an meinen Tisch. In einer aus feinem Leinen gefertigten Tunika stilvoll gekleidet, bittet er mich darum, die Kerzen auf dem Kuchen auszublasen. Ich komme seinem Wunsch nach, und mit dem Erlöschen der letzten Kerze kann niemand mehr seine Hand vor Augen sehen. Nur Sekundenbruchteile vergehen, und noch in der Dunkelheit vernehme ich die seichten Klänge arabischer Percussion-Musik, die lauter und lauter wird. Das gleichmäßige Trommeln erfüllt den gesamten Raum, als auf der gegenüberliegenden Seite ein Farbfilm abläuft, der durch einen Beamer auf die kalkweiße Wand projiziert wird. Der Protagonist bin ich selbst, beim Tauchen! Und ich könnte vor Rührung zerfließen. In all den Tagen ist es mir nicht einmal aufgefallen, dass ich unter Wasser gefilmt worden bin, viel zu sehr war ich mit mir selbst beschäftigt. Die gesamte Vorführung dauert etwa 15 Minuten. Mit einer Träne im Knopfloch erhebe ich mich. Ergriffen reiche ich dem Resort-Chef die Hand und versichere, dass ich diesen Moment niemals vergessen werde. Die Jungs vom Tauchshop kommen hinzu, und Ephraim überreicht mir die CD mit den zusammengeschnittenen Filmaufnahmen. „Tut mir leid, dass ich die letzten zwei Tage abgetaucht bin", entschuldigt er sich mit einem Lächeln, „aber Filmschnitt ist wirklich nicht mein Spezialgebiet."

Minutenlang liegen wir uns in den Armen. Auch Audry und Billy lasse ich meine tiefe Dankbarkeit spüren. Sie alle hier haben mir den Himmel auf Erden bereitet, sowohl unter als auch über dem Meeresspiegel. Der Tauchschein ist für mich das Maß aller Dinge. Die Art und Weise, wie und wo er zustande gekommen ist, wird sich ewiglich in mein Gedächtnis eingravieren.

Zünd oder Funken

Ein landesweites Rauchverbot in Diskotheken klingt wie Musik in meinen Ohren, da ich als Nichtraucher schon seit vielen Jahren passiv mitrauche. Morgenstund' hat dann nicht Gold im Mund, sondern hartnäckigen Würfelhusten. Daher bin ich auch ein Befürworter dieser Verordnung und setze diese bewusst schon drei Monate vor der gesetzlichen Frist um. Allerdings schieße ich mir damit ein klassisches Eigentor, denn das Publikum der Falstaff-Disco boykottiert diese Entscheidung durch Abstinenz. Sind die Eintrittszahlen schon vorher miserabel, so verzeichnen wir nun einen eklatanten Besucherrückgang, bei dem es sich kaum lohnt, die Pforten zu öffnen. So langsam kann ich mich darauf einstellen, dass die Veranstaltungsreihe zu einem Auslaufmodell avanciert ist.

Zwangsläufig orientiere ich mich um und stelle zusammen mit Pharma C das Projekt Klubnacht Academia auf die Beine. Und zwar genau an dem Ort, an dem ich früher mit dem Café Kunst losgelegt habe. Das Tanzprojekt soll kein Abklatsch der Disco sein, daher spezifizieren wir die Musikdarbietungen auf 70er-Jahre Funk & Soul, sowie Nu Jazz und elektronische Beats. Ich investiere viel Geld in eine Lichtshow, auch wenn lasergesteuerte Effektgeräte nicht jedem Gast zusagen. Zuerst erleben wir einen regen Zulauf, doch nach wenigen Monaten entpuppt sich das Vorhaben als Strohfeuer. Aufgeben ist jedoch keine Option, und so initiieren wir eine andere Veranstaltungsreihe an wechselnden Standorten. Unter dem Motto „History Repeating" treten wir sowohl im Kulturzentrum Schlachthof als auch in der Schaulust am Güterbahnhof auf.

Die Zeiten ändern sich, auch auf dem Dancefloor. Und so wenden wir uns den neuesten Trends zu. Ein Genre macht von sich reden, und das ist der Elektro-Swing. Bands wie Parov Stelar, Caravan Palace und Tape Five arrangieren Swing-, Jazz- oder Blueselemente mit elektronischen Klängen und housigen Beats derart gekonnt, dass niemand davon unberührt bleibt. Dazu gesellen sich Balkanbeats. Mit ihrer pumpenden Basslinie und den rhythmischen Melodien bilden sie eine Symbiose aus Roma-Musik und Elektro-Beats. Progressiv klingt auch der charismatische Peter Fox mit seiner Berliner Band Seeed, die mit ihrem ultrascharfen Reggae und Dancehallsound jede Tanzfläche zum Vibrieren bringt.

Abseits der Disco-Projekte und Privatfeiern gibt es noch ein Klientel, für das ich gerne auflege, und zwar die Bremer Ärzteschaft. Schon seit einigen Jahren werde ich von der Gesellschaft für pädiatrische Gastroenterologie und Ernährung für bundesweite Seminare oder Kongresse gebucht. Diesmal führt mich der Weg nach Düsseldorf, um dort in einer modernen Tagungsstätte die Abschlussparty eines Wochenendseminars musikalisch zu gestalten. Eine Stunde vor Beginn der Veranstaltung bittet mich der Manager des Instituts zu einem Gespräch unter vier Augen. Er hat nicht gerade ein sonniges Gemüt und legt mir hinlänglich dar, dass dieser Tagungsort auch gleichzeitig als Hotel für internationales Publikum fungieren würde. Er bittet mich um eine rücksichtsvolle Zusammenarbeit: „Wir wollen hier kein Remmidemmi! Sowohl die Lautstärke als auch der zeitliche Rahmen, ich denke da an ein Ende um 23 Uhr, sollten eine gewisse Grenze nicht überschreiten.“

Noch vor dem Essen begrüße ich die Gäste mit einer kurzen Ansprache und untermale das anschließende Buffet mit ansprechender Hintergrundmusik. Zwei Stunden später eröffne ich die Tanzfläche mit einem knackigen Soulhit von Aretha Franklin, und schon steppt der Bär. Der Übergang zu zeitgenössischem Sound gelingt mir spielend, denn die Ärzteschaft frohlockt ob dieser Bandbreite. Gegen 21 Uhr werden die Ausrichter des Festes von Hotelgästen gefragt, ob diese sich unter die Feiernden mischen dürften. Wenig später amüsieren sich deutsche Doktoren, afrikanische Handelsvertreter und indische Politiker bei fetziger Tanzmucke. Zugegebenermaßen treibe ich es gerne mal auf die Spitze und beantworte mir die Frage, ob zu später Stunde auch richtig abgerockt wird, mit dem Klassiker *Killing In The Name Of* gleich selbst. Nicht ganz pünktlich um zwei Uhr nachts schicke ich das Publikum mit einem Schwofsong zu Bett. Noch vor dem Frühstück werde ich in das mir wohlbekannte Büro des Institutsmanagers zitiert und erwarte eine derbe Standpauke. Doch da habe ich mich getäuscht. Beim Auschecken hätten sich unterschiedlichste Hotelgäste bei ihm für den gelungenen Abend bedankt.

Der frühe Vogel kann mich mal! Während andere aus meinem Dunstkreis montags früh raus müssen, drehe ich mich noch dreimal um. Auch wenn diese Wochenenden, an denen ich durch die Lande tingele, ein schönes Gefühl und eine gut gefüllte Geldbörse hinterlassen, kosten sie dennoch viele Körner. Gerädert von der schlaflosen Nacht, gehe ich am späten Vormittag zu meiner Ex-Frau und lasse mich von ihr physiotherapeutisch behandeln. Wie gut auch für mich, dass Biggi den Beruf als Krankengymnastin so hervorragend ausübt, denn die DJ-Tätigkeit belastet meinen Rücken spürbar.

Noch ein kurzer Plausch, und schon sitze ich mit gelockerter Muskulatur im Auto, um meinem Freund Goran einen Kurzbesuch abzustatten. Der Tankanzeiger geht gegen Reserve, also nichts wie hin zum Automechaniker meines Vertrauens, der mir nicht nur beim Tanken hilfreich zur Seite steht. Auch sonst kümmert er sich jederzeit um mein Fahrzeug. Bei ihm bin ich in guten Händen, denn ich habe vollstes Vertrauen, muss keine Mondpreise bezahlen und mir auch sonst keine Sorgen um Mobilität machen.

Mit offenem Seitenfenster auf der Fahrerseite habe ich noch keine hundert Meter zurückgelegt, da überholt mich ein grauer Ford und stellt sich quer vor meinen Wagen. Abrupt bremse ich ab. Aus dem Wagen springt ein Typ und zielt mit vorgehaltener Pistole auf mich: „Hände hoch!" In James-Bond-Manier visiert er meinen Oberkörper an, den Finger am Abzug. Vor lauter Schreck muss ich niesen. Mit triefenden Augen sitze ich da und überlege, wie ich diesem Psychopathen klarmachen soll, dass ich seiner Aufforderung unmöglich nachkommen kann. Fassungslos starre ich auf den Pistolenlauf und hoffe inständig, dass sich kein Schuss löst. Das Leben ist zu kurz für lange Arme. In Zeitlupentempo nimmt er seine Waffe wieder herunter und wendet sich mit einer rätselhaften Handbewegung von mir ab. Von wegen, Freundchen! Sofort reiße ich die Fahrzeugtür auf und renne hinter ihm her. Er will sich partout nicht erklären und würde am liebsten gleich durchstarten. Doch so läuft das nicht. Resolut versperre ich ihm den Weg. Scheibchenweise wird ihm seine missliche Lage bewusst, denn auch andere Verkehrsteilnehmer haben die brenzlige Situation zur Kenntnis genommen. Widerwillig zieht er seinen Dienstausweis aus der Hemdtasche und outet sich als Zivilpolizist. Meine Beine zittern, und ich blaffe ihn an, was es denn mit dieser Wildwest-Aktion auf sich hätte? Endlich rückt er mit der Sprache heraus. Die Bremer Polizei sei schon seit Längerem einer Autoknackerbande auf den Fersen. Durch den Umstand, dass ich mich zum Anlassen meines Fahrzeugs mit dem Zündschlüssel so weit nach vorne beugen muss, hat er vermutet, dass ich ein gestohlenes Kfz kurzschließen würde. Peinlich berührt steigt er in sein Auto und drückt geradewegs aufs Gaspedal.

Inzwischen habe ich mich von Kirsten getrennt. Doch nach Wohnraum muss ich gar nicht erst suchen. Pharma C bietet mir an, mietfrei in seine 120-Quadratmeter-Wohnung in der Neustadt zu ziehen, die er gerade selbst aufgibt. Das kann ich eigentlich gar nicht annehmen, doch wie sagt er so schön: „Man trifft sich bekanntlich immer zweimal im Leben." Vor ein paar Jahren habe ich mich um seinen Sohn gekümmert, heute hilft er mir auf andere Weise.

Es gibt nur wenige Gründe für mich, Freizeitaktivitäten außerhalb Bremens zu unternehmen, denn im Laufe der Zeit habe ich das Dorf mit Straßenbahn gänzlich in mein Herz geschlossen. Letztendlich gibt es aber einen gewichtigen, und der liegt in Hamburg fest vor Anker.

Das Lagerfeuer in dem billigen Grill vom Baumarkt hat genügend Zunder, um uns für die kommende Nacht warm und wenn möglich auch noch wachzuhalten. Dem frühzeitigen Einsatz meines Bruders Stephan sei Dank sind wir spätnachmittags die Speerspitze einer Menschenschlange, die sich vom Heiligengeistfeld bis hinunter zur Budapester Straße ausdehnt. Irgendwie vergöttern wir doch diese Art der zweckentfremdeten ISO-Container, die unser Fußballverein hier überall am Stadion aufgestellt hat und wo wir am Morgen als Erste die neuen Dauerkarten für die kommende

Bundesligasaison in Empfang nehmen wollen. Hunderte St.-Pauli-Fans möchten den Schwung der letzten Spielzeit mit einer Saisonkarte vergolden. Die Stimmung ist prächtig, und die Sprechchöre „Nie mehr zweite Liga“ sind bestimmt noch auf der Reeperbahn zu vernehmen. Die Mischung aus Punks, Studenten und Rentnern entspricht haargenau der DNA unseres Vereins. Und dann ist es endlich soweit. Mit geweiteten Pupillen entern wir im Schlepptau einiger Fernsehteams die Vorverkaufsstelle und halten kurz darauf die begehrte Plastikkarte in unseren Händen. Von da an ist klar, dass ich sie Jahr für Jahr verlängern werde.

Die letzten drei Jahre kamen mir vor wie eine Achterbahnfahrt. Die Falstaff-Disco hat ihren Zenit zwar schon längst überschritten, aber für private Feiern bin ich an den Wochenenden praktisch ausgebucht, sodass ich meinen Lebensstil im Großen und Ganzen nicht weiter ändern muss. Seit Neuestem begleitet mich Hauke zu den DJ-Jobs, wo er gegen gute Bezahlung das Musikequipment sowohl auf- als auch abbaut und mich zusätzlich mit Essen und Trinken versorgt. Im Laufe der Zeit ist Hauke wie ein Bruder geworden. Er unterstützt mich bei vielen Aktivitäten, die aufgrund meiner körperlichen Einschränkungen nur schwer zu stemmen sind.

Hin und wieder habe ich kurze Affären, aber so richtig verliebt bin ich nie. Jedoch ungebunden und frei. Auch das Alleinsein kann seine guten Seiten haben. Um für die Party am Abend aufzutanken, gehe ich tiefenentspannt zum Werdersee. Dort wartet schon mein Freund Thorsten, der vor lauter Sonnencreme glänzt wie eine Speckschwarte. Wir sind beide seit Langem Single, und in Bezug auf Beziehungskisten befinden wir uns jederzeit zwischen Hoffen und Bangen. Interessanterweise können wir genau an diesem Uferabschnitt nackt baden, was ich vorher noch gar nicht auf dem Schirm hatte. Bei der Menge an Leuten erkenne ich einige Nachtschwärmer von den Partynächten. Das Klientel am FKK-Strand scheint eine verschworene Gemeinschaft zu sein, denn es findet ein lebhafter Austausch statt, Quasselstrippen inklusive. Alle hier sind mit dem Fahrrad gekommen, nur ich nicht. Nach schweren Stürzen, bei denen ich immer ungebremst mit Kopf oder Schulter auf dem Untergrund aufgeschlagen bin, habe ich mich dafür entschieden, das Rad mit dem Speziallenker aus meinem Alltag zu verbannen. Gut zu Fuß war ich schon immer, warum also soll ich mich dem Risiko aussetzen? Verschwitzt ziehe ich mich aus und kühle kurze Zeit später nach einem Kopfsprung ab. Ich bin noch keine fünf Meter weit geschwommen, da kreuzt eine Frau meine Bahn und grüßt mich nett. Wundervolle Augen, denke ich, und bremse noch in der Bewegung ab. Bei meinem Delfin-Schwimmstil gar nicht so leicht, da ich ansonsten mit allen Vieren paddeln muss wie ein Hund. Aber in diesem Fall macht es mir rein gar nichts aus. Ellen kenne ich bereits von früher, gleichzeitig ist sie Stammgast in meiner Disco.

Der zündende Funke springt übers Wasser. Im kühlen Nass kommen wir beide nicht mehr so recht vom Fleck, und ich kriege gleich Wadenkrämpfe. Kurz vorm Absaufen sage ich „Tschüss“ und mache mich auf den Weg zur anderen Uferseite. Gemächlich ziehe ich meine Bahnen. Zwischen zwei DJ-Auftritten ist Schwimmen eine wohltuende sportliche Betätigung. Thorsten hat sich schon gewundert, warum ich vorhin so lange in Ufernähe herumgedümpelt bin. Aufgeregt erzähle ich ihm von der charmanten Begegnung. Doch ich muss wirklich gleich los und fange an, meine Siebensachen zu packen. Das tue ich auf eine ganz eigene Art und Weise, indem ich die auf dem Boden liegenden Klamotten artistisch mit dem Fuß in die Luft werfe und dann mit der Hand auffange. Warum in die Knie gehen, wo ich die Gesetzmäßigkeiten der Schwerkraft nutzen kann? Es ist ein Teil meines Lebens, dass ich durch atypische Bewegungen immer mal wieder stark eingeschränkt werde. Doch da gibt es ja noch die Kehrseite der Medaille, denn diese verschaffen mir eine Gelenkigkeit, die seinesgleichen sucht. Bei allem, was ich mache, setzte ich fast jeden Muskel meines Körpers ein, um ans Ziel zu gelangen. Alltagstätigkeiten werden zum Bewegungstraining. Anders als Thorsten, bekomme ich das Getuschel auf den umliegenden Strandtüchern nicht mit. Bedeutungsschwanger trifft mich sein vielsagender Blick. Splitterfasernackt steht Ellen hinter mir. Es dauert keine sechzig Sekunden, da sind wir für heute Abend verabredet. Genau an dem Ort, wo ich zu später Stunde noch auflegen werde. Mit Schmetterlingen im Bauch verabschiede ich mich von Thorsten, der die letzten Sonnenstunden des Tages noch einheimsen will. Die Party am Güterbahnhof läuft nur schleppend an, und Ellen, nach der ich die ganze Zeit Ausschau halte, kommt leider doch nicht vorbei. Vermutlich wird ihr das Ganze doch zu heiß.

Erst drei Wochen später kommt sie dann endlich in die Falstaff-Disco. Erst einmal nimmt sie in der hinteren Ecke des Foyers Platz und schlürft dort genüsslich einen Tequila Sunrise. Doch die Distanz zwischen uns, die der Tanzraum hervorbringt, gilt es nun zu durchbrechen. Und das gelingt mir am ehesten noch durch Musik. War es nicht der Smashhit *Insomnia*, nach dem sie schon früher so gerne getanzt hat? Volltreffer! Zehn Minuten später steht sie vor mir und lächelt mich amourös an. Ihre Augen sagen mehr als tausend Worte.

Am Silvesterabend begleitet Ellen mich zum bisher namhaftesten DJ-Auftritt. Die Eventfirma, für die meine Tochter tätig ist, organisiert für Bremer Verhältnisse ein Riesenspektakel, denn der komplette Flughafen wird für die letzte Nacht des Jahres in eine Partymeile verwandelt. Bei der Auswahl der DJs brachte Lena mich mit ins Spiel und so stehe ich am 31.12.2010 mit einem Mikrofon in der Hand vor Tausenden von Menschen und zähle mit ihnen die letzten zehn Sekunden des Jahres herunter. Zugegebenermaßen ehrt es mich, so einen Job zu übernehmen. Dieser Rummel zeigt mir aber auch, dass ich in Wahrheit nicht da hingehöre. Mein DJ-Herz schlägt für die piefigen Clubs, die Nähe zu den Partygästen und alternativ angehauchter Musik.

Im darauffolgenden Frühjahr verreise ich mit Ellen auf die Philippinen, und vier Wochen später zieht sie zu mir. Total verknallt verbringen wir im Sommer die meiste Zeit am Werdersee. Dort, wo wir uns auf pikante Art und Weise nähergekommen sind, was nicht wenige mit einem Augenzwinkern quittieren.

Daumen raus ist Ellies Job

Das Weltreiseticket in der Tasche zu haben, macht uns am Flughafen von Hamburg ganz kribbelig, als wir unsere Heimat für sieben Monate verlassen. Mit der in der hawaiianischen Kultur verankerten Begrüßung „Aloha", die für Liebe, Gemeinschaft und Güte steht, erwartet uns Henrik zwanzig Stunden später am Flughafen von Honululu. Bei ihm sind wir im umgebauten Gartenhaus für hiesige Verhältnisse gut und günstig untergebracht.

Zugegebenermaßen ist der Lieblingsstrand des amerikanischen Präsidenten Barack Obama auf seiner Geburtsinsel Oahu schön anzusehen, doch wir wandern ein Stück weiter südlich, wo der Sand so fein ist wie Puderzucker und zwischen den Zehen hindurchrieselt. Sofort wird unser Sportsgeist geweckt, denn in der von einem Riff geschützten Bucht liegt eine Insel, die höchstens 500 Meter entfernt ist. Nach der strapaziösen Anreise würde uns eine reelle Trainingseinheit sicherlich gut tun. Kurzum spreche ich ein älteres Ehepaar an und frage nach, ob sie für eine Zeit lang auf unsere Tagesrucksäcke achten könnten. Die aus Arizona stammenden Urlauber scheinen ihren Ohren nicht zu trauen. Der ältere Herr mit dem Strohhut fragt mich, ob wir nicht ein Boot bräuchten, oder wenigstens eine Schwimmweste? „Nichts von alledem", beschwichtige ich ihn in einwandfreiem Englisch. „Wir brauchen kein Auto, denn wir trampen, wir brauchen kein Boot, denn wir schwimmen!" Bekümmert nehmen sie sich unserer Sachen an. Wenig später begleitet uns ein quirliger Fischschwarm auf den ersten Metern im Ozean. Als Ellen mir versichert, dass sie schon Sandboden unter ihren Füßen hätte, stoße ich mir den linken Fuß an einem noch unter Wasser liegenden Felsvorsprung. Nach kurzer Ruhephase auf dem Eiland geht es zurück zu den Südstaatlern, die uns mit Beifall am Strand empfangen. Die blutende Wunde lasse ich mir von einem Lifeguard in seinem Hochsitz verarzten. Der erfahrene Ersthelfer ist hier schon lange tätig, und so plaudern wir ein wenig, während er meinen lädierten Knöchel versorgt. Auf die Frage, ob es in der Bucht denn Haie gäbe, schaut er mich an und antwortet: „Selbstverständlich!“ Ein paar kleinere und ein paar größere Tigerhaie würden hin und wieder einen Abstecher in die Bucht machen, da der Ring des Außenriffs nicht gänzlich geschlossen sei. „Aber Vorfälle hat es mit denen hier bisher nicht gegeben“, versichert er mir. Da bin ich aber beruhigt. Doch Ellen missfällt diese Nachricht zutiefst und die ältere Dame aus Arizona erleidet fast einen Herzstillstand, als ich ihr das mitteile.

Auf verschlammten Wegen und verschlungenen Pfaden wandeln wir mit Henrik durch den Regenwald. Ellen ist mit ihrer Regenjacke gut ausgestattet, während ich in dem hauchdünnen Plastikregencape aussehe wie die schlechte Kopie eines Teletubbies. Mitreißend auf der Insel sind die Surfer am nördlichen Waimea-Beach, wo die Wellenreiter auf bis zu acht Meter hohen Wellen ihre halsbrecherischen Darbietungen offen zur Schau stellen. Selbstverständlich verlassen wir die Insel nicht, ohne dem Waikiki-Beach in Honolulu unsere Aufwartung zu machen. Es herrscht viel Betrieb, und die Reichen und Schönen geben hier den Ton an. Im „Pink Hotel“, wie das altehrwürdige Royal Hawaiian Hotel aufgrund seiner farbenprächtigen Fassade auch bezeichnet wird, schlabbern wir zu den Klängen der hauseigenen Kapelle den angesagtesten Mai-Tai-Cocktail ganz Hawaiis. Dieser schmeckt zwar gut, doch in Plastikgläsern serviert kommt er uns an so einem Ort dann doch überkandidelt vor.

Obwohl ich ihren Vornamen zweifellos mag, spreche ich Ellen neuerdings mit Ellie an, was sie mit viel Wohlwollen aufnimmt. Die Ankunft am Flughafen von Hilo unterstreicht nochmal, dass dies der regenreichste Ort der USA ist. Lorens Fahrzeug, das einer fahrenden Müllkippe gleicht, ist genauso verkommen wie das geräumige Zimmer bei ihm, in dem wir mehrere Tage untergebracht sind. In den Schlaf zu kommen ist bei den hauchdünnen Holzwänden seines Hauses aussichtslos. Draußen machen Tausende von Fröschen einen höllischen Lärm, der selbst die Sirenen des Odysseus in den Schatten gestellt hätte. Wurden wir dann endlich von den niedlichen Tierchen in den Schlaf gesungen, startet gegen fünf Uhr auch schon der 250 PS starke Land Rover des angrenzenden Nachbarn auf dessen Weg zur Arbeit. Spätestens dann stehen wir kerzengerade im Bett. An Schlaf ist nun nicht mehr zu denken. Währenddessen sitzt Loren schon mit einer Tasse Kaffee in der Küche und hat dabei den Fernseher laufen. Nach wenigen Tagen beschleicht uns das Gefühl, im unverfälschten Hawaii angekommen zu sein. Viele Obdachlose leben unter Zeltplanen an den Stränden. Von Loren erfahren wir, dass einige von denen sogar Jobs haben. Doch sie wollen ihre Kinder unbedingt in die Privatschulen schicken und verzichten dafür auf das viel zu teure Dach über dem Kopf. Es bekommt halt nicht jeder ein Stück vom hawaiianischen Kuchen ab. Uns jedoch erstaunt, dass hier trotz erheblicher Armut fast jeder ein Fahrzeug an der Hand hat, uns einmal ausgenommen. Dadurch haben wir aber auch regen Kontakt zu den Leuten.

In ihrem blumigen Sommerkleid braucht Ellie nur wenige Minuten ihren Daumen in Fahrtrichtung zu halten, um unsere nächste Spritztour zu sichern. Sobald ich einmal daumenlos im Wind stehe, sind die Leute hingegen irritiert. Will der merkwürdige Typ nur posieren oder seinen Körper zur Schau stellen? Also verabreden wir, dass Autostopp in Zukunft Ellies Job ist. Big Island ist durch Eruptionen der allgegenwärtigen Vulkanaktivitäten schon oftmals in Mitleidenschaft gezogen worden. Die Lava hat komplette Landstriche förmlich verschluckt, Neuland geschaffen und formschöne Skulpturen gebildet. Zu Gesicht bekommen wir die Landschaftsformen durch ein frisch verheiratetes Paar aus Kentucky, das uns am Straßenrand aufgabelt. Sie suchen nach ein wenig Unterhaltung, und so ergötzen wir uns gemeinsam an den Steinformationen.

Die Hawaiianer sind zwar freundlich, suchen aber keinerlei persönlichen Kontakt. Laut unseres Vermieters sind viele von ihnen genervt vom American Way of Life und wünschen sich politische Unabhängigkeit, in der Hoffnung, ihre althergebrachten Riten durch einen Wandel wieder aufleben zu lassen. Mit Lorens Klapperkiste geht es jeden Morgen zu einem natürlichen Meerespool, wo wir mit Schildkröten baden, um anschließend zahllose Mückenstiche zu zählen. Zwischen Essensresten, versifften Taschentüchern, nicht mehr taufrischen Taucherbrillen, Äxten, Farbeimern, diversem Werkzeug, gammeligen Klamotten und vergilbten Briefen hat er inmitten des Laderaumes ein Sitzkissen für Ellie platziert. Ich hingegen habe das Privileg, auf dem Beifahrersitz mitzufahren. An jedem Tag, nachdem die Sonne ihre Strahlkraft eingebüßt hat und Loren sich in Sicherheit wiegt, dass wir tatsächlich nicht für das FBI tätig sind, widmet er sich seinem Marihuana-Pfeifchen. Am letzten Abend hat er schon einiges intus, doch sein Angebot, uns zum aktivsten Vulkan der Erde zu begleiten, können wir unmöglich ausschlagen. Bei Vollmond und sternenklarem Himmel stehen wir etwa hundert Meter vom Kraterrand des Mauna Kea entfernt. Die Umgebung ist in ein feuerrotes Licht getaucht, und ständig steigt Rauch empor. Es scheint, als würde der Vulkan die vor Stunden untergegangene Sonne in seinem 150 Meter tiefen Dampfkessel gefangen halten. Einzig Loren ist sich nicht sicher bei der Frage, wer mehr Rauch in die Atmosphäre absondert: Ist es dieser monströse Schildvulkan oder gar sein jointrauchendes Selbst?

Der Weiterflug nach Kauai ist kurzweilig, nicht jedoch die Modalitäten beim Sicherheitscheck. Von einem hochnäsigen Beamten werde ich verdächtigt, ein 400 Gramm schweres Glas mit Erdnussbutter im Handgepäck geschmuggelt zu haben. Dieses könnte ihm zufolge eine Bombe sein, und so konfisziert er es. Wenn ich eines an amerikanischen Flughäfen gelernt habe, dann ist es das, sich zu fügen und besser die Klappe zu halten, was mir nicht immer leichtfällt. Während der Sicherheitsmann das hochexplosive Erdnussmus vermutlich für sein kommendes Frühstück bereitstellt, grinst mich von der gegenüberliegenden Wand ein Foto des ehemaligen amerikanischen Präsidenten George W. Bush an, wie er heroisch in den qualmenden Überresten der Twin Towers in New York posiert. Ich pfeife auf seine ausgetüftelten Sicherheitsgesetze!

In Begleitung von Gayle, einer flotten Sechzigjährigen aus Kalifornien, sause ich mit offenem Verdeck in ihrem Mini Cooper über die Insel. Zu allem Überfluss liegt Ellie währenddessen mit hohem Fieber im Bett. Die Küstenstraße entlang der Napali Coast mit seinem immergrünen Faltengebirge am Rande des Pazifiks ist in seiner Vollkommenheit nicht zu übertreffen. An diesem Tag streift der Ausläufer eines Zyklons bei Japan die hawaiianische Inselkette und bringt den Ozean schier zum Kochen. Meterhohe Wellen lassen Wasserfontänen entstehen, und selbst die sonst so hart gesottenen Surfer verweilen an den Stränden. In der allerletzten Bucht des Tals hocke ich mit Gayle in einem Pinienwald. Von einer Anhöhe aus verfolgen wir das imposante Naturschauspiel. Ein Pärchen ignoriert unsere Warnung, sich besser von der Wasserkante zu entfernen. Sie winken nur ab und johlen ausgelassen. Beim Aufprall der folgenden Riesenwelle entsteht eine brodelnde Gischt, die beide im Handumdrehen verschlingt. Zur Hilfe eilen können wir ihnen nicht, denn die Wucht des Ozeans ist verheerend. Mit fuchtelnden Armen kommen sie aus den Wassermassen wieder hervor. Auf allen vieren erreichen sie triefend und schniefend das rettende Ufer. Sie haben zwar sämtliche Wertgegenstände verloren, jedoch nicht ihr Leben, wofür sie mehr als dankbar sein sollten.

Als Ellie wieder gesund ist, machen wir uns auf zum nächsten Sehnsuchtsort. Auf dem Flug nach Fiji tauchen die ersten Inseln nacheinander am Horizont auf. Ab da ist es Kino pur, etwa so, wie ich es sonst nur aus Südseedokumentationen kenne. Atolle in unterschiedlichen Formen und Größen, aufgereiht wie an einer Perlenkette, soweit das Auge reicht. Im grellen Sonnenlicht entsteht bei dieser geringen Flughöhe ein abwechslungsreiches Farbenspiel aus kitschigen Grün- und Blautönen.

Den Osten Fijis haben wir deshalb anvisiert, weil inmitten des Regenwaldes mit dem Rainbow Reef ein vortreffliches

Tauchrevier liegt. Unerwartet erklärt uns Roland, dass in seinem Dolphin-Bay-Resort die Uhren um eine Stunde nach vorne gedreht werden, um einen bessern Tagesablauf zu ermöglichen. Es ist eine Zeitumstellung der besonderen Art, die wir nur schrittweise durchschauen. Tagsüber halten wir zusammen mit den Bediensteten und anderen Gästen den Spaßfaktor mit Krabbenrennen und Kokosnussweitwurf hoch, wobei ich in ersterer Disziplin erfolgreicher bin. Bei früheren Hahnenkämpfen auf den Philippinen habe ich gelernt, wie man sein Tier beim Wettkampf am besten in Position bringt. Nach einem Schluck aus der Wasserflasche pruste ich meine Strandkrabbe so zackig an, dass sie in einem Herzschlagfinale an vorderster Front die Ziellinie überquert. Bei leichtem Nieselregen patrouillieren allabendlich kleine Babyhaie im angrenzenden Hausriff. Wir hingegen bereiten uns mit vielerlei Kaltgetränken auf die nächtlichen Übergriffe der Moskitogeschwader vor. Auf dem Weg ins Dschungelzelt erwischt Ellie am zweiten Abend aus Versehen eine der unzähligen Urwaldkröten mit ihrem Flip-Flop in vollem Lauf. Es macht Platsch, und begleitet von einem dumpfen Geräusch an der einzigen Kokospalme weit und breit erfolgt die unsanfte Landung.

Nach dem ersten Tauchgang erkundige ich mich bei Roland am nächsten Morgen, warum wir hier dieses intakte Korallenriff vorfinden? Vorbei an schillernden Hart- und Weichkorallen begleiten uns Fischschwärme durch ein farbenfrohes Biotop, gefolgt von fetten Barschen und ausgewachsenen Riffhaien. Der Grund für diese edle Unterwasserwelt ist simpel, denn seit mehr als 13 Jahren hat kein Taifun mehr die Bucht heimgesucht und für Zerstörungen gesorgt.

Nach vorsichtigem Herantasten wünschen sich einige der im Resort angestellten Fijianer ein Foto von mir auf ihrem Handy, am liebsten oben ohne. Damit wollen sie ihren Angehörigen in den Dörfern illustrieren, dass es möglich ist, Menschen aus westlichen Industrienationen zu begegnen, die den gängigen Klischees ganz und gar nicht entsprechen.

Samoa ist dünn besiedelt und sticht durch die urtümliche Bauweise der Gebäude hervor. Die Fales sind praktisch Häuser ohne Wände, bei denen nur die hölzernen Stützpfeiler sichtbar und die Dächer aus Palmblättern oder Blechplatten gefertigt sind. Die Großfamilien leben seit Jahrhunderten so, und es dienen nur Bastrollos oder heutzutage auch Plastikplanen als Regenschutz. Nach fast einer Stunde Fahrzeit kommt mir irgendetwas merkwürdig vor. Da kribbelt und krabbelt etwas am Hemdsärmel. Es ist der Taxifahrer, der sich mit seiner linken Hand zielstrebig auf den Weg macht, meinen rechten Arm abzutasten, ohne dabei auch nur die kleinste Regung von sich zu geben. Ausnahmsweise lasse ich ihn gewähren. Er grinst mich kokett an und folgt dann meinem Rat, sich besser dem Straßenverkehr zuzuwenden.

Der Lalomano Beach gilt als einer der meistfrequentierten Strände Ozeaniens. Durch seine geographische Lage ist es möglich, sowohl den Sonnenaufgang als auch den Sonnenuntergang mitzuerleben. Leider ist das vorgelagerte Korallenriff durch einen Tsunami im Jahre 2009 ebenso zerstört worden wie die umliegenden Fischerdörfer. Soeben mache ich ein Foto von den Grundmauern eines Gebäudes, das den Fluten zum Opfer gefallen ist, als eine Frau wild gestikulierend auf mich zurennt. Sie behauptet, dass es fünf samoanische Tala (umgerechnet 1,70 Euro) pro Bild kosten würde, wenn ich von ihrem ehemaligen Zuhause ein Foto machen würde. Als stimmiges Argument legt sie den Wiederaufbau in die Waagschale. Ihr Blick haftet auf meinen Armen, und ziemlich forsch will sie wissen, was denn mit mir geschehen sei. Mit ernster Miene unterbreite ich ihr, dass ich für Fragen dieser Art den doppelten Preis, nämlich zehn samoanische Tala, aufrufen würde. Eine Mischung aus Verärgerung und Verblüffung lässt sie verstummen und kurz innehalten. Dann reckt sie ihre Arme in die Höhe und lacht sich schief. Mit einer einladenden Handbewegung macht sie deutlich, dass ich weitermachen könne. Geschüttelt von Lachkrämpfen kehrt sie zu ihrer Familie zurück, die unter zerrissenen Plastikplanen ein notdürftiges Zuhause errichtet hat. In aller Seelenruhe mache ich mein Foto von den Ruinen und gehe dann auf das notdürftige Feldlager zu. Schmunzelnd lege ich drei Geldscheine auf einem Holzschemel ab und verdufte.

Im Valasis Resort sind wir die einzigen Gäste. Aber nicht der Strand, die Landschaft oder das Riff vor der Haustür fesseln uns, es ist die dichte Atmosphäre. Maria und Ross haben dieses königliche Fale, in dem sie zur Welt gekommen ist und das später über viele Jahrzehnte verwahrloste, mit ihren eigenen Händen wieder zu neuem Leben erweckt. Es ist ein offenes samoanisches Haus, das aus Tropenholz, Kokosseilen, Bambusstangen und Bananenblättern gefertigt wurde und dessen Dach nach oben hin spitz zuläuft. Die massiven Holzpfeiler sind verziert, in den Ecken stehen kübelweise Blumen, und zu jeder Zeit weht eine frische Brise vom Meer herüber. Ellie und ich übernachten in einer Bambushütte, die einzig von einem Moskitonetz umspannt ist. Die hohe Luftfeuchtigkeit auf Samoa lässt uns fast aus den Latschen kippen. Es gibt Nächte, in den wir kaum schlafen und mindestens dreimal zum Duschen gehen. Einstweilen sind wir mit den Menschen auf Samoa noch nicht so richtig warm geworden, doch dieses Ehepaar entschädigt für vieles. Überwältigt von ihrer innigen Zugewandtheit, kommt mir schon am zweiten Tag die Idee, von meinem Tablet aus Musik für sie aufzunehmen, da Ross einen CD-Brenner in seinem Computerlaufwerk integriert hat. Daraufhin singen und tanzen Maria und ihre samoanische Haushälterin tagtäglich durch die tempelartige Anlage. Bei unserem Abschied ertönt der Klassiker *Thank you for the music* der Kultband Abba auf der Veranda. Umgeben von einem botanischen Garten inmitten tropischer Vegetation haben alle feuchte Augen.

Der Busfahrer am Flughafen von Auckland wird langsam ungeduldig, weil ich nicht schnell genug einsteige. Doch bei 18 Grad Außentemperatur kann ich mich einfach nicht von dem erfrischenden Nieselregen trennen, der pausenlos meine Glatze tätschelt. Die Dampfsauna Samoa hat unweigerlich ihre Spuren hinterlassen, und so ist es am Ende Ellie, die mich in den abfahrbereiten Stadtbus zerrt.

Nach zwei Tagen mieten wir mit dem Spaceship einen schnittigen Campervan, den Ellie trotz ungewohnten Linksverkehrs zielsicher zur Bay of Islands steuert. Die Inselwelt lockt mit abgelegenen Buchten, die es allesamt wert wären, ihnen einen Besuch abzustatten. Die raren und geschützten Kauri-Bäume werden bis zu 2.000 Jahre alt und kommen uns vor, als würden sie mit ihrer schwindelerregenden Höhe die Wolken berühren. Auf der Halbinsel Coromandel haben wir genau die richtige Jahreszeit erwischt, denn hier stehen gerade die Pohutukawa-Bäume in voller Blüte. Die purpurne Farbe verleiht der Landschaft ihren Glanz. Allerorten begegnen uns die Kiwis, wie sich die Neuseeländer selbst gern nennen, mit offenen Armen. Die Bezeichnung stammt von ihrem Wappentier, einem flugunfähigen nachtaktiven Vogel, der in früheren Zeiten die Wälder Neuseelands bewohnte und heutzutage vom Aussterben bedroht ist. Weiter in Richtung Nordspitze versucht Ellie, auf der unwegsamen Schotterpiste, die steil zum Ozean abfällt, die Spur zu halten. Ich habe nur Augen für den Ozean, denn dort geht gerade richtig die Post ab. Wir peilen die nächste Parkbucht an und erspähen von der Anhöhe eine Delfinschule, die parallel zur Küste die gleiche Richtung eingeschlagen hat. Einige dieser Großen Tümmler springen in hohem Tempo aus dem Wasser. Das berichten wir Tim, dem Campingplatzbesitzer der letzten Bucht an diesem Küstenabschnitt, bei dem wir am späten Nachmittag einchecken. Er rät dazu, uns am Strand auf die Lauer zu legen, da die Delfine auf der Suche nach Beute gerne diese fischreichen Gewässer aufsuchen. So ergibt es sich, dass dieses Schauspiel nur wenige Stunden später eine nicht enden wollende Fortsetzung erfährt. Dutzende Delfine vollführen filmreife Pirouetten im Licht der untergehenden Sonne.

Die Woche in Ohope kommt uns gelegen, um die Techniken bei der Benutzung von Bodyboards auszufeilen. Solange wir rechtzeitig vor den hohen Wellen auf die aus Hartschaumstoff gefertigten Bretter hüpfen, können wir so richtig Fahrt aufnehmen. Die Strandspaziergänge hingegen sind nicht so erquickend, denn überall liegen tote Hammerhaibabys herum. Diese wurden Opfer der in dieser Gegend beliebten Art, mit Langleinen zu fischen. Propellerbetriebene Aufsätze, die an den Stoßstangen der Pickups befestigt werden, ziehen eine mit Angelhaken und Ködern gespickte Schnur bis zu zwei Kilometer weit auf das offene Meer. Der Wellengang am heutigen Vormittag ist wie geschaffen, sodass wir unermüdlich mit den pfeilschnellen Bodyboards zugange sind. Gerade bin ich dabei, Ellie zu einem wiederholten Anlauf anzustacheln, da erstarre ich. Vor lauter Schreck verschlägt es mir die Sprache, und so folgt sie meinem Blick. Direkt hinter ihr befindet sich ein ausgewachsener Hai, denn die Größe der Flosse lässt keinen anderen Schluss zu. Das Wasser reicht uns zwar nur bis zur Hüfte, doch wir kommen nicht so richtig vom Fleck. Mit zittrigen Beinen treten wir die Flucht an. Dann taucht er ab. Es schießen mir tausend Gedanken gleichzeitig durch den Kopf. Das Tauchen mit Haien hat uns gelehrt, dass speziell die Wasseroberfläche die Achillesferse markiert, wenn es um Haiattacken geht. Diese Tiere halten sich normalerweise nicht in Ufernähe auf, doch die zum Teil menschengemachte Veränderung ihrer Verhaltensweisen bekommen wir nun in aller Deutlichkeit vorgeführt. Abgehetzt und entkräftet erreichen wir den Strand, wo ich die anderen Badegäste auffordere, das Wasser zu meiden. An den Reaktionen der Strandbesucher stelle ich jedoch fest, dass den meisten das Risiko bewusst ist und sie dieses in Kauf nehmen. Für uns aber erfährt das unbeschwerte Baden an diesem Küstenabschnitt ein jähes Ende.

In Opotiki wird es dann fast familiär, denn hier betreibt Volker, Ellies Freund aus frühen Kindertagen, zusammen mit seiner Frau Andrea das Oasis Backpackers. Hier im Osten der Nordinsel haben die polynesischen Vorfahren ihre Fußabdrücke hinterlassen, sodass ihre Kultur bis heute sichtbaren Ausdruck findet. Es ist Ende Dezember, und im örtlichen Pub besuchen wir eine stimmungsvolle Weihnachtsparty. Größtenteils Maori, also Angehörige der indigenen Bevölkerung Neuseelands, haben bereits erstklassige Gesangseinlagen vorgetragen. Von unserem Tisch wagt sich niemand, den Karaokeeinlagen Paroli zu bieten, also werde ich wohl herhalten müssen. Zugegebenermaßen sind die bisherigen Darbietungen nur schwer zu toppen, denn die Frauen singen wie einst Whitney Houston, und die Männer wie Marvin Gaye. Lampenfieber habe ich nicht, dennoch bestelle ich mir sicherheitshalber noch ein Glas Rum auf Eis, bevor ich auf die Bühne gebeten werde. Mit dem Lied *Loosing my religion* der amerikanischen Band R.E.M. sollte doch wohl ein wenig Stimmung aufkommen. Ich selbst finde meinen Auftritt nicht einmal schlecht, doch als ich das Mikrofon auf dem Pult ablege, herrscht Grabesstille im Saal.

Nach der Überfahrt von Wellington auf die Südinsel landen wir in der öden Ortschaft Picton. Dort treffen wir unseren Freund Thorsten, mit dem wir einige Zeit zusammen verbringen werden. Er macht ein Sabbatjahr und befindet sich bereits seit fünf Monaten in Neuseeland. Als wir den Camper vor Augen haben, mit dem er uns an der örtlichen Bücherei abholt, fallen wir bald vom Glauben ab. In einem Kleinbus, wie man ihn von Handwerkern kennt, nur dieser ist ziemlich heruntergekommenen, winkt er uns schon von Weitem zu. In einigen Türen fehlen ganze Schlösser, und die einst weiße Farbe ist einem schmutzigen Grau gewichen. Unverkennbare Macken im Metall sind sicherlich ein Resultat der endlosen Schotterpisten. Der erste Schock sitzt tief! Ellie und ich können uns gar nicht so recht vorstellen, wie wir zu dritt in dieser Rumpelkiste klarkommen sollen, doch die anfängliche Skepsis weicht kreativer Tatkraft. Der erste Zeltplatz liegt in der Golden Bay nahe des Abel-Tasman-Nationalpark. Sowohl die ausgedehnte Wanderung als auch der Überflug mit einer zweimotorigen Propellermaschine steigern die Vorfreude auf eine gemeinsame Zeit.

Die App „Wikicamps" versorgt uns regelmäßig mit günstigen Campingplätzen, auf denen die allseits gefürchteten Sandfliegen für uns mehr und mehr zur Plage werden. Diese Biester stechen nicht, sondern sie beißen ein Stück aus der Haut heraus, sodass diese Stellen über mehrere Tage gnadenlos jucken und sich oftmals entzünden. Sie haben schon vielen Touristen auf der Südinsel die Hölle auf Erden bereitet. Erst gestern sahen wir einen jungen Typen, der ein T-Shirt mit dem Abbild einer Sandfliege und der englischsprachigen Aufschrift „Ich überlebte den Aufenthalt auf der Südinsel Neuseelands!" trug. Die Ankunft auf dem Campingplatz erfolgt heute recht spät, sodass Ellie den Kleinbus schon mal auf einen annehmbaren Stellplatz bugsiert, während Thorsten und ich an der Rezeption einchecken. Ein junge Asiatin begrüßt uns in gebrochenem Englisch und fragt nach der Aufenthaltsdauer. Während Thorsten ihr das nahebringt, schaut sie dabei in meine Richtung und fragt ihn dann allen Ernstes, ob ich sein Vater sei. Hallo? Der Typ ist gerade einmal zehn Jahre jünger als ich. Das Gespräch gerät zwangsläufig ins Stocken, denn Thorsten kann sich vor Lachen kaum auf den Beinen halten, während ich wie eine beleidigte Leberwurst vor dem Tresen stehe. Die Rezeptionistin schnallt den Witz schon mal gar nicht und ich verlasse unter Protest das Büro. Heute habe ich mehr Lust auf Bier als auf Gemüsepfanne. Rund um die Uhr muss ich mir mit anhören, wie Thorsten meiner Ellie diese unsägliche Geschichte ein ums andere Mal auftischt. Nachdem der Alkohol mich schläfrig gemacht hat, gehe ich auf dem Weg zu den Toiletten ein letztes Mal an Thorstens Minizelt vorbei, das er jeden Abend neben dem

Kleinbus aufstellt. Er liest noch ein wenig, scheint aber meine Silhouette im Schummerlicht zu erkennen. Höhnisch ruft er mir zu: „Gute Nacht, Papa!"

Es ist eine zerklüftete Fjordlandschaft, die sich über den gesamten Südwesten erstreckt und in ihrer Vielfältigkeit und Schönheit kaum in Worte zu fassen ist. Dieses Naturwunder wird in der Sprache der Maori nicht ohne Grund „Ata Whenua" genannt, das Schattenland. Auch wenn die Catlins ganz im Osten landschaftlich nicht so berauschend daherkommen, so ist es wohl die Gegend auf der Südinsel, die am meisten unterschätzt wird. An der Ostküste erwarten uns eine verlockende Tierwelt und ein relaxtes Camperleben, fernab von jeglichem Trubel. Eventuell ist Thorsten schon ein wenig zu lange mit der freien Natur verwurzelt, denn bevor er das von Schmeißfliegen bevölkerte Kompostklo am Morgen aufsucht, sagt er doch tatsächlich: „Ich gehe mal eben durchs Bad." Dagegen bin ich mit derlei sanitären Anlagen von jeher auf Kriegsfuß, da ich im Grunde genommen einen stinknormalen Toilettensitz benötige, um gut klarzukommen. Bei der Suche nach geeigneten Campingplätzen steht der normalerweise ganz oben auf meiner Agenda. Auf diesem Naturcampingplatz mache ich da mal eine Ausnahme. Allabendlich bin ich in Alarmbereitschaft und habe an meiner Bettseite jederzeit eine einzelne Socke griffbereit. Diese streife ich mir gegebenenfalls über den linken Fuß, um damit lauernden Sandfliegen an der Fahrzeugdecke den Garaus zu machen.

Pinguine in freier Natur zu bewundern, ist ein Akt, den man niemals vergessen wird. In der brausenden See kommen diese vollendeten Schwimmer, mit einem schwarzen Frack bekleidet und auf dem Bauch liegend, rasend schnell in den Wellen angeflogen. Nach dem Geschwindigkeitsrausch ist jedes Tier darauf bedacht, erst einmal rutschfesten Stand auf den glitschigen Felsen zu finden. Possierlich spreizen sie ihre Flügel und lassen sich diese vom Wind trocknen. Jegliche Hektik wird im Keim zu erstickt. Dann watscheln sie in aller Ruhe nach Hause. Die unbeholfene Art und Weise, wie sie sich von einem Stein zum nächsten hangeln, sozusagen aus dem Stand hüpfen, ist unnachahmlich.

Nach einer Woche trennen sich unsere Wege wieder, denn Thorsten ist auf dem Weg nach Christchurch, und für uns geht es noch eine Insel südlicher, auf die beschauliche Stewart Island. Hier scheint die Zeit stehen geblieben zu sein, denn die wenigen Menschen, die dort leben, haben eine eigenwillige Gangart. In einem Garten Eden zeigen sie dem stetig ansteigenden Stresspegel der westlichen Industrienationen die kalte Schulter, auch im Wissen darum, dass nur noch die frostige Antarktis sie vom Ende des Planeten trennt.

Beim Anflug auf Borneos Hauptstadt Kota Kinabalu ragt der Bergriese Mount Kinabalu empor. Ihn umgibt ein Primärregenwald, wie er nur noch selten vorkommt. Das macht Lust auf mehr, doch der Schein trügt. Auf dem Inlandflug gen Süden können wir unseren Augen kaum trauen: ein Meer von Palmen, das bis an den Horizont reicht. Das Dilemma Borneos kommt hier in seiner ganzen Ausuferung ans Licht, denn schon vor zweihundert Jahren hatte die damalige indonesische Regierung den Großteil des Landes an China verhökert. Von chinesischen Firmen wurden 90 % des Regenwaldes gerodet, um Palmölplantagen Platz zu machen.

Die Ankunft in Semporna ruft bei uns zuerst einmal Schnappatmung hervor, denn die gesamte Ortschaft gleicht einer Müllkippe. Nach dem ersten Tauchgang über einem geschundenen Korallenriff fragt mich eine junge Kroatin, die Teil unserer Tauchgruppe ist, nach den Kleinstfischen. „Das sind winzige Kunststoffpartikel, Fische habe ich da unten keine gesehen“, versuche ich die unerfahrene Taucherin aufzuklären. Ungläubig wendet sie sich ab und richtet sich mit derselben Frage an den Tauchguide. Faisal antwortet nur kurz und knapp: „Das ist Plastik.“ Frustriert macht sie ihre Oberflächenpause, bevor ein weiteres Mal abgetaucht wird. Wir sind noch nicht weit gekommen, da ertönt ein lautstarker Knall unter Wasser. Einige aus der Gruppe zucken zusammen, doch Faisal bedeutet mit einem Handzeichen, dass alles in Ordnung sei. Zwei weitere Detonationen verstärken das ungute Gefühl, und erst an Deck bekommen wir die Information, dass es sich hierbei um Dynamit-Fischerei handelt. Diese Form der Fischereitechnik ist offiziell schon seit langer Zeit verboten und mit ein Grund für die flächendeckende Zerstörung der Unterwasserwelt.

Die siebenstündige Busfahrt zu unserem dreitägigen Dschungelaufenthalt in der Nature Lodge am Fluss Kinabatangan führt durch endlose Palmölfelder. Der chinesische Resort-Chef begrüßt seine Neuankömmlinge und wirbt für die kommenden Tage mit dem Werbespruch „Da draußen wartet der Dschungel auf euch!“. Spöttisch gebe ich zum Ausdruck, bis hierhin nur Palmölplantagen entdeckt zu haben, was ihm überhaupt nicht in den Kram passt. Wir werden bestimmt keine Freunde mehr, aber mir ist das so was von schnuppe. Der tägliche Ablauf vollzieht sich nach einem geregelten Zeitplan. Man kommt frühmorgens zum Bootssteg, steigt in Begleitung von anderen Touristen in ein Langboot und begibt sich auf die Suche nach den Tieren des Dschungels. Dieser grenzt, wie übrigens auch die Ölpalmen, an den Fluss. Hornbill-Vögel, Kingfischer oder Seeadler sind ständige Begleiter. Abends geht es in Gummistiefeln auf Nachtwanderungen, wo wir mit Kopftaschenlampen auf schlammigem Geläuf höllisch aufpassen, um nicht den Blutegeln zum Opfer zu fallen. Im Lichtschein der Taschenlampen fällt uns auf einem Zweig ein schlafender Kingfischer auf, der sich vom Blitzlicht der Kameras nicht aus der Ruhe bringen lässt. Ein solches Foto wäre tagsüber gar nicht möglich, da diese Vogelart pfeilschnell unterwegs ist. Nur drei Bäume weiter krallt sich ein Koboldmaki fest und glotzt mit seinen überdimensionierten Augen ins Nichts. Die nachtaktive Primatenart wird nicht ohne Grund „Ghost Monkey“ genannt, denn sie sieht aus wie die Kreuzung aus Baumratte und einem außerirdischen Wesen. Am zweiten Tag ist der Fluss noch in dichten Nebel gehüllt. Es ist bitterkalt, und so fahren wir schlotternd der aufgehenden Sonne entgegen. Tierlaute füllen die Flusslandschaft mit Leben. Nach etwa einer halben Stunde hält unser Boot vor einer Baumgruppe, in der sich einzelne Blätter nahe der Baumkronen bewegen.

Dann sehen wir unseren ersten Waldmenschen, einen Orang Utan, in freier Natur. Wir haben so darauf gehofft, die artverwandte Affenrasse in dieser Umgebung zu erleben. Und das ist erst der Anfang, denn an diesem Vormittag geraten insgesamt sechs Orang Utans in unser Sichtfeld, sogar ein Baby, dass aus seinem Nest heraus einen neugierigen Blick nach unten riskiert. Mit ihrem dichten rötlich-braunen Fell sind die Meister des Kletterns im dichten Geäst eine Augenweide. Einen völlig anderen Eindruck vermitteln die Langnasenaffen, bei deren erstem Anblick ich mir eine spitzzüngige Bemerkung nicht verkneifen kann. Das überdimensionale Riechorgan der Männchen kommt einer gequetschten Gurke gleich, zudem geben sie unentwegt Grunzgeräusche von sich, da sie ihre

Nahrung wiederkäuen. Ebenso scheinen diese Supernasen wahre Sexprotze zu sein, denn ihre Dauererektionen finden überhaupt kein Ende.

Die Ankunft im modernen Kuala Lumpur beginnt mit einer Schrecksekunde, denn am Kofferband vergesse ich unseren Tagesrucksack mit sämtlichen Reisedokumenten, Pässen und 900 Euro an Bargeld. Das bemerke ich noch vor der Zollkontrolle und rase dann, wie von der Tarantel gestochen, durch das Flughafengebäude. Inmitten einer Menschentraube steht mein Rucksack dort, wo ich ihn abgestellt habe. Mehrere Steinquader fallen mir vom Herzen. Ich bin wohl wieder reif für die Insel.

Noch am Flughafen kaufen wir zwei Tickets für einen Überlandbus mit dem Reiseziel Perhentian Islands. Die anstrengende Nachtfahrt erleben wir mit Larissa und Fabian, die auch dahin unterwegs sind. Bei einem Zwischenstopp frage ich den Busfahrer, wo denn die Toiletten seien, und er zeigt unmissverständlich auf die Treppe eines nahestehenden Gebäudes. Gemächlich schleiche ich in das obere Stockwerk des Busterminals und stehe letztendlich vor zwei Metalltüren, die beide angelehnt sind. Zuerst betrete ich die linke, doch Toiletten stellen sich gemeinhin anders dar, also gehe ich durch die rechte Tür. Das gleiche Bild wie zuvor, es gibt eine geflieste Rinne mit kleinen Wasserhähnen, sonst nichts. Na gut, andere Länder, andere Sitten, denke ich und öffne den Reißverschluss meiner Jeanshose. Von draußen vernehme ich lautes Hupen, und inzwischen steigt mir das Wasser bis an die Augäpfel. Gerade will ich loslegen, da guckt für Bruchteile einer Sekunde ein Mann mit Turban auf dem Kopf um eine Ecke. Blindlings ziehe ich die Hose wieder hoch und luge um die Ecke, aus der er gekommen ist. Direkt vor mir hocken

Männer in islamischer Tracht auf zerfransten Teppichen und beten. Mir rutscht fast das Herz in die Hose, denn um ein Haar hätte ich in das Becken gepinkelt, in dem diese sich ihre Füße waschen. In Malaysia, das muslimisch geprägt ist, würde mich das bestimmt den Kopf kosten. Schlagartig hat sich der Druck auf meine Blase in Luft aufgelöst. Ellie erkundigt sich nach der Beschaffenheit der Örtlichkeit, doch schweißgebadet winke ich ab und zucke wortlos mit den Schultern.

Auf der Insel Pulau Besar machen wir mit den neuen Freunden aufregende Kanutouren. Im strandnahen Tauchshop lerne ich Peter kennen, der hier als Tauchlehrer tätig ist und mich ermutigt, in der Zwischenzeit das Upgrade für meinen Tauchschein zu absolvieren. Während meine Liebste mit ihrer Kamera nach Waranen und Brillenaffen Ausschau hält, tauche ich mit Peter durch eine schöne Korallenlandschaft und halte zwei Wochen später den Advanced-Open-Water-Tauchschein in den Händen.

Ab in den Süden der Philippinen, zum Schnorcheln mit Walhaien! Doch warum bloß ist in Donsol so mieses Wetter? Mit auf dem Auslegerboot sind vier Leute aus Belgien, ein Bootsführer und Aquila, der Tourguide. Neben den Taucherbrillen samt Schnorchel liegen für jeden von uns ein Paar Schwimmflossen parat, die bereits am Ufer angepasst wurden. Der Ozean wogt hin und her. Bei leichtem Nieselregen weht eine steife Brise, und jeder von uns Touristen verspürt eine Gänsehaut am Körper. Das Paraw ist noch keine zehn Minuten unterwegs, da bekommen Ellie und ich von Aquila das Signal zum baldigen Absprung. Das Meer ist so in Rage, dass ich in der Tiefe rein gar nichts erkennen kann. Früh genug bin ich startklar, da Ellie mir das Equipment bereits angelegt hat. Erwartungsvoll positioniere ich mich auf dem vorderen Rand des Auslegerbootes. Ein Wink von Aquila, und wagemutig springe ich ab. Bei diesem Starkwind scheint mich eine Böe von hinten erwischt zu haben, denn kurz vor dem Absprung verliere ich das Gleichgewicht. Die Bruchlandung auf dem Wasser ist Slapstick pur. In Seitenlage bearbeiten mich Wellenkämme, die Taucherbrille sitzt schief auf dem Kopf, und die rechte Schwimmflosse wird soeben vom Ozean verschluckt. Geistesgegenwärtig setzt mein belgischer Sitznachbar einen Kopfsprung in die Fluten an und holt sie zurück.

Der nächste Versuch muss eindeutig besser vonstatten gehen, und das tut er dann auch. Bei stürmischer See nimmt Aquila uns an der Wasseroberfläche an die Hand, Ellie links, mich rechts. Er fordert uns auf, energisch mit den Flossen zu paddeln. Noch kann ich nichts erkennen, nehme aber Tempo auf. Dann taucht aus der Tiefe ein Walhai auf. Die Sicht ist viel besser, als es die Wetterbedingungen vermuten ließen. Nach kurzer Zeit befinden wir uns direkt über ihm. Selbst ich könnte ihn anfassen, so nah sind wir uns. Die hellen Flecken auf seinem 17 Meter langen Körper sind wie gemalt. Das Drehbuch für diese Sequenz hat aber noch einen weiteren Höhepunkt parat. Frontal kommt uns ein anderes Exemplar entgegen, diesmal mit offenem Maul. Adrenalin pur. Der Planktonfresser lässt sich nicht aus der Ruhe bringen und steuert direkt auf uns zu. Es macht mir den Eindruck, als blicke ich tief hinein in seinen unergründlichen Schlund.

Krönender Abschluss unserer siebenmonatigen Südpazifik-Reise ist das Juwel unter den Reiseunterkünften weltweit. Die von Cathy und Kalle geführte Takatuka Lodge an der Westküste der Insel Negros ist nur mit dem Boot erreichbar. Der Name ist Programm, denn wohin man auch schaut, glänzen sowohl der Außenbereich als auch der Restaurantbetrieb durch farbenfrohe und ideenreiche Details. Der Lichtschalter der Besuchertoilette ist gar nicht so leicht ausfindig zu machen. Es sei denn, man ist so clever, im Halbdunkel eine an der Wand befestigte Bohrmaschine zu betätigen. Das Highlight stellen jedoch die Räumlichkeiten dar, denn jedes Apartment steht unter einem Motto und ist stilecht dekoriert. Als DJ solltest du eigentlich mit dem Rockedelic Vorlieb nehmen, in dem Gitarren, Schallplatten und andere Musikaccessoires architektonisch ins Mobiliar eingebunden sind. Doch obwohl Ellie und ich weit mehr als 80 Tage um die Welt gereist sind, wandeln wir doch lieber auf den Spuren von Jules Verne und bewohnen für die verbleibenden zwei Wochen die Residenz Nautilus. Die maritime Inneneinrichtung trägt entscheidend dazu bei, dass ich mir hier wahrlich vorkomme wie Kapitän Nemo. Das Musikzimmer aber haben wir für meine Tochter Lena reserviert, die von uns am nächsten Tag mit dem hauseigenen Takatuka-Schiff *Sir Nilson* an einer nahe gelegenen Bucht abgeholt wird. Wir haben sie dazu eingeladen, die restliche Reisezeit zusammen mit uns an diesem Ort zu verleben. In der Strandbar zeigen Lena und ihr Papa den philippinischen Tresenkräften, dass wir am Tischfußballtisch kaum zu bezwingen sind. Und auf den bequemen Strandliegen laben wir drei uns zum allabendlichen Sonnenuntergang am köstlichen Rambo-Shake. Das ist ein fruchtiger Rum-Cocktail, der mit dickflüssigem Mangosaft seine berauschende Wirkung nicht ein einziges Mal verfehlt.

Kein Hüftschwung in Havanna

Beim Anflug kommt die Inselkette der Bahamas noch idyllisch daher, doch das ändert sich übergangslos. Sinnflutartig bricht ein Tropensturm über die Hauptinsel herein. Mit Starkregen und orkanartigen Böen reißt er alles mit, was sich ihm in den Weg stellt. Palmen knicken um wie Streichhölzer. Immerhin ist die Wettervorhersage gut, denn für den Hai-Tauchtrip wartet bereits am nächsten Morgen ein pfeilschnelles Boot im Hafen von Freeport auf meinen Zustieg.

Nie zuvor war ich auf einem Katamaran, doch von Anfang an verleiht mir das Gefährt von Ben und Dave ein prickelndes Gefühl von Freiheit und Abenteuer. Barfuß, wie auch sonst, betreten wir das Boot. Die Kabine teile ich mit Kim, einer Freundin, die mittlerweile auf den Philippinen lebt. Auf engstem Raum steht sie mir hilfreich zur Seite. Vor allem die sanitären Anlagen sind tricky, denn es gibt bloß eine Pumptoilette. Gut, dass ich so gelenkig bin, sonst wäre die Benutzung chancenlos. Bei der Begrüßungsrunde kommt heraus, dass ich beruflich als DJ tätig bin, womit die musikalische Gestaltung an Bord schon mal geklärt ist. Unter sternklarem Himmel und zu den Klängen relaxter Chill-out-Mucke stechen wir früh genug in See, um bei Sonnenaufgang startklar zu sein.

Die Gewässer des Archipels sind ausgesprochen flach, sodass eine lange Tauchzeit in angenehm warmem Wasser vorprogrammiert ist. Die Nacht ist kurz, und mit den ersten zarten Sonnenstrahlen zerlegt Ben mit einem scharfen Dolch den nächtlichen Thunfischfang auf einem blutverschmierten Holzbrett. Ein länglicher Korb mit hinreichend Fischleichen wird dafür sorgen, dass die Haie angelockt werden. Beim ersten Briefing werden die Tauchteams zusammengestellt. Als Buddy wird mir Werner zugeteilt, der mit seinen breiten Schultern über die größte Spannweite verfügt, damit er mit seinen langen Armen die Tigerhaie auf Distanz hält. Die anderen Taucher rammen zu diesem Zweck einen Metallstab vor sich in den sandigen Meeresgrund. Alle Gruppenmitglieder sind vollständig schwarz gekleidet. Auch ich trage Handschuhe, denn Sicherheit hat höchste Priorität. Im schlechtesten Fall würden selbst meine kleinen Handflächen im lichtdurchfluteten Ozean derart reflektieren, dass Haien eine Fischhaut suggeriert werden könnte, was dann einen Testbiss zur Folge hätte. Die Tauchguides ermahnen uns, beharrlich die Augen der Haie zu fixieren. Immer in einem 360-Grad-Winkel, um ihnen zu signalisieren, dass wir sie auf dem Schirm haben. Tigerhaie gehen gerne auf Tuchfühlung, deshalb sind wir ja auch hier. Doch wir werden ihnen keinerlei Angriffsfläche bieten.

Speziell für diese Unternehmung hatte mir ein ausgefuchster Tauchlehrer aus Bremen ein Tauchjacket umgerüstet, sodass ich eigenständig die Luft entweichen lassen kann. Des Weiteren fertigte mir eine Firma, die Neoprentauchbekleidung für den Weltmarkt produziert, ausnahmsweise zwei Maßanzüge an. Einen knielangen Shorty mit kurzen Ärmeln und einen neun Millimeter dicken Overall, den ich für kältere Gewässer darüberstreifen kann. Ein kurioses Gastspiel war der Tag meiner Anprobe, als ich dort in der bitterkalten Produktionshalle unter den Augen amüsierter Näherinnen nur mit einer Unterhose bekleidet schlotternd vor ihnen stand, um mir die Maße abnehmen zu lassen. Zwei Wochen später holte ich die fertigen Teile ab. Um zu überprüfen, ob alles passte, ließ ich mich von einer Näherin in die Neoprenanzüge zwängen. Sie saßen wie angegossen, was bei diesem Material allerdings auch kein Wunder ist. Loriot hätte an dieser Stelle gesagt: „Sie sehen aus wie eine Wurst, aber nicht schlecht!"

Der allererste Sprung in die Fluten ist der reinste Nervenkitzel, denn an der Oberfläche wimmelt es nur so vor Haifischflossen. Es sind graue Riff- und Zitronenhaie, die das Boot umkreisen und von Dave mit Thunfischstücken abgefrühstückt werden. Der Adrenalinschub ist immens, als ich mir mit den Flossen voran einen Weg zum Meeresboden bahne. Bei acht Metern Wassertiefe dauert es nur wenige Minuten, bis Werner und ich unsere Plätze eingenommen haben. Mit prall gefüllten Bleigürteln positionieren sich alle in einem Halbkreis. Verschiedene Haiarten tummeln sich um den Fischkorb herum. Doch von Tigerhaien fehlt vorerst jede Spur. Aber anders als bei herkömmlichen Tauchtrips, haben wir hier jede Menge Zeit. Die Tigerhaie treffen mit ein wenig Verspätung ein, dann aber eindrucksvoll. Zwei stattliche Exemplare geben sich bei guter Sicht schon von Weitem zu erkennen. Noch nie zuvor bin ich diesen Geschöpfen, die mit ihren tigerähnlichen Streifen an den Seiten und bis zu fünf Metern Länge geradezu majestätisch durch den Ozean gleiten, so nahe gewesen. Fast behäbig beäugen sie sowohl den Futterkorb als auch unsere Tauchergruppe. Gemächlich drehen sie ihre Runden. Im Laufe der Zeit stoßen noch andere Artgenossen hinzu, die jetzt von allen Seiten auf uns zukommen. Einen von ihnen, der wie ein U-Boot zielsicher auf mich zusteuert und dabei keineswegs den Eindruck erweckt, vom eingeschlagenen Kurs abzuweichen, drückt Werner mit seiner linken Hand salopp zu Seite. Es ist erstaunlich, wie spielend leicht sich diese hoch überlegenen Jäger lenken lassen. Doch die Zeit des Abtastens geht schnell vorüber. Die

Taucher rücken in den Hintergrund, denn von nun an gilt ihr Hauptaugenmerk einzig dem Futterkorb, wobei sie aufgrund des engmaschigen Drahtgeflechts gar nicht an die zerteilten Fischstücke heranreichen. Doch in dem Fall haben sie die Rechnung ohne die beiden Oberkellner gemacht, denn Ben und Dave servieren ihnen die Thunfischbrocken häppchenweise. In einer Tour blitzt Tims Unterwasserkamera auf, die mit drei üppigen Scheinwerfern ausgestattet ist.

Wohlweislich habe ich mir für diese Exkursion eine tadellose Tauchermaske zugelegt, die ausgesprochen gute Dienste leistet. Zusätzlich profitiere ich von Kims langjähriger Taucherfahrung, denn sie verrät mir einen simplen, aber effektiven Trick. Vor jedem Tauchgang soll ich in die Maske rotzen und die Spucke auf der Innenseite der Gläser verteilen. Die Spucke muss unbedingt eine Zeit lang antrocknen, damit ein chemischer Prozess in Gang gesetzt wird. Bei diesem bilden wasserunlösliche Enzyme und Proteine einen feinen Film, an dem die kondensierten Wassertropfen abperlen. Freie Sicht beim Tauchen statt Knick in der Optik. Alles durch eine kostenlose Tinktur, die jederzeit und in ausreichendem Maße vorhanden ist.

Nach abwechslungsreichen Tagen machen wir eine Verschnaufpause und legen auf einer der Nebeninseln in einer Marina an. Dafür gibt es einige gute Gründe, und einer davon ist, die Biervorräte wieder aufzustocken. In diesen Hafenanlagen gehen überwiegend die Luxusliner der Superreichen aus Florida vor Anker. Die Assoziierung mit elitären Yachten und goldkettenbehangenen Frauen-Dekolletés ist nicht von der Hand zu weisen, als ich mit Kim den Katamaran verlasse, um einen Straßenverkaufsstand mit lokaler Küche aufzusuchen. Wir sind heilfroh, für ein paar läppische Dollar gegrillten

Fisch und Flaschenbier zu verzehren, anstatt in einem der extravaganten Boutique-Hotels für horrende Preise Lobster und Champagner zu konsumieren. Vom Baden in den Marinas wird abgeraten, da sich dort regelmäßig Bullenhaie über die Fischabfälle der Hochseeangler hermachen. Mit Bullenhaien ist nicht gut Kirschen essen, denn sie gelten als schwer einschätzbar. Es ist die einzige Haiart, die aufgrund unvergleichlicher Stoffwechselanpassungen den salzhaltigen Ozean verlassen kann. In tropischen Regionen dringen sie bis weit ins Landesinnere der Süßwasserflüsse und sorgen dort für große Unsicherheit.

Die Bimini-Inselgruppe wird angepeilt, in deren Einzugsgebiet die größten Hammerhaie weltweit beheimatet sind. Das Prozedere bei den Tauchgängen ist fast immer das gleiche, doch diesmal sind die Sicherheitsvorkehrungen andere, sodass ich gemütlich in meinem Shorty tauchen gehe. Gewissermaßen in kurzer Hose. Einige Male schon konnte ich unterschiedliche Arten von Hammerhaien betrachten, doch diese Spezies mit fast sechs Metern Länge ist gigantisch. Die flinken Augen auf den äußeren Enden der hammerförmigen Köpfe sind ständig in Bewegung, doch ansonsten kommen diese formschönen Meeressäuger eher unbekümmert daher. Trotz ihrer immensen Größe ziehen sie engere Bahnen als Tigerhaie, wodurch sie wendiger sind. Das hiesige Meeresgebiet teilen sie sich mit den streitbaren Bullenhaien, bei deren Erscheinen sie sofort die Segel streichen.

Während einer ausgedehnten Oberflächenpause stupst mich Ben an. Mit ausgestrecktem Zeigefinger deutet er auf einen dunklen Schatten im Blauwasser. „Bullenhai", tut er kund. Die Taucherbrille samt Schnorchel beweist, dass er sich das Exemplar aus der Nähe ansehen möchte. Auch ich will mir das nicht entgehen lassen, während die restliche Schiffsbesatzung kopfschüttelnd ablehnt.

Ben instruiert mich, am Rumpf des Katamarans zu bleiben. Minutenlang verharren wir in der Nähe der Schiffsschraube, doch irgendwie kommt mir dieser Hai unförmig vor. Mit einer eindeutigen Geste signalisiert mir mein Schnorchelpartner, dass wenige Meter von uns entfernt ein trächtiges Bullenhaiweibchen seine Kreise zieht. Mit seiner rechtwinkligen Rückenflosse und dem weißen Unterbauch wirkt der bullige Körperbau furchteinflößend.

Am selben Abend gucken wir uns gemeinsam die anschaulichen Film- und Fotoaufnahmen an, die Tim in den letzten sechs Tagen unter Wasser aufgenommen hat. Zum Abschied lassen wir es dann auf Grand Bahama so richtig krachen, bevor sich unsere Wege endgültig trennen.

Die Casa Belinda ist eine Casa Particular, das ist die kubanische Bezeichnung für eine Privatunterkunft mit staatlicher Lizenz. Das baufällige, im Kolonialstil erbaute Haus im Herzen der Altstadt von Havanna, ist für mich eine astreine Bleibe. Bei Elvira bewohne ich im dritten Stockwerk ein eigenes Apartment mit Schlafzimmer, Bad, Küche und einer Dachterrasse. Einchecken bedeutet für mich immer auch abchecken. Kann ich halbwegs mit dem Haustürschlüssel hantieren, um eigenständig zu kommen und zu gehen, ohne vorher lange auf den Knien herumzurutschen? Ist der Duschkopf so angebracht, dass er in ausreichender Höhe angebracht ist? Derartige Beschaffenheiten klopfe ich überall dort ab, wo ich mich mindestens für eine Nacht aufhalte. Erst dann kann ich mich frei bewegen, ohne von anderen abhängig zu sein.

Die 68-jährige Elvira wartet gleich mit einer Überraschung auf, denn sie spricht fließend Deutsch. Als junge Frau hatte sie

Ende der 60er-Jahre am Prenzlauer Berg in Ostberlin gewohnt und dort für die ständige Vertretung Kubas in der damaligen DDR gearbeitet. Das vereinfacht die Kommunikation erheblich, denn meine Spanischkenntnisse sind mau. Und genau das soll sich bei meinem Aufenthalt auf Kuba verändern.

Havannas historische Altstadt hat ihre ganz eigenen Reize. Zwischen halbverfallenen Kolonialbauten laufe ich bis hinunter zur Uferpromenade Malecón. Die Casa Belinda ist ein Segen für mich, denn von da aus kann ich jederzeit gezielte Unternehmungen starten oder einfach auf der Dachterrasse abhängen. Allabendlich weht eine frische Brise vom Meer herüber, die eine willkommene Abkühlung zur unerträglichen Hitze des Tages darstellt.

Durch Elvira lerne ich das ungeschönte Kuba kennen. Etliche Male begleite ich sie bei Einkäufen und anderen Erledigungen im Alltag. Dadurch bekomme ich einen kleinen Einblick in kubanische Gepflogenheiten und kann nebenbei noch meine Sprachbarrieren abbauen. Auch wenn es kapitalistische Züge trägt, weil für die meisten Kubaner unerschwinglich, besteigen wir nach drei Tagen einen Touristenbus für eine Stadtrundfahrt, damit ich einen umfassenderen Eindruck von der Hauptstadt aufschnappen kann. Meine adrette Begleiterin zeichnet sich durch ein hohes Bildungsniveau aus und ist auch deshalb die ultimative Stadtführerin. Elvira kennt hier jeden Baum und jedes Haus, doch am nachdrücklichsten sind ihre geschichtsträchtigen Episoden. In der strategisch wichtigen Stadt Santa Clara hatte Elvira als Jugendliche zusammen mit ihren Eltern jede Nacht Molotowcocktails für die Rebellen zusammengebaut. Diese holten die handgefertigten Wurfgeschosse in den frühen Morgenstunden ab und setzten sie für ihren Kampf gegen das feindliche Regime ein.

Che Guevara. In nahezu jedem Gebäude des Landes hängt sein Bild. Seit Jahrzehnten ist das Konterfei zu einem Markenzeichen geworden. Bei der jüngeren Generation sieht Elvira das jedoch kritisch, denn hier bröckelt das Denkmal des ehemaligen Guerilla-Führers. Viele junge Kubaner haben durch mediale Einflüsse mitbekommen, was den Konsumenten in Werbeslogans kapitalistischer Länder versprochen wird. Wie gerne würden sie auf diesen Zug mit aufspringen. Elviras Meinung nach ist dieser Aspekt mit verantwortlich dafür, dass sich die Verhältnisse in Kuba dramatisch verändern und sich das Land dem Westen bereitwillig öffnet. Denn eines wissen die Politiker und Machthaber auch aus ihrer eigenen Geschichte: Auf Dauer können sie ein unzufriedenes Volk nicht aufhalten.

An einem zentralen Marktplatz lade ich Elvira zum Essen ein. In ihrem modischen Kleid sieht sie vortrefflich aus. Nachdem wir in einer Bar noch kubanischen Kaffee getrunken haben, geleitet sie mich zu dem versteckten Hintereingang des renommiertesten Hotels am Platze. Sie klopft mehrfach an einer Holztür, bis diese sich langsam öffnet. Ein schlaksiger Kerl mit Schirmmütze begrüßt uns freudig, hakt sich bei meiner Begleiterin ein und schreitet mit ihr einen langen Gang hinunter. Gespannt folge ich den beiden in den weitläufigen Kellertrakt, der sich eindeutig unterhalb des Hotelkomplexes befindet. Hier traue ich meinen Augen nicht, denn ehe ich mich versehe, bin ich Teil einer turbulenten Tanzparty.

Als einziger Nichtkubaner werde ich in rasendem Tempo einer Vielzahl von Leuten vorgestellt. Ein Küsschen hier, eine Umarmung da, und schwupps wird mir becherweise Rum aus schlichten Plastikflaschen verabreicht. Die stürmische Kennlernphase scheint hier Normalität zu sein, nur der Altersdurchschnitt von mindestens 60 Jahren entspricht nicht wirklich meiner Altersklasse. Der ausgelassenen Stimmung tut das allerdings keinen Abbruch, denn nach drei Gläsern weißem Rum werde ich auf die Tanzfläche gezerrt. Zu Beginn versuche ich noch verzweifelt, mich dagegen zu wehren, doch rasch wackele ich mit meinem Hinterteil zu lateinamerikanischer Musik. Ekstatisch bewegt sich die tanzende Masse vor einer improvisierten Bühne, auf der eine fünfköpfige Salsakapelle ihr Repertoire zum Besten gibt. Von den Freundinnen Elviras werde ich unermüdlich angetanzt, sie sind unverkrampft und äußerst kontaktfreudig. Als DJ habe ich ja schon so einiges erlebt, doch diese Stimmung ist absolut hitverdächtig. Hier steht niemand einfach bloß in der Gegend herum, rundheraus alle johlen und swingen zu den Klängen der Band. Auf der brodelnden Tanzfläche wird mir vor Augen geführt, dass Musik in diesem Land eine überragende Rolle spielt. Musik ist die kollektive Lebensquelle der Kubaner!

Es ist wie ein Rausch, und es macht mir irre viel Spaß, zu rhythmischer Salsamusik abzutanzen. Allerdings finde ich es eigenartig, dass eine der Frauen meine Hüften derart bewegt, als würde sie etwas monieren. Vielleicht habe ich aber auch schon zu viel von dem Zuckerrohrschnaps intus. Als ich mich schweißgebadet am Tresen anlehne und Elvira daraufhin anspreche, erhalte ich von ihr eine plausible Erklärung. Auf diese Weise wollte mir ihre Bekannte deutlich vor Augen führen, dass ich keinerlei Hüftschwung besäße. Man könne mir zwar nicht den Willen absprechen, doch so recht anfangen könnte ich mit den Hüften wenig. Meinen Tanzstil als durchgehend hüftsteif zu bezeichnen, so weit wolle sie jetzt aber nicht gehen. Sie redet sich förmlich in Rage und behauptet, im Gegenteil zu mir hätte das kubanische Volk diese Bewegungsabläufe im Blut. Die niederschmetternde Aussage trifft mich bis ins Mark, und voller Verzweiflung kippe ich das mit Rum gefüllte Wasserglas auf ex herunter. Eigentlich habe ich vorhin auf der Tanzfläche kurz überlegt, ob ich im Anschluss hieran reif für einen Salsakurs sei. Jetzt aber wird mir unweigerlich klar, dass ich überhaupt gar nicht tanzen kann und auch noch nie wirklich konnte. Wie aus dem Nichts steht eine attraktive Kubanerin vor mir, die ungefähr meinem Alter entspricht und mich unverhohlen zu ihrem Platz entführen möchte. Sie hat schon ihren Arm um mich gelegt, da schreitet Elvira ein. Glaubhaft versichert sie mir, dass es in dieser Nacht besser für mich sei, Abstand zu wahren. Auf dem Nachhauseweg macht sie keinen Hehl daraus, auch zu viel von dem Schnaps getrunken zu haben. Entschlossen schnappt sie nach meiner rechten Hand und eng umschlungen torkeln wir weit nach Mitternacht durch die verregneten Straßen einer nie schlafenden Stadt.

Viele Reisende geben in Kuba Unmengen an Geld aus, um einmal in den Genuss zu kommen, mit den nostalgischen Oldtimern eine Runde zu drehen. Von Nordamerika aus hatten Automarken wie Cadillac, Ford, Chrysler, Chevrolet und andere zu Beginn des 20. Jahrhunderts mit ihren extraordinären Modellen den kubanischen Markt überflutet. Diese sind Relikte aus den Tagen, als sich in Havanna bekannte Filmstars aus Hollywood und hochrangige Gangsterbosse wie Al Capone gegenseitig die Klinke in die Hand drückten. In jener Epoche war die kubanische Hauptstadt als die Mafiahochburg verschrien, in der Glücksspiel, Prostitution und Drogenhandel das Tagesgeschehen beherrschten. Zugegebenermaßen finde auch ich Gefallen an den Luxusschlitten, doch mir fällt eine bessere Lösung ein, um in den Genuss einer

Oldtimerfahrt zu kommen. Von Elvira habe ich erfahren, dass viele dieser schmucken Kisten als Privattaxis fungieren. Das will ich ausprobieren und suche mir als Zielort das nur 30 Kilometer entfernte Boca Ciega aus, wo karibische Sandstrände für einen Tagesausflug hervorragend geeignet sind.

Der öffentliche Bus an den Stadtrand verlangt mir einiges ab, denn zusätzlich zur erbarmungslosen Hitze platzt er zudem noch aus sämtlichen Nähten. Die Kosten betragen nur einen kubanischen Peso, ungefähr 0,001 Eurocent, und somit ist diese Art der Fortbewegung für jeden Kubaner erschwinglich. An der Ausfallstraße ziehe ich verständnislose Blicke auf mich, denn die wenigsten begreifen, dass ich dort nach einer Mitfahrgelegenheit suche. Mein T-Shirt ist durch die Busfahrt nass geschwitzt und die Wasservorräte aufgebraucht, da rollt in der Ferne eine schimmernde Karosse auf mich zu. Der knallrote Dodge Seneca hält an, und der Fahrer erkundigt sich nach dem Weg. Es ist tatsächlich eines dieser obligaten Privattaxis, das mich für 50 Eurocent von Havanna nach Boca Ciega chauffiert. Hinten im Stadtzentrum wittern sie profitable Geschäfte, denn dort müsste ich allein für eine halbstündige Tour 30 Euro abdrücken. An den Playas del Este tanke ich auf, denn die kubanische Millionenstadt kann ich auf Dauer kaum noch ertragen. Auch auf einen mehrtägigen Aufenthalt habe ich mich eingestellt, eine Badehose und zwei Hemden genügen.

Um weitere Eindrücke von der Karibikinsel aufzusaugen, fahre ich von Havanna aus per Überlandbus für vier Tage in den Süden der Insel.

Die ersten Schritte durch die Altstadt von Trinidad kommen mir vor wie der Gang durch ein altertümliches Museum. Diese Stadt ist berühmt für seine prächtigen Kolonialbauten.

Mit meinen Flip-Flops stolpere ich über holpriges Kopfsteinpflaster. Vorsicht ist bei den weit verstreuten Pferdeäpfeln geboten, vor allem wenn Pferdekutschen oder Reiter auf Eseln eintrudeln. Wieder einmal ist mein Domizil eine Casa Particular, und diesmal bei einer Familie, mit der Elvira eng verbunden ist. So erstaunt es mich nicht, dass ich von ihnen wie ein Familienmitglied aufgenommen werde. Bei einem Spaziergang durch die prunkvollen Gassen lerne ich den jungen Maler José kennen. Der lehnt an der Fassade einer Galerie und raucht dort seine selbstgedrehte Zigarette. Einige der Gemälde stammen teilweise aus seiner Feder. Wir plaudern ein wenig und kommen dann zu dem Schluss, dass kühles Bier für eine künstlerische Schaffenspause hervorragend geeignet sei. José macht bald Feierabend und versichert mir, dass er nicht der Galeriebesitzer sei und dies nur sein Arbeitsplatz. Überraschenderweise lädt er mich zu sich nach Hause ein. Bis dahin ist es ein langer Fußmarsch, auf dem die Fassaden der Gebäude immer trister anmuten. Dort angekommen bin ich von den Socken, denn sein Obdach ist eine aus Orangenkisten zusammengenagelte Hütte am Stadtrand, wo er mit seiner Freundin und deren einjährigem Sohn in purer Armut haust. Es gibt Reis mit Bohnen, doch in dieser netten Gesellschaft schmeckt die karge Kost erstaunlich gut. Bevor ich den Rückweg antrete, habe ich den Einfall, mir von José ein Bild auf einem weißen Leinenstoff anfertigen zu lassen. Eine genaue Vorstellung davon gibt es bereits, nämlich die kubanische Nationalflagge mit dem Antlitz von Che Guevara und der Aufschrift „Viva la vida“. Für ihn ein lukrativer Auftrag, denn er kann dabei für hiesige Verhältnisse viel Geld verdienen, und ich habe ein tolles Mitbringsel. Am folgenden Tag trödele ich erneut durch das Stadtzentrum bis hin zu seiner Malerwerkstatt. Dort nehme ich seine prachtvolle Zeichnung in Augenschein, an der er die halbe Nacht fieberhaft gewerkelt hat. Behutsam entfernt er die Stoffbahn vom Holzrahmen und verpackt diese in eine stabile handliche Papprröhre, die ich auf meiner weiteren Reise durch Mittelamerika prima im Rucksack verstauen kann.

Kuba kommt mir vor wie ein aufgehübschter Oldtimer, der für den Meistbietenden feilgeboten wird. Im Reiseführer wird mehrfach erwähnt, dass viele Kubaner mächtig stolz sind auf das, was die Revolution hervorgebracht hat. Überall im Land staune ich über mächtige Plakatwände mit revolutionären Parolen, wie „Patria o Muerte", was übersetzt so viel bedeutet wie „Vaterland oder Tod". Es gibt in der sozialistischen Republik Kuba viele Unannehmlichkeiten. Warteschlangen vor Bushaltestellen, Banken und Lebensmittelläden können davon Zeugnis ablegen. Aber im Laufe der Jahre fanden die Menschen Mittel und Wege, mit dem Mangel an Waren und Dienstleistungen umzugehen. Von einem jedoch haben die temperamentvollen Kubaner Vorräte ohne Ende angehäuft, und das ist ihre überschwängliche Lebensfreude.

Tote Hose im Chicken-Bus

In meinen Händen halte ich ein weißes Schild, auf dem ein rotes Herz mit ihrem Namen prangt. Bei der Ankunft am Flughafen von Cancun ist die Freude überschwänglich und Ellie geschmeichelt, da sie auf diese Weise bislang noch nie empfangen wurde.

Chichen Itza, die bekannteste Maya-Ruinenstadt des Landes, steuern wir mit öffentlichen Verkehrsmitteln an. Der Himmel erstrahlt in tiefen Blautönen. Die charakteristische Eigenart dieses Weltkulturerbes besteht darin, dass es unterschiedliche Baustile aus verschiedenen Epochen in sich vereint. Auf dem Hauptplatz thront die unverwechselbare Stufenpyramide. Fußläufig entfernt liegt ein Ballspielplatz, der für die Maya schon zu ihrer Blütezeit eine tragende Rolle gespielt hat. Statt vergnüglicher Freizeitbeschäftigung war der Ballsport ein religiöses Ritual, um die Götter gnädig zu stimmen. Der schwere Spielball aus Kautschuk durfte nie den Boden berühren und nur mit bestimmten Körperteilen berührt werden. Der Einsatz von Händen und Füßen war untersagt. Im Vergleich zu heute trug die Siegerehrung groteske Züge. Bei der Pokalübergabe wurde die Verlierermannschaft geopfert oder hat sich, als Zeichen der Ehrerbietung, freiwillig zur Opferung bereiterklärt. Das war ein grausames und blutiges Zeremoniell, denn auf dem höchsten Punkt der Pyramide wurde den Opfern von einem Priester bei lebendigem Leib das Herz herausgeschnitten und anschließend auf einem Opferstein zermalmt. Welch bittersüßer Triumph!

Nach einem Hauch Kulturgeschichte sollen erholsame Strandtage an der Karibikküste folgen. Doch einen solchen Ort ausfindig zu machen, ist gar nicht so leicht, denn weite Flächen des Küstenabschnitts auf der mexikanischen Halbinsel Yucatan sind mit überteuerten Touristenhochburgen gepflastert. Wir aber waren pfiffig und haben uns per Internet schon im Vorfeld eine vielversprechende Unterkunft gesichert. Im Travel Inn sind nur zwei Gästezimmer verfügbar, und Justa und Albert erweisen sich als nette Gastgeber. Der Sandstrand ist zwar vermüllt und zum Baden ungeeignet, doch im näheren Umfeld sorgt wenigstens die naturbelassene Dekoration der beiden für ein wenig Karibik-Feeling. Als zuverlässige Familienmenschen sind wir bei guter Internetverbindung gelegentlich in Tuchfühlung mit den Daheimgebliebenen. Die Videokonferenz per Skype mit meiner Tochter Lena geht unter die Haut, denn sie teilt uns ihre Schwangerschaft mit. Ich bin außer mir vor Freude und realisiere erst nach und nach, dass ich noch in diesem Jahr zum ersten Mal Opa werde. Auch Ellie ist gerührt, und Freudentränen laufen über ihr Gesicht. Diese Gefühle werden uns die gesamte Reise über tragen. Den nächsten Akt hatte ich zwar für die Zeit in Costa Rica geplant, doch wenn die Emotionen einmal fließen, dann lasse ich sie doch im Fluss. Noch am selben Abend gehe ich mit zwei Rum-Cola zum Strand und bitte Ellie förmlich darum, sich aus der Hängematte zu erheben. In ihrem Sommerkleid steht sie barfuß im Sand und schaut mir skeptisch in die Augen. Beschwingt trete ich näher und gebe mir alle Mühe, ein wenig feierlich daherzukommen. Ein kurzes Räuspern, dann lege ich los: „Niemals hätte ich gedacht, diesen Schritt noch einmal zu wagen, doch ich bin mir absolut sicher. Meine liebste Ellie, willst du mich heiraten?“ Hingebungsvoll fällt sie mir in die Arme und flüstert nur einen einzigen Satz in mein Ohr: „Sehr gerne will ich dich heiraten, mein lieber Matze." Küssend liegen wir uns in den Armen und blicken über den karibischen Ozean hinweg hoffnungsfroh in eine gemeinsame Zukunft.

Über Belize zieht es uns weiter nach Guatemala, doch ganz so glatt verläuft der Wechsel ins Nachbarland nicht. Auf dem Weg dorthin hält der Kleinbus am folgenden Tag rund 100 Kilometer vor der Grenze an und beendet seine Fahrt im Stockdunkeln. Alle Fahrgäste steigen aus und ziehen ihres Weges. In Sichtweite stehen vereinzelt ein paar Wellblechhütten, ansonsten nur Dschungel und Bananenhaine. Der Busfahrer macht die saloppe Mitteilung, dass am nächsten Tag irgendwann der Überlandbus nach Guatemala vorbeikommen würde. Dann legt er den Vorwärtsgang ein und fährt weiter. Auf der Straße lungern Halbstarke herum, die bereits ein ganzes Arsenal an Bierflaschen geleert haben. Einer von ihnen kommt breitbeinig auf uns zu. Er will uns zu seinem Bruder führen, der in einem angrenzenden Bananenhain vorgeblich ein Zimmer für Durchreisende vermieten würde. Von überall her werden wir abfällig begafft, und teilweise wird sich lächerlich gemacht. Also lassen wir uns erst einmal auf das zwielichtige Angebot ein, da auch sonst weit und breit keine Übernachtungsmöglichkeit ausfindig zu machen ist. Der Typ ist total zugekifft und labert davon, wie gefährlich es gerade nachts in ländlichen Gebieten für Weiße sei. Aber in der Obhut seines Bruders seien wir absolut sicher. Das stinkt doch schon meilenweit gegen den Wind! Ellie und ich stoppen, sehen uns kurz an, und kehren dann couragiert um. Der Kerl ist außer sich vor Wut und verliert die Fassung, doch uns ist das schnuppe. Ich nuschele mir in den Dreitagebart, dass wir unser Glück woanders versuchen werden. Zurück an der Hauptstraße scheinen die anderen Leute wohl Lunte zu riechen und beschimpfen uns. Irgendjemand von weiter hinten wirft mit einer Bierflasche, die nur wenige Meter vor uns auf dem Asphalt zerschellt. Diese Art von Diskriminierung hatte ich so noch nie am eigenen Leib erfahren. Obwohl es peinigend ist, werden es diese Typen nicht schaffen, meine Einstellung zum Thema Rassismus zu torpedieren. Auch weiterhin werde ich versuchen, Hass mit Liebe zu begegnen.

Mit den schweren Rucksäcken auf unseren Schultern folgen wir dem Straßenverlauf. Schritt für Schritt taumeln wir davon, immer in der beklemmenden Erwartung, dass uns irgendeiner folgt. Hinter einer Kurve schlurfen wir auf ein verborgenes Restaurant zu, in dem noch Licht brennt. Erleichtert treten wir ein und bekommen sogar noch eine warme Mahlzeit. Der Besitzer bietet uns ein einfaches Bett in der Abstellkammer an, das wir mit Kusshand annehmen. Er verspricht, uns am nächsten Tag dabei behilflich zu sein, den Bus nach Guatemala zu stoppen, der direkt an seinem Haus vorbeifährt und unsere Weiterreise sichern wird.

Viele Mythen ranken sich um Tikal. Was die altehrwürdige Maya-Residenzstadt der Nachwelt hinterlassen hat, bestaune ich schon zum zweiten Mal, denn vor zwölf Jahren war ich mit Svenja schon einmal hier. Während die Besucherzahlen bei anderen kulturellen Errungenschaften oftmals in die Höhe geschnellt sind, komme ich mir an diesem Ort so vor, als sei die Zeit stehen geblieben.

Die wahre Schönheit Tikals liegt nicht den Ruinen selbst begründet, sondern es ist das Erleben dieser Kulturstätte inmitten des abgeschiedenen guatemaltekischen Regenwaldes

Petén. Seit Jahrtausenden schlummern hier Prachtbauten, Inschriften und kalendarische Darstellungen im Schatten meterhoher Urwaldriesen und Baumfarne. Ellie und ich sind gut präpariert, denn wir tragen luftige Kleidung und feste Sportschuhe. Weiterhin führen wir in den Tagesrucksäcken Mückenschutzmittel, Sonnencreme und literweise Trinkwasser mit uns. Da es noch dunkel ist, leuchten uns Kopftaschenlampen den halbstündigen Weg zum Hauptplatz. Zu Hause in Bremen wohnen wir im vierten Stockwerk und sind daher Kummer gewohnt, demzufolge zählt Treppensteigen nicht gerade zu unserer Paradedisziplin. Aber die frühmorgendliche Besteigung des mit 60 Metern Höhe größten Bauwerkes am Gran Plaza bereuen wir nicht. Peu à peu wird der dichte Nebel von den ersten Sonnenstrahlen des Tages verschluckt. In den Baumwipfeln machen sich bereits die ersten Frühaufsteher bemerkbar. Viele Touristen haben sich auf dem Dach dieser Tempelanlage versammelt, obwohl wir auf dem Weg hierhin nur wenigen Besuchern begegnet sind. Alle bewundern die architektonische Baukunst der Maya. Sie waren Meister darin, ihre Tempel so zu positionieren, das akustische Signale über Hunderte von Metern übermittelt werden konnten. Die Aussicht auf Baumriesen und verwunschene Tempelruinen, die nur ganz allmählich herauskommen, lässt mich die Kälte auf den rauen Steinquadern vergessen. Die Brüllaffen im Urwald klingen wie grunzende Wildschweine und übertönen mit ihrem Getöse alle anderen Waldbewohner. Erschöpft trotten wir am späten Nachmittag zum Parkhotel, wo wir nach schweißtreibenden Kletterpartien in den kühlenden Swimmingpool hechten.

Zu Anfang ist es noch ein dröger Reisebus, der uns auf dem Weg in Richtung Süden voranbringt, doch schon bald übernehmen die Camionetas das Zepter auf den Landstraßen. Die lokalen Busse werden von den Gualtemalteken auch gerne Chicken-Bus genannt, weil die Menschen dort in früheren Zeiten oft Nutztiere mitgeführt haben. Komplett unangeschnallt sind wir sowohl den knallharten Fahrwerken der ehemaligen amerikanischen Schulbusse als auch den Launen der Busfahrer ausgesetzt. Nicht zu vergessen die kreischende Latino-Musik, die aus den Schrabbellautsprechern nur schwer erträglich ist. In dem Ambiente kann es vorkommen, dass neben Kruzifixen schon mal ein Playboy-Häschen unter dem Rückspiegel posiert. Da beißt die Maus keinen Faden ab. Bei dieser Art der Fortbewegung habe ich das Gefühl, im echten Guatemala angekommen zu sein. Dazu gehört freilich auch der Staub, den mir der Fahrtwind der vorbeifahrenden Fahrzeuge unablässig durch die geöffneten Seitenfenster entgegenpustet. Obwohl noch eine große Wegstrecke vor uns liegt, spüre ich bereits jetzt jeden einzelnen Muskel meines Körpers. Beim Blick in die Pampa versuche ich, den vorbeiziehenden Kakteen etwas Positives abzugewinnen, träume aber mit offenen Augen von einem erfrischenden Corona-Bier mit einer spritzigen Limettenscheibe im Flaschenhals. Doch daraus wird zunächst nichts, denn inmitten der weiten Steppe geht uns der Saft aus.

Der Busfahrer verkündet, dass der Tank leer sei. Hier ist weit und breit nichts, noch nicht einmal schattenspendende Bäume. Die gnadenlose Mittagssonne macht allen Mitreisenden schwer zu schaffen. In längeren Abständen kommt mal ein PKW vorbei, doch das bringt rein gar nichts, denn wir brauchen einen anderen Treibstoff, nämlich Diesel. Schon nach kurzer Zeit begeben sich die Fahrgäste nach draußen, denn in der aufgeheizten Metallbüchse wird der

Sauerstoff knapp. Von der Fahrerkabine aus werden kleine Plastikflaschen mit Trinkwasser verteilt, doch diese sind nur ein Tropfen auf dem heißen Stein. Selbst unsere reichlichen Vorräte sind bereits aufgebraucht, doch einen derartigen Zwischenstopp konnten wir schwerlich mit einkalkulieren. Gezwungenermaßen schließen wir uns den Mitreisenden an und suchen den Schattenplatz auf, den der Bus selbst erzeugt. Dort erfreuen wir uns an jedem noch so sanften Windstoß. Warten. Der Busfahrer telefoniert, aber hier ist tote Hose. Warten. Hin und wieder vernehmen wir das Schluchzen der kleineren Kinder. Dann endlich ein Hoffnungsschimmer am Horizont. In weiter Ferne taucht eine Staubwolke auf, die immer näher rückt und schließlich direkt vor uns Halt macht. Bingo! Es ist ein Truck mit Anhänger, der in entgegengesetzter Richtung unterwegs ist. Die beiden Fahrer scheinen sich zu kennen, doch anstatt zur Tat zu schreiten, halten sie ihr Begrüßungsritual ab. „Wie geht es deiner Frau Clara? Macht sie noch diese köstlichen Burritos?“ „Natürlich, gerade erst gestern. Guck auf meinen Bauch!“ „Hahaha. Und dein Sohn Alfredo, spielt der noch so gut Fußball?“ Die Frau neben mir schickt ein Stoßgebet zum Himmel, und das scheint tatsächlich Wunder zu wirken. Behäbig holt unser Fahrer einen langen Gummischlauch mit Plastikeimer aus der Seitenklappe des Vehikels und tut dann das, was ich bisher nur aus Filmen kannte: Er steckt den öligen Schlauch in die Tanköffnung des Kollegen und saugt so lange am anderen Ende, bis der Treibstoff in Strömen fließt. Er sieht dabei so aus, als müsse er sich sporadisch übergeben, doch de facto spuckt er Pfützen in den Staub. Das kann nur an dem gehörigen Schluck Diesel liegen, den er sich soeben beim Abzapfen selbst verabreicht hat. Gut möglich, dass er eine schlaflose Nacht vor sich hat, im schlimmsten Fall ereilt ihn die Rache Montezumas.

Den Maya-Göttern sei Dank ist heute Markttag in Chichicastenango. Schon allein der Name zaubert mir einen Sombrero auf das Haupt. Zweimal pro Woche stellt einer der wichtigsten Märkte Zentralamerikas Jahrhunderte alte Traditionen in der Herstellung von Holzschnitzereien, Keramikprodukten und Textilien aller Art zur Schau. Im Zentrum des Marktes erreichen wir die Kirche Santo Tomás, wo im Kerzenschimmer uralte Maya-Riten zelebriert werden. Dichte Weihrauchschwaden vernebeln das Gemäuer. Derartige Zeremonien erzeugen bei mir eine gewisse Melancholie. Diese Rituale haben ihren Ursprung in längst vergangenen Tagen, als die indigenen Völker ihr Geschick noch halbwegs in eigenen Händen hielten.

Die Etappe über Panajachel nach San Lucas Tolimán sorgt in den steilen und engen Serpentinen sowohl für fantastische Ausblicke auf den Atitlán-See als auch für Unwohlsein in der Magengrube. Die Ortschaft San Lucas Tolimán wählen wir deshalb als Basis aus, weil man von dort aus Touren auf den gleichnamigen Vulkan unternehmen kann. Ein Aufstieg ohne Führer wäre Unsinn, und so stratzen wir zwei Tage später guten Mutes Ernesto hinterher. Der Aufstieg ist eine Quälerei, denn drei Schritte auf dem steilen Hang nach oben zu laufen, bedeutet gleichzeitig, zwei zurückzugehen, da wir unablässig ins Rutschen geraten. Schweißgebadet erklimmen wir einen Bergsattel, auf dem in dichtem Nebel eine Art Campground zu erkennen ist.

Es herrscht ein heilloses Durcheinander unterschiedlichster Gruppen, die von hier aus die Möglichkeit haben, gleich zwei Vulkane zu besteigen, entweder den Tolimán oder den

Atitlán. Eine riesige Wolke scheint sich über das gesamte Areal gestülpt zu haben. Die nassgeschwitzten T-Shirts tauschen wir gegen trockene Pullover und Regenjacken ein, denn die Kälte kennt hier oben kein Erbarmen. Ernesto muss höllisch aufpassen, um die Gruppe beisammenzuhalten, denn man kann seine eigene Hand kaum noch vor Augen sehen. Nachdem sich alle gestärkt haben, geht das Trekking in die nächste Runde. Diesmal bilde ich das Schlusslicht und bemerke, dass uns eine andere Wandergruppe dicht auf den Fersen ist. Aus einer kompakten Wattewolke erschallt wie aus dem Nirwana eine Männerstimme: „Hey, DJ Matze, es ist doch Freitag, ist denn heute gar keine Falstaff-Disco?" Auf der Stelle drehe ich mich um, doch ich kann lediglich undeutliche Silhouetten erfassen. Ferner darf ich ja auch nicht den Anschluss an meine Gruppe verlieren. Abgekämpft zwinkert Ellie mir zu, denn auch sie hat den Zuruf mitbekommen. Sie stellt fest, dass in Bezug auf meine Person der Wiedererkennungseffekt selbst auf einem 3.000 Meter hohen Vulkan in Mittelamerika nicht verpufft.

Dann steht ein Ortswechsel bevor, denn wir müssen die Flugtickets nach Costa Rica einlösen. Das unverhoffte Angebot des Bediensteten am Abflugschalter in Guatemala-City für ein Upgrade in die Business Class können wir unmöglich ablehnen. Mein direkter Sitznachbar ist ein Geschäftsmann aus San José, der Hauptstadt Costa Ricas. Er bietet mir an, die Plätze zu tauschen, damit ich neben Ellie sitzen kann. Doch für den zweistündigen Flug ist das nicht notwendig, die Annehmlichkeiten sind sowieso unschlagbar. Bei einem Glas Schampus komme ich mit Manuel ins Gespräch. Der Eigentümer einer in ganz Mittelamerika ansässigen Supermarktkette ist mit Sicherheit x-facher Millionär, kokettiert damit aber in keinster Weise. Nachdem wir Reiseerlebnisse ausgetauscht haben, stellt er mir folgende Frage: „Was ist deine größte Leidenschaft?" Meine knappe Antwort kommt wie aus der Pistole geschossen: „Das Tauchen!" Obwohl er keinen Bezug zu dieser Sportart hat, geraten wir beide ins Schwärmen. Ein Spot gerät dabei in unseren Blickpunkt, nämlich das Meeresgebiet um die Isla del Coco. Die Kokos-Insel, von der sogar der französische Pionier der Meeresforschung Jaques Cousteau zu Lebzeiten behauptete, dass sie die schönste Insel wäre, die er jemals besucht hätte, liegt 500 Kilometer westlich vor Costa Rica inmitten des Pazifischen Ozeans. Von Recherchen im Internet wissen wir, dass die Tauchtrips dorthin über Jahre ausgebucht und obendrein unerschwinglich sind. Mit verschmitztem Lächeln macht mein Sitznachbar offenkundig, dass sein bester Freund, José, der Manager der Schiffsflotte sei, die diese Meeresfauna mit ihren Tauchbooten seit Jahren ansteuert. Er will sich erkundigen, ob eine Möglichkeit für uns besteht, an einer bevorstehenden Tauchsafari teilzunehmen. Kurz vor der Landung überreiche ich ihm meine Visitenkarte, und er verspricht ausdrücklich, sich am nächsten Tag telefonisch zu melden.

In einer Privatunterkunft wohnen wir weit außerhalb von San José. Gleich nach dem Frühstück bimmelt mein Handy. Auf der anderen Seite erkenne ich eine mir vertraute Stimme. Manuel erörtert die Sachlage und stellt gleichermaßen ein Ultimatum. Kurzfristig hätten zwei Gäste ihren Tauchurlaub storniert. Bei einem Preisnachlass von 1.000 US-Dollar pro Person könnten wir spontan für sie einspringen. Allerdings würden wir bereits in drei Stunden abgeholt und mit einem Kleinbus zum Hafen von Punta Arenas gebracht, von wo aus die Tauchsafari noch heute Nacht startet.

Die *Wind Dancer* ist ein Tauchschiff der Extraklasse. Die Besatzung des Schiffes besteht aus neun und die Tauchcrew aus 17 Personen. Schon das erste Briefing zeigt auf, dass hauptsächlich erfahrene Taucher zugegen sind. Das hat seine Berechtigung, denn das Tauchen in diesen Gewässern wird uns aufgrund der starken Strömungsverhältnisse alles abverlangen. Hier geht es nicht um Korallenriffe und Nacktschnecken, sondern um die großgewachsenen Meeresbewohner, im Taucherjargon auch Big Stuff genannt. Der erste Tauchgang am frühen Morgen ist ein Checkdive, denn jeder muss sich davon überzeugen, dass die körperliche Verfassung gut ist und die Taucherausrüstung einwandfrei funktioniert. Doch genau da liegt der Casus knacksus, denn wir haben keinerlei Ausstattung dabei. Wer konnte das auch ahnen? Da genügend Ausrüstungsgegenstände an Bord sind, hat Ellie schon mal keine Not. Mich hingegen beschleicht das ungute Gefühl, ohne eigenes Equipment aufgeschmissen zu sein.

Carlos, der die Organisation innehat, biegt mit einer Schere in der Hand zielgerichtet um die Ecke. Wortlos passt er mir einen Taucheranzug auf die entsprechende Körpergröße an und schneidet, ohne mit der Wimper zu zucken, die Ärmellänge auf meine Passform. Chapeau, diese geballte Ladung an Spontaneität habe ich so noch nie erlebt! Rasch werden die Taucher in zwei Gruppen eingeteilt und jeder einzelnen ein Schlauchboot mit Fahrer zur Verfügung gestellt. Mauricious, der gleichzeitig Kapitän der *Wind Dancer* ist, wird uns mit seiner Erfahrung von 7.000 Tauchgängen als persönlicher Begleiter zur Seite gestellt. Da Ellie erst 25 Tauchgänge auf dem Buckel hat und diese Gewässer recht tückisch sein können, ist dies ein formidables Privileg. Der zweite Tauchgang am Dirty Rock ist keine fünf Minuten alt, da fuchtelt Mauricious mit den Armen und deutet dabei in Ellies Richtung. Diese taucht zu meiner Linken und ahnt nichts, als sie von einem ausgewachsenen Tigerhai flankiert wird. Es dauert eine Weile, bis sich der Hai dazu entschließt, an ihr vorbeizuziehen. In diesem trüben Wasser kann ich selbst durch die Gläser der Tauchermasken an ihren Augen erkennen, wie ihr das Herz in den Neoprenanzug rutscht. Doch damit nicht genug. Den krönenden Abschluss bilden zwei Delfine, die während des Sicherheitsstopps auf uns zuschwimmen. Neugierig ziehen sie ihre Kreise, um kurze Zeit später ins tiefe Blau davonzueilen.

Allein die Hin- und Rückfahrten zu den Tauchplätzen mit den Zodiacs, stets im Schatten der Kokos-Insel, sind schon das Eintrittsgeld in den Nationalpark wert. Das Wiederandocken auf dem Hauptschiff setzt Abläufe in Gang, die ich so noch nicht erlebt habe. Zuerst geht es unter eine warme Open-Air-Dusche. Danach wird man von einem Besatzungsmitglied in ein Handtuch gehüllt, um anschließend eine Suppe oder frisches Obst auf dem Vordeck in Empfang zu nehmen. Die Stimmung an Bord ist ausgezeichnet, und in kurzer Zeit entpuppt sich die Tauchergemeinschaft als homogene Reisegruppe. Mauricious, Ellie und ich sind mittlerweile ein eingespieltes Team. Von einem Unterwasserfelsen aus erblicken wir im Licht der einfallenden Sonne eine Schule von Hammerhaien, ansonsten bieten die Tauchgänge Galapagoshaie, Seidenhaie, Adlerrochen, Riesenschildkröten und Delfine satt. Zur Abwechslung hat Mauricious mal wieder ein paar Kunststücke auf Lager. An seiner Seite tauchen wir in einen Fischschwarm, der von Weitem aussieht wie ein glitzernder Unterwasserballon. Inmitten tausender Stachelmakrelen pumpt er mit dem Mundstück seines Regulators eine orangefarbene Signalboje auf und wedelt damit umher, als wolle er einen Stier mit dem Lasso einfangen. Die Fische versuchen, diese Bewegungen nachzumachen, und so rotiert irgendwann der gesamte Schwarm. In diesem Unterwasserkarussel sind wir geflasht und stehen kurz vor einem Drehwurm. Erstaunt nehmen Carlos und seine Crew zur Kenntnis, mit welcher Kompetenz ich meine Unterwasseraktivitäten ausübe. Hauptberuflich ist Carlos für das costa-ricanische Fernsehen tätig. Eines Vormittags macht er den Vorschlag, eine Spezialreportage über mich zu machen. Diese könnte er im bekanntesten Sportkanal des Landes zur besten Sendezeit ausstrahlen. Wenn er demonstrieren würde, dass auch Menschen mit körperlichen Einschränkungen dazu fähig sind, diese Sportart ausüben zu können, wird womöglich das Interesse anderer geweckt. Eine Mischung aus Sozialstudie und Eigenwerbung, für die ich mir aber nicht zu schade bin. Alle an Bord wissen bereits am dritten Tag, dass ich zwischen den Tauchgängen regelmäßig auf dem Oberdeck zu finden bin, wo Filmsequenzen und Interviews gedreht werden. Zwei Tage später habe ich Drehpause, denn da steht ein Landgang auf die Kokos-Insel an.

Alle sind euphorisch, als die Zodiacs in den hohen Wellen etwa 50 Meter vor der Küste zum Stillstand kommen. Die Brandung ist so stürmisch, dass wir bereits hier aussteigen müssen, da scharfkantige Felsvorsprünge die Schlauchboote aufschlitzen könnten. In den auflaufenden Brandungswellen treibt der Pazifik unermessliche Geröllmassen vor sich her. Wehe dem, der seine Knochen beim Gang zum Ufer nicht durch Neoprenschuhe schützt. Die Insel ist unbewohnt und es existiert nur ein Gebäude, in dem Ranger untergebracht sind, um das kostbare Biotop zu beschützen. Da wir auf das Dach des Eilandes vorstoßen wollen, muss zuerst ein Hügel überwunden werden. Für mich bahnt sich ein Fiasko an, denn diese steile und glitschige Anhöhe werde ich unmöglich bewältigen können. Einige hangeln sich an Lianen und morastigen Ästen mühevoll empor, andere kriechen auf allen Vieren im schlammigen Urwaldboden den Steilhang hoch. Zwei Frauen hängen weinend an irgendwelchen Ästen fest, und ich breche den Versuch bereits nach wenigen Metern ab. Da der Aufstieg für mich chancenlos ist, bitte ich Ellie eindringlich, ohne mich weiterzugehen, damit wenigstens sie in den Genuss dieser Inseltour kommt.

Sehe ich nicht richtig? Da klettert doch irgend so ein Verrückter tatsächlich in die entgegengesetzte Richtung, nämlich zurück nach unten. Es ist Alejandro, ein hünenhafter Kolumbianer, der mich auf Spanisch fragt, ob ich Hilfe benötige. Ausgepowert starre ich ihn an und nicke nur flüchtig. Der Baum von einem Mann nimmt mich wie ein Bündel Reisig, das er sich behutsam auf die rechte Schulter packt. Bevor ich überhaupt weiß, wie mir geschieht, klettert er, mich im Schlepptau, wie Tarzan durch den Dschungel. In einem Affenzahn lassen wir die keuchende Menschentraube hinter uns. Kopfüber blicke ich in verstörte Gesichter. Als erster Ankömmling auf der Anhöhe reiche ich Alejandro, ohne den ich niemals hier angelangt wäre, zum Dank meine Hand. Dann genehmige ich mir einen Schluck aus der Trinkwasserpulle, bis irgendwann auch Ellie erschöpft oben ankommt. Die Luftfeuchtigkeit gleicht der eines Treibhauses. Nachdem sich alle einmal durchgeschüttelt haben, wandern wir über einen schmalen Bergkamm parallel zur Küstenlinie.

Auf butterweichen Moosen tasten wir uns durch hüfthohes Gras. Die natürliche Schönheit der Isla del Coco ist magnifik. Palmenwälder wechseln sich mit Hibiskus-Hainen und meterhohen Farnen ab. Sagenumwobene Geschichten ranken sich darum, dass Piraten in früheren Zeiten diesen entlegenen Ort aufgesucht haben, um ihre erbeuteten Schatztruhen in unauffindbaren Höhlensystemen zu verstecken. Für einen Moment denke an die Begegnung mit Manuel im Flugzeug. Es ist eine Fügung des Schicksals, dass ich der Mutter aller Schatzinseln einen Besuch abstatten darf.

Carlos trägt Spendierhosen, denn am nächsten Morgen überreicht er Ellie ein Tauchupgrade. Trotz ihrer noch immer geringen Anzahl an Tauchgängen hat sie alle Hürden mit Bravour gemeistert und erhält dafür zur Belohnung einen „Advanced Tauchschein". Sie ist sprachlos, doch Carlos stellt heraus, dass es nur wenige Tauchdestinationen mit einem gleichwertigen Schwierigkeitsgrad gäbe. Da ich an Bord annäherungsweise den Status eines Filmakteurs innehabe, darf ich auf Anweisung des Kapitäns am zehnten Tag das allerletzte Briefing übernehmen. Ich bin geschmeichelt und gebe Folgendes zu Protokoll: „Hey, Leute! Wir gehen heute raus zum Tauchplatz ‚Dos Amigos' auf 35 Meter Tiefe. Schreibt es euch hinter die Ohren, der Ozean ist kein Aquarium. Doch für diejenigen, die unbedingt nochmal Tigerhaie an ihrer Seite haben wollen, gibt es frohe Kunde. Ich versichere euch, dass sich gleich ein ganzes Dutzend von ihnen in der Nähe versammeln wird. Der Grund ist simpel, denn nach zehn Tauchtagen stinken unsere Neoprenanzüge bestialisch zum Himmel. Die Haie können uns selbst auf weite Entfernung orten, denn für sie riechen wir wie eine Kolonie unzivilisierter Seelöwen. Auf geht's!"

Dann geht auch dieser Trip seinem Ende entgegen. Während der langen Rückfahrt zum Festland bekommen wir eine hammerharte Kost in Form von Filmaufnahmen verabreicht.

Im Aufenthaltsraum unter Deck werden auf einer Großbildleinwand Videofilme, die das Thema Shark-Finning aufgreifen, in einer Endlosschleife vorgeführt. Bei dieser berüchtigten Fischfangmethode werden dem Hai sämtliche Flossen abgetrennt, bevor der verstümmelte Körper im Meer entsorgt wird. Schwimmunfähig versinkt er im Ozean, bis er qualvoll erstickt oder von anderen Meeresbewohnern vertilgt wird. Als Taucher sollen wir ein Bewusstsein dafür entwickeln, dass diese brutale Praktik einen zerstörerischen Eingriff in die Ozeane darstellt und umgehend gestoppt werden muss. Als wir uns nach zwölf Tagen im Hafen von Punta Arenas von allen verabschieden, liegt ein Hauch von Wehmut in der Luft, denn einen derartigen Zusammenhalt bei Tauchexkursionen haben die meisten von uns bisher noch nicht erlebt. Während mich der schwergewichtige Mauricious beim Abschied in seinen Fangarmen hält, flitzt ein dunkelbrauner Jaguar über den Pier auf uns zu. Ich ahne schon, wer da am Steuer sitzt. Freilich ist es José, der Manager der Schiffsflotte, der es sich nicht nehmen lässt, mich persönlich kennenzulernen. Mit väterlicher Begrüßung möchte er wissen, ob mir die Reise zur Isla del Coco denn auch gefallen habe?

Im Corcovado Nationalpark wohnen wir bei Agnes und Ronny direkt im Urwald. Die beiden haben ihren Wohnsitz in einer einfachen Behausung direkt unten am Strand. Dort leben die gebürtige Frankfurterin und ihr costa-ricanischer Lebenspartner in enger Nachbarschaft zu einem skurrilen Haustier, das seinen Stammplatz in einem Bach hinter ihrer Hütte hat. Ihr Hauskrokodil mit einer Länge von drei Metern rufen sie „Twiggy“. Hin und wieder wage es auch mal einen Abstecher in den Ozean, sei aber harmlos. Am nächsten Morgen erkunden wir die nähere Umgebung. In den Bäumen am Ufer herrscht reges Treiben. Höher gelegene Baumhöhlen weisen die Brutplätze vieler Arakanga-Aras auf, die dort oben ohrenbetäubende Kreischkonzerte veranstalten. In ihrem Gefieder ist die scharlachrote Papageienart höchst fotogen, allerdings gilt sie als dickköpfig und ist dazu noch ausgesprochen wendig. Und genau das erschwert Ellie das Ablichten. Die Luftfeuchtigkeit ist immens, also schnell ab ins Meer. Gerade setze ich zum Hechtsprung an, da entdecke ich in einiger Entfernung einen Baumstamm im Wasser und halte inne. Als ich Ellie darauf aufmerksam mache, weist sie mich darauf hin, dass Baumstämme in der Regel nicht gezackt wären. Da wird es sich wohl eher um Twiggy handeln, weshalb wir unser Vorhaben abbrechen und doch lieber unter die Dusche gehen.

Am folgenden Tag buchen wir eine Tour in den Nationalpark mit privatem Führer. Mit einem Holzboot geht es die malerische Küste hinunter in Richtung Panama, links der Dschungel und rechts der Ozean. Trotz seines geringen Alters ist der Student Miguel bereits ein erfahrener Tierbeobachter. Mithilfe seines Fernrohres ermöglicht er es, selbst die scharfen Umrisse weit entfernter Waldbewohner ins Visier zu nehmen. Von denen sind heute reichlich am Start, es ist eine Aneinanderreihung kurzweiliger Tierbegegnungen in freier Wildbahn: eine Familie Tapiere mit Jungtieren im Schlepptau; Faultiere mit Kleinkindern in den Tropenbäumen; ein Ameisenbär mit Baby auf dem Rücken, putzige Waschbären; gierige Tukane beim Verzehren von Früchten und eine Vielzahl an anderen endemischen Vogelarten.

Ronny will uns am letzten Abend beweisen, dass wir gar keine Strapazen auf uns nehmen müssten, um eine schrille Amphibienart genauer unter die Lupe zu nehmen. Direkt hinter der Urwaldlodge befindet sich ein Bach, der sich durch dichten Dschungel windet. Dort wollen wir uns auf die Suche nach den legendären Pfeilgiftfröschen machen, die in diesen Gefilden weit verbreitet sind. Lediglich in kurzen Hosen, Kopftaschenlampen auf der Stirn und Flip-Flops an den Füßen waten wir durch das erfrischende Nass. Laut Ronny wird eine Sichtung der Tiere keine längere Zeit in Anspruch nehmen. Viele Dschungelbewohner haben bereits ihre Nachtlager eingenommen und es herrscht eine gespenstische Ruhe. Spätestens nach einer halben Stunde wird mir jedoch klar, dass dies eine mühsame Angelegenheit werden kann. Zweifelsohne kann ich wohl kaum davon ausgehen, dass die knalligen Reptilien hier mit akrobatischem Flickflack durchs Bachbett turnen. Nach einer Weile verlassen wir den Pfad und wenden uns einem anderen Bachlauf zu, denn allem Anschein nach halten sich die Winzlinge doch woanders auf. Aus nächster Nähe ertönt das Plätschern des Baches, und dann geht es blitzschnell. Ein Pfiff, und schon deutet der Compañero auf einen knallroten, klitzekleinen Frosch mit pechschwarzen Augen, der bewegungslos auf einem Blatt am Bachufer hockt. Dann ist es wie so oft im Leben, hat man den einen entdeckt, dann schießen die anderen wie Pilze aus dem Urwaldboden.

Auch in Costa Rica haben wir uns wieder einmal von Emotionen und Intuitionen leiten lassen. Einzig auf diese Weise konnten wir nachempfinden, was die Ticos damit meinen, wenn sie ihr lebensumspannendes Credo in die weite Welt hinausposaunen: „Pura Vida!"

Einfach mal glücklich sein

Ich bin Opa geworden! Die Geburt von Emil macht mich überglücklich, und ich empfinde große Freude, diese Emotionen auch mit Ellie teilen zu können. Meine Tochter Lena macht mir damit ein traumhaftes Geschenk, denn seit ihrer Geburt überwältigte mich kein vergleichbares Gefühl mehr. Damals war ich ein fast noch jugendlicher Vater, heute bin ich ein noch nicht sehr alter Opa. Emil bewirkt, dass auch für mich die kleinen Dinge wieder groß werden. Energetisch gesehen ein Jungbrunnen.

Ein Lebensumstand befeuert meine Partnerschaft, und das ist die innige Verbundenheit unserer Mütter zueinander. Ellies Vater, der jahrelang zur See gefahren ist, starb vor wenigen Jahren, doch Irene hat sich nach dem Tod ihres Mannes nochmal aufgerappelt. Als deutsche Meisterin im Pfeife-lang-Rauchen stellt sie keck ihre schnittigen Schirmmützen zur Schau. Meine Mutter Annette hingegen hört ihre CD-Sammlung hoch und runter, vorzugsweise Vicky Leandros „Ich liebe das Leben". Dabei vernascht sie gerne mal ein Piccolöchen per Strohhalm, während Irene es bei Gänsewein (so wird in unserem Landgasthaus kohlensäurehaltiges Mineralwasser genannt) belässt. Mit weiten Teilen von Ellies Familie entsteht ein harmonisches Band, was für mich von erheblicher Bedeutung ist. Ich bin nun mal ein ausgesprochener Familienmensch. Der Plan, gemeinsam mit unseren Muttis an die Ostsee nach Boltenhagen zu fahren, wird noch in diesem Sommer in die Tat umgesetzt. Dort wohnen wir in einer passablen Ostseevilla. Es wird der Beginn einer ganzen Reihe von Urlauben in diesem Verband, und die Bedingungen sind klar definiert. Jede Partei hat einen eigenen Strandkorb und macht tagsüber ihr eigenes Ding. Ab und zu frühstücken wir gemeinsam, nachmittags sitzen die Mütter bei einer Tasse Kaffee strickend im Strandkorb, und die Abende gehören dem gemeinsamen Kochen und Kartenspielen. Diese Nähe zueinander über einen längeren Zeitraum ist ein kostbares Geschenk.

Die kleinen Freuden des Lebens bekommen vor dem Hintergrund, dass bei altersbedingt nachlassender Mobilität bestimmte Aktivitäten oft unerreichbar sind, eine wesentlich größere Bedeutung. Eine Eistüte im Strandkorb, geräucherter Fisch vom ortsansässigen Familienbetrieb oder eine Kutschfahrt entlang der Mecklenburger Ostseeküste lassen die Herzen höherschlagen. Doch auch ein noch so schöner Urlaub kann einen gewissen Alltagstrott entstehen lassen, und so machen wir einen Ausflug zur Insel Poel. Es geht durch uralte Alleen in schöner Natur und über eine langgestreckte Landzunge auf das verschlafene Eiland. Wir alle mögen Fischbrötchen, und was liegt da näher, als eine Fischbude im Hafen von Kirchdorf aufzusuchen. Mit einem handelsüblichen „Moin“ betrete ich als erster den Laden, im dem fünf Männer in Seemannskluft die einzigen Gäste sind. Erwidert wird mein Gruß nicht, ebenso wenig wie der von Ellie und Annette. Auf mich wirken diese Typen eigenbrötlerisch. Als Letzte betritt die maritim bemützte Irene das Ladenlokal, begrüßt die Anwesenden jedoch ebenso einsilbig. Fünffacher Widerhall: „Moin!“ „Moin!“ „Moin!“ „Moin!“ „Moin!“ Ich habe keine Ahnung, was sie da anders macht oder ausspricht, aber ich bestelle lieber mal unsere Fischhappen. Derweil schnackt Irene mit den alteingesessenen Seebären. Als ehemalige Kapitänsfrau hat sie zu denen wahrscheinlich einen innigeren Draht. Sie holt gar ihre Digitalkamera aus der Handtasche, um die fünf vor folgende Aufgabe zu stellen: „Säch mol, könnt ihr euch mal stylischer hinhocken?" Mir würden sie einen Vogel zeigen, doch bei ihr läuft das Fotoshooting wie geschmiert. In ihrem unverwechselbaren Outfit und mit dampfenden Tabakpfeifen posieren die Seeleute vor den Schiffsmodellen in der darüberliegenden Regalwand. Vom Tresen aus stellen wir die vage Vermutung an, dass Irenes damaliges Leben auf hoher See auch in ihrer Ausstrahlung tiefe Spuren hinterlassen hat.

Nachdem ich genügend Ostseeluft geschnuppert habe, warten wieder zahlreiche DJ-Jobs auf mich. Bei einem von denen im Bremer Norden stellt sich die Ankunft zuerst als falscher Fehler heraus. Direkt nachdem ich ausgestiegen bin, starrt mich ein ungefähr zwölfjähriger Junge vor der heimischen Garage, in der ich am Abend auflegen soll, verwundert an. Das bin ich ja gewohnt, doch irgend etwas stimmt hier nicht. Wie paralysiert wendet er sich schließlich ab und rennt zu seinem Vater ins Haus. Prompt erscheint dieser an der Haustür und schaut mich auf dieselbe eindringliche Weise an wie sein Sohn zuvor. Ratlos lehne ich am Kotflügel meines Autos, denn so unterkühlt bin ich vorher noch nie begrüßt worden. Beide sind da ganz offensichtlich in ein Fettnäpfchen getreten, doch der Papa hat tatsächlich eine plausible Erklärung parat. Sie hätten gedacht, der Klassenlehrer des Sohnes stünde vor ihnen, da es eine frappierende Ähnlichkeit zwischen uns gäbe. Nicht nur die gleiche Conterganschädigung, sondern auch die Statur und die Gesichtspartien seien absolut identisch. Von mir existiert also ein Ebenbild. Die

Irritationen der beiden sind nachvollziehbar, aber die meinige bleibt dennoch bestehen. Bei diesen spezifischen Merkmalen wäre ich nie auf die Idee gekommen, einen Doppelgänger zu haben.

Ebenso hätte ich es nicht für möglich gehalten, ein zweites Mal zu heiraten. Nach fast einem Jahr Bedenkzeit steht dem Vorhaben nichts mehr im Weg. Noch in der Hochzeitsnacht fliegt mir eine frühere Aussage um die Ohren, die mir prompt das Etikett „Heiratsschwindler" einbringt. Unter Vortäuschung falscher Tatsachen hatte ich Ellie in unserer Kennenlernphase unterbreitet, dass Fußball in meinem Leben keine allzu große Rolle spiele. Okay, das entspricht nicht ganz der Realität. Wie zum Beweis liegt mein Outfit für die Hochzeitsfeier am folgenden Tag einsatzbereit über der Armlehne des Sofas. Ein braunes St.-Pauli-Shirt mit der Aufschrift „Einfach mal glücklich sein".

In den mir vertrauten Räumlichkeiten des Falstaff und unter der Regie meines Freundes Holger kann überhaupt nichts schiefgehen. DJ-Kollege Andreas schenkt uns die musikalische Leitung, und zweihundert Hochzeitsgäste steuern Köstlichkeiten zum Büfett dazu. Den Vogel schießt dabei Ellies Familie ab, die uns eine Hochzeitstorte in Form einer Weltkugel kredenzt. In einer kurzen Ansprache bedanke ich mich bei allen Protagonisten und wende mich zu guter Letzt eindringlich an Teile meiner Familie: „Schlageraffen müssen heute draußen bleiben." Der Breakdance-Beitrag des achtjährigen Ben kommt als rasante Ouvertüre daher, dann aber geht die Post ab. In dieser Nacht tanze ich ausgelassen an der Seite meines Onkels. Willo hatte mich als Teenager erst so richtig mit Rockmucke vertraut gemacht. Ohne ihn hätte Musik für mich sicherlich eine andere Bedeutung bekommen.

Schon in jungen Jahren brachte er mir bei, dass abseits der bekannten Hitparaden die E-Gitarren in Lauerstellung sind. Auf der eigenen Hochzeitsparty wünsche ich mir vom DJ in den frühen Morgenstunden ein allerletztes Schmuselied. Der Song *Alten Resten eine Chance* der Band Element of Crime rührt auch Ellie an, sodass wir unser Fest auf einer verwaisten Tanzfläche ausklingen lassen. Es ist ein unbeschreibliches Gefühl, die Liebe meines Lebens fest in den Armen zu halten.

„Doch genug der schönen Worte.
Es geht auch, ohne dass man spricht."

Eine Hochzeitsreise nach Brasilien zu unternehmen, das ist unübertroffen! Gemeinhin gelten Brasilianer als Lebemenschen, die in der Regel für sich eine passable Work-Life-Balance ausloten, indem sie aktiv Sport treiben, mit Freunden am Strand sitzen oder abends in lauschigen Bars tanzen gehen. Genau das passende Land für ein verliebtes Hochzeitspaar.

Die Wasserfälle von Iguazu, die sich im Grenzgebiet von Brasilien, Argentinien und Paraguay befinden, stellen alles in den Schatten. Die Kulisse ist atemberaubend, denn der dichte Regenwald grenzt direkt an den Fluss. Schon von Weitem ist das Donnern und Getöse der Wassermassen zu vernehmen. Auf breiten, metallenen Stegen spüren wir die Kraft, die dieser Strom in sich trägt.

Rio de Janeiro macht einen heruntergekommenen Eindruck. Über das Internetportal Airbnb sind wir bei Rita im Stadtteil Botafogo gut untergebracht. Dieser gilt als sicherer, durch seine Nähe zum Strand aber auch als fast unbezahlbarer Wohnort für Einheimische. Vor zehn Jahren erlebte Brasilien einen wahren Wirtschaftsboom und wurde damit zwangsläufig zum Spielball von Investoren, was die Preise in die Höhe trieb und die Lebenshaltungskosten für viele unerschwinglich machte. Auch die alleinerziehende Rita kann davon ein Lied singen, denn die junge Journalistin kann ihren Unterhalt mit drei Jobs soeben bestreiten. Ein paar Tipps aus erster Quelle, und schon schlendere ich mit Ellie zur Copacabana, einem der bekanntesten Stadtstrände der Welt. Eingerahmt von baufälligen Wolkenkratzern aus den frühen 60er-Jahren kommt das Strandleben irgendwie deplatziert daher. Es wimmelt von Strandverkäufern, versteckten Lokalen und Sonnenschirmverleihern. Die Hauptbetätigung an der Copacabana ist, neben der Zurschaustellung formvollendeter Körper, das Fußballspielen. Bei leisen Sambaklängen aus der Strandbar und im Licht der Abendsonne kommt uns der gegenüberliegende Zuckerhut bei einem Caipirinha fast unwirklich vor. Das Wetter am nächsten Tag ist schlechter als erwartet, und die geplanten Ausflüge müssen dementsprechend angepasst werden. Statt zur Christusstatue und auf den Zuckerhut fahren wir mit öffentlichen Bussen quer durch die Stadt, erkunden den Strand von Ipanema und das Künstlerviertel Santa Teresa. Dort wird Ellie gleich nach wenigen Minuten darauf angesprochen, sofort die Kamera wegzupacken, da es hier nicht sicher wäre. Eine Freundin von Rita hatte vor drei Monaten für ein bekanntes Stadtmagazin Fotos in diesem Stadtteil gemacht. Ein Auto fuhr vor, die Fensterscheiben wurden heruntergelassen, und sie sah in den Lauf einer Pistole.

Der Himmel über Rio verdunkelt sich fortlaufend. Daher pilgern wir am letzten Tag zum Mekka aller Fußballfans, dem Maracanã. Ein Besuch der Katakomben des Fußballtempels ist jederzeit möglich. Das Stadion wurde im Zuge der Fußballweltmeisterschaft 2014 für viel Geld modernisiert, was unter anderem zur Folge hatte, dass es nun keine Stehplätze mehr gibt. Wie überall auf der Welt, so werden auch hier die wirklichen Fans quasi durch die Hintertür von den Spielen ausgeschlossen. Wie blöd, habe ich mein St.-Pauli-Trikot nicht dabei, das liegt im Rucksack. Beim Besuch der Haupttribüne stoßen wir auf ein junges Paar aus Argentinien. Nichts Ungewöhnliches, Touristen aus dem Nachbarland anzutreffen, doch an diesem Ort ist das schon eine heikle Sache. Die über viele Jahrzehnte andauernde Fehde zwischen brasilianischen und argentinischen Fußballfans ist allgegenwärtig. Wer glaubt, dass Fußball, auch kulturübergreifend, etwas Verbindendes hat, der irrt in diesem Fall gewaltig. Mein Wunsch aber ist ein Foto von mir in diesem geheimnisumwitterten Fußballstadion, was der Argentinier sofort schnallt. Der junge Typ zögert keine Sekunde, zieht sein Shirt aus und streckt es mir mit freiem Oberkörper beherzt entgegen. Das argentinische Nationaltrikot mit der Rückennummer 11 und der Aufschrift „Messi" ist mir wie auf den Leib geschnitten. Kein Wunder, denn der Weltfußballer ist doch auch nur so ein schmales Hemd wie ich. Dennoch hat diese Aktion etwas Abstoßendes, geradezu Entweihendes, was mir die umstehenden Brasilianer deutlich zu erkennen geben.

Raus aus Rio! Mit dem Bus machen wir uns auf nach Caraiva, um mehrere Tage im Nationalpark Monte Pascoal nahe des Reservats der Pataxo-Indianer zu bleiben. Die Zerstörung und Vernichtung ihrer ursprünglichen Lebensräume zwang viele indigene Volksstämme dazu, in Reservate umzusiedeln. Vorbei an grasenden Wasserbüffeln und Papayaplantagen gelangen wir schließlich an einen Fluss, wo wir mit einem Kanu in eine uns unbekannte Welt übersetzen. Die Höhe des Fahrpreises müssen wir gar nicht erst erfragen. Sie wird erkenntlich an dem Geldstück, dass der Bootsführer in seiner linken Ohrmuschel cool zur Schau trägt. Da es hier keine Autos und noch nicht einmal befestigte Wege gibt, werden wir mit einer Eselkutsche durch tiefen Dünensand zu einer Ansammlung von Bambushütten bugsiert. Der junge Typ springt vom Kutschbock und ist uns bei der Suche nach einer Unterkunft behilflich. Netterweise schultert er die Rucksäcke, was für uns auf diesem Geläuf ein schwieriges Unterfangen gewesen wäre. Die Hütte von Enrique ist simpel, und Strom gibt es hier keinen. Ausgedehnte Spaziergänge zu den Buchten lassen uns die Zeit vergessen. Sozusagen als Kontrastprogramm wohnen wir fünf Tage später in Trancoso in einer Pension mit Swimmingpool. Abends gibt es in der Posada frisches Popcorn, und zwei Angestellte des Hauses servieren heiße Schokoladencreme auf einem Esslöffel. Selbst gemacht aus eigenen Kakaobohnen, kein Wunder, dass Schokolade glücklich macht!

In der Ortschaft Quadrado mit seinem halsbrecherischen Kopfsteinpflaster und den pastellfarbenen Häuserreihen machen wir einen Tagesausflug zum Ozean, als unser Taxi auf halbem Weg an einer ursprünglichen Siedlung hält. Direkt vor uns befinden sich zwei Mädchen an einer Strohhütte. Ihre einzige Kleidung besteht aus simplen Baströckchen und indigener Kopfbedeckung. Eins von ihnen trägt ein kleines Faultier auf ihrem Arm, das an Niedlichkeit kaum zu überbieten ist. Mit einem Lächeln im Gesicht kommt es gezielt auf mich zu, und ich beuge mich zu ihm herunter, um dieses Geschöpf besser beäugen zu können. Doch darauf war das Mädchen gar nicht aus, denn ehe ich mich versehe, drückt es mir das drollige Faultier gegen die Brust. Das flauschige Tier umschlingt mich vehement. Es fühlt sich an, als würde ich ein haariges Baby vor mir hertragen. Sowohl die beiden

Mädchen als auch Ellie signalisieren, dass so ein Dreifingerfaultier gut zu mir passen würde, obwohl es doch an seinen kurzen Ärmchen jeweils einen Finger mehr hat als ich. Den beiden Mädchen scheint diese Abwechslung zu gefallen, doch mit vereinten Kräften befreien sie mich irgendwann aus den Klauen des anschmiegsamen Faultieres.

Die nächtliche Ankunft in Salvador da Bahia ist hindernisreich, da wir mit dem Gepäck über einen Marktplatz der historischen Altstadt laufen müssen, der voller betrunkener Menschen ist. An jeder Ecke spielt eine Sambagruppe, und der gesamte Platz kommt einer Partymeile gleich. Überall tanzen Leute, und es herrscht eine berauschende, jedoch friedvolle Stimmung. Nachdem wir in einem heruntergekommenen Kolonialhaus eingecheckt haben, kehren wir zurück und lassen uns von der Atmosphäre treiben.

Auf Anraten von Ana, unserer Vermieterin in Olinda, suchen wir eine Churrascaria auf. So wird in Süd-Brasilien ein Restaurant genannt, in dem es in erster Linie gegrilltes Fleisch gibt. Die dortige Art des Essens besitzt Eventcharakter und heißt bei den Brasilianern Rodizio, was frei übersetzt so viel bedeutet wie „das sich Drehende“. An einem üppigen Büfett kann man Salate, Gemüse und Obst holen und wird dann am Tisch mit allerlei Köstlichkeiten versorgt. In diesem Fall gibt es 32 verschiedene Fleischspieße, die vorher drehend gegrillt wurden. Von denen wird uns auf Wunsch eine Portion abgeschnitten und in mundgerechten Stückchen auf dem Teller angerichtet. Alle fünf Minuten steht ein Ober am Tisch und ermuntert uns, doch noch ein Häppchen von seinem Spieß zu kosten. Die Familie am Nachbartisch erkundigt sich nach der Herkunft und beglückwünscht uns zur gewonnenen Fußballweltmeisterschaft.

Nach über 3.500 Kilometern entlang einer betörenden Küstenlinie endet die Hochzeitsreise in der Küstenstadt Fortaleza. In Erinnerung bleibt die hohe Kunst brasilianischer Lebensart. Diese nimmt jeden mit. Begriffe wie Hektik oder Stress werden hier ad absurdum geführt. Von der fast kindlichen Art, dem Alltagsstress nicht allzu viel Raum zu geben, können wir uns gut und gerne ein paar Scheiben abschneiden.

Wir beschaffen das

Paniertes Schnitzel und dazu frisch gezapftes Pils. Das ist nur einer der Gründe, warum ich in regelmäßigen Abständen ins elterliche Landgasthaus fahre und mich dort verwöhnen lasse. Der Anreisetag ist meistens sonntags, da montags immer Ruhetag ist. Nur dann ist die Möglichkeit gegeben, zumindest einen Teil der Familie um sich zu scharen. Im Sommer wird oft der Grill angeworfen, und wir tauschen uns in geselliger Runde aus. Kein Relikt aus alten Zeiten, denn unsere Kindheit stand unter dem Einfluss von zu viel Arbeit und zu wenig Privatsphäre. Rund um die Uhr drückten allein die Gäste dem Familienleben ihren Stempel auf. Umso mehr können wir es nun genießen, gemütlich beisammen zu sein. Ein Markenzeichen unseres Zusammenhalts besteht darin, dass wirklich alle Angehörigen dazu beitragen, diesen Verbund aufrechtzuerhalten.

Zwei meiner jüngeren Brüder sind hier im ländlichen Raum hängen geblieben, sodass wir während meiner Besuche im Wöhrener Krug hin und wieder zusammentreffen. Die neuerlichen Nachrichten sind aber betrüblich. Bei meinem jüngsten Bruder Kiki ist kürzlich die Krankheit Parkinson diagnostiziert worden, die zumeist ältere Menschen betrifft. Da er erst Anfang vierzig ist, sitzt uns allen der Schock in den Gliedern. Dazu kommt, dass mein Vater mich bittet, das gesamte Anwesen zu verkaufen, da er mit fast achtzig Jahren dieser Aufgabe nicht mehr gewachsen ist. Schon länger fällt meine Mutter aufgrund ihrer Rückenbeschwerden als Arbeitskraft aus. Mit nur wenigen Angestellten ist mein Vater fast allein auf weiter Flur. Am Anfang geht ein Riss durch die Familie. Einige von den Geschwistern glauben nicht daran, dass unsere Eltern ein selbstständiges Leben gegen einen Platz im Seniorenwohnheim eintauschen können. Wie sagte meine Mutter noch vor Jahren: „Einen alten Baum verpflanzt man nicht, da er keine Wurzeln mehr schlägt." Doch am Ende haben wir den Wohnortwechsel für Annette und Packo vollzogen. Beide haben nur wenige Monate gebraucht, um all den Ballast abzuwerfen und hinter sich zu lassen. Ihre volle Konzentration gilt nun allein der Großfamilie mit den zahlreichen Enkeln und Urenkeln, die ihnen an einem ruhigen Lebensabend noch zahlreiche Glücksmomente bereiten werden.

Seit geraumer Zeit schmiede ich Pläne, Episoden meiner abwechslungsreichen Lebensgeschichte zu Papier zu bringen. Doch als ich damit beginnen will, warten an der Weser andere Aufgaben auf mich. Im Vorjahr haben viele Menschen in Deutschland um politisches Asyl gebeten, doch nun verdreifacht sich diese Anzahl. In allen Ländern der Europäischen Union löst dieser Umstand gesellschaftliche Debatten über Einwanderung und Flüchtlingspolitik aus. In Deutschland entscheidet sich die Politik, nicht nur zu meinem Erstaunen, für eine temporäre Öffnung der Grenzen. Zwischen Willkommenskultur und Fremdenfeindlichkeit, auch in unserem Land sind die Grenzen fließend. Die Bundeskanzlerin Angela Merkel ruft zu breiter Solidarität auf und polarisiert auf einer Pressekonferenz mit dem Ausspruch: „Wir schaffen das!"

Das empfinde ich genauso, und dabei geht es mir nicht um eine politische Zugehörigkeit, sondern allein die Menschen stehen im Vordergrund. Nach kurzen Recherchen erhalte ich die Telefonnummer von Claudia, die selbstorganisiert ein Projekt im Bremer Ostertorviertel auf die Beine stellen will und dafür tatkräftige Unterstützung benötigt. Sie möchte einen Probelauf mit Lehrkräften und Leuten mit Fachwissen starten, der den Geflüchteten eine erste Orientierung verschaffen soll. So werden diese bereits vor dem Eintritt in die behördlichen Deutschkurse mit der Fremdsprache Deutsch vertraut gemacht. Schon aus der Zeit der politischen Agitation in Göttingen weiß ich, dass fehlende Strukturen in Eigeninitiative neu geschaffen und kreativ gestaltet werden können. Mein Bezug zu Sprachen, gute Grammatikkenntnisse und die Fähigkeit zum Aufbau von Netzwerken bilden eine ausreichende Basis. Zwei Wochen später sitze ich mit dreizehn anderen Interessenten in den Räumen einer ehemaligen Sozialeinrichtung, die uns vom Vermieter kostenlos zur Verfügung gestellt werden. Zwei junge Studentinnen, sechs pensionierte und fünf noch aktive Lehrerinnen erstellen mit mir zusammen ein Konzept und einen Ablaufplan für den zeitnahen Beginn. Uns allen ist klar, dass wir viel Material beschaffen müssen, um in der kommenden Woche durchzustarten. Vom gebrauchten Tintenstrahldrucker über Papier, Stifte und Schautafeln ist alles erwünscht, um der Projektierung genügend Dynamik zu verleihen. Der Kraftaufwand hat sich gelohnt, denn am folgenden Montag stehe ich zusammen mit Maria vor den lernbereiten Menschen unseres Einführungskurses. Geflüchtete aus Afghanistan, Syrien und Eritrea sitzen uns erwartungsvoll gegenüber. Sie alle sind in Sammelunterkünften untergebracht und suchen händeringend nach Wohnraum außerhalb der Wohncontainer. Nach nur wenigen Sitzungen wird mir bewusst, wie sinnvoll diese Tätigkeit ist. Alle Teilnehmer sind kooperativ und gleichzeitig auch dankbar. Ellie teile ich nach drei Wochen meine Entscheidung mit, einen der Kursteilnehmer persönlich zu fördern.

Am Anfang ist Hosain, der über die Türkei mit einem Schlauchboot aus Syrien geflohen ist, noch ein wenig schüchtern. Doch seine sympathische Art und ausreichende Englischkenntnisse machen eine erste Annäherung möglich. Er ist erleichtert, nach den Wirren der Ankunft in einem fremden Land in mir nun auch privaten Kontakt zu einem Deutschen zu haben. Außerhalb des Kurses gebe ich ihm Privatunterricht, was sein Vorankommen wesentlich beschleunigt. Da die Stimmung im Deutschkurs ausgezeichnet ist, verabreden wir eine gemeinsame Grillparty. In genau dem Schrebergarten, den Ellie und ich seit wenigen Monaten bewirtschaften. Alle tragen etwas zum Grillbüfett bei, und zu arabischer Folklore wird an einem Lagerfeuer ausschweifend getanzt. Mitten im Trubel bittet mich eine der Lehrerinnen, nach dem jüngsten Schüler zu sehen, der hinter einem Gebüsch verschwunden ist. Mit versteinertem Gesichtsausdruck und verweinten Augen steht der sechzehnjährige Abdullah dort im Dämmerlicht. Vom Unterricht her weiß ich, dass er kein Wort Englisch spricht, und so hole ich mir Unterstützung von einem der afghanischen Kursteilnehmer. Brüderlich nimmt er sich des Jugendlichen an und dolmetscht. Dabei kommt heraus, dass Abdullah immerzu die Bilder seines Vaters vor Augen hat, der kurz vor der Flucht in seiner Gegenwart von den Taliban erschossen wurde. Tränen kullern über sein Gesicht. Behutsam nähere ich mich und nehme ihn in den Arm. In diesen Tagen sind für mich die täglichen Nachrichten tabu, denn hier draußen findet das richtige Leben statt. Da erlebe ich gepeinigte Menschen, die meine Aufmerksamkeit und Fürsorge verdient haben.

Der Schreibtisch zu Hause quillt über von Lehrmaterial und sonstigen Utensilien. So großzügig und geräumig unsere Wohnung auch ist, doch sowohl das Badezimmer als auch die Küche sind extrem renovierungsbedürftig. Im Internet lese ich im Contergan-Forum, dass die Verursacherfirma Grünenthal eine Stiftung gegründet hat, um Contergangeschädigte bei ausgewählten Projekten zu unterstützen. Auf der einen Seite sträube ich mich, diese Hilfen in Anspruch zu nehmen, denn all die Jahre hat das Unternehmen nichts für uns Betroffene getan. Bis vor Kurzem haben sie sich noch nicht einmal für ihr Vergehen entschuldigt. Auf der anderen Seite wäre es eine erhebliche Erleichterung, nicht mehr über den Badewannenrand klettern zu müssen, um auf unsicherem Untergrund zu duschen. Ellie ist in solchen Fällen meine beste Beraterin, und so rufe ich nach einem aufschlussreichen Gespräch mit ihr in Aachen an. Die Ansprechpartnerinnen der Grünenthal-Stiftung sind nett und zuvorkommend, sodass ich mir einen Ruck gebe und noch am selben Tag einen Antrag auf Renovierung stelle. Dieser wird nach nur sechs Wochen bewilligt. Nun halte ich nach einer Firma Ausschau, die ein Badezimmer und eine prima ausgestattete Küche bei uns einbauen soll. In organisatorischen Fällen beweise ich oftmals ein gutes Händchen. So engagiere ich Wolf und Markus von der Restaurationsfirma Team 201, die ihren Job mustergültig erledigen. Sie sprechen jede Kleinigkeit mit uns ab, damit alles auf meine Bedürfnisse abgestimmt ist. Fix noch ein paar Farbeimer besorgen, um der Grunderneuerung den letzten Schliff zu verpassen. Vier Monate später wohnen wir dann in einer Traumwohnung, und ich bin so glücklich, über meinen eigenen Schatten gesprungen zu sein. Derweil schraubt unser syrischer Freund Hosain, der mittlerweile zur Familie gehört, fachmännisch die letzten Steckdosen an. Er macht eine Ausbildung zum Industrieelektriker, um in Zukunft Windkrafträder zu warten.

Im Herbst überschlagen sich dann die Ereignisse. Bei einer Flasche Ouzo schmiede ich mit Holger in seiner Theaterkneipe den Plan, an genau diesem Ort unsere frühere Tanzparty wieder aufleben zu lassen. Sollte die Schnapsidee auf wenig Resonanz stoßen, so würden wir an dem Abend in inniger Zweisamkeit Sirtaki tanzen und alte Geschichten herauskramen. Einen Versuch ist es allemal wert, denn schon oft wurde ich in der Stadt danach gefragt. Fast täglich gehe ich an der Weser eine Runde laufen, um mich fit zu halten. Immer wieder werde ich dabei von Leuten angesprochen, denen die Veranstaltungsreihe im Bremer Nachtleben fehlt.

Die Falstaff-Disco-Revival-Party schießt wie Phönix aus der Asche. Ende Oktober bildet sich eine endlose Schlange vor dem Einlass. Hunderte sind dem Aufruf gefolgt und lassen längst vergessen geglaubte Zeiten wieder aufleben. Am Ende kursiert nur eine einzige Frage in den Räumlichkeiten der Bremer Shakespeare-Company: „Wann findet die nächste Party statt?"

Nach reiflicher Überlegung entscheiden wir uns dazu, unregelmäßig viermal pro Jahr an den Start zu gehen. Die Losung lautet: Hingehen. Tanzen. Egal wie.

Unterwassermassagestudio

Tief im Süden der schmalen Landzunge Baja California, abseits der Wüstenlandschaften und Kakteenwälder, liegt das ehemalige Fischerdorf Cabo San Lucas, wo der Pazifik auf den Golf von Kalifornien trifft. Hier in Mexiko besteigen wir das Tauchschiff *Nautilus Belle Amie*, das uns nach 22-stündiger Überfahrt ins weit entfernte Meeresparadies von Socorro chauffiert. Die Tauchsafaris dort sind von Februar bis März ausgebucht, da zu dieser Jahreszeit die Buckelwale ihre Kälber in den warmen und geschützten Gewässern der Inselwelt gebären.

Die Überfahrt war ruhig, und so sitzen wir in den frühen Morgenstunden voller Erwartung an der Reling des Schiffes. Tatsächlich wimmelt es in dieser Bucht vor Walen, und ganz in der Nähe schießt, mit einem unverkennbaren Geräusch, eine Wasserfontäne aus dem seichten Ozean. Mit seiner hohen Rückenflosse, den kennzeichnenden Kehlfurchen und geschwulstartigen Auswüchsen an seinem flachen Kopf kommt dieser erhabene Unterwasserkoloss hervor. Seine ausgeprägte Fortbewegungsart gab ihm einst seinen Namen, denn beim Abtauchen in die Tiefe formt sich der massige Körper zu einem prägnanten Buckel. Damit hat Ellie schon mal ihr erstes Wal-Foto im Kasten. Noch vor dem Frühstück steht der erste Tauchgang auf dem Plan. Bereits beim Briefing wird deutlich, dass dieser Tauchtrip unter der Leitung einer kompetenten Mannschaft vonstatten geht. Bei diesen hochpreisigen Unternehmungen will natürlich jeder auf seine Kosten kommen, vor allem die erfahrenen Taucher. Einer von ihnen, ein Amerikaner aus New York, ist mir gegenüber merkwürdig distanziert. Vermutlich denkt er, dass ich den Ablauf torpediere und ihm gewisse Erlebnisse verwehrt blieben, wenn er an der Seite eines Behinderten taucht. Ich kann das in seinen Augen sehen. Er versucht krampfhaft, in eine andere Tauchgruppe zu gelangen. Doch das ist zwecklos, denn es geht gleich los. Mir verursacht so etwas immer mal wieder Bauchschmerzen, doch es hält mich nicht davon ab. Zu groß ist mein Bedürfnis, da unten einzutauchen. Und zu groß ist mein Selbstwertgefühl, mich diesen Aufgaben stellen zu können. Es geht mir nicht darum, es trotz körperlicher Einschränkungen bewerkstelligen zu können, sondern nur darum, mich an dem Vorhaben nicht behindern zu lassen. Ich will meinen Traum zu leben. Mit sechs weiteren Tauchern werden wir Julios Tauchgruppe zugeordnet und dürfen gleich als Erste starten. Bereits nach wenigen Metern deutet unser Teamleiter auf eine Meeresschildkröte, die zum Luftschnappen in die entgegengesetzte Richtung paddelt. Das Hauptaugenmerk aber gilt den riesigen Pazifischen Mantas, die in Socorro so zutraulich sind, wie sonst nirgendwo. Um sicherzugehen, diese unvergleichlichen Geschöpfe auch anzutreffen, legen wir uns an einer sogenannten Putzerstation auf die Lauer. In den hiesigen Felsspalten leben Putzerfische, die darauf spezialisiert sind, Parasiten von den Mantarochen zu entfernen oder deren Wunden zu reinigen.

Für Bruchteile von Sekunden verfinstert sich der Himmel und kündigt so die Ankunft dreier Mantas an. Mit sanftem Flügelschlag betreten die größten Rochen der Unterwasserwelt mit einer Spannweite von bis zu sieben Metern die Bühne. Die Show kann beginnen. Alle drei sind in Begleitung sogenannter Schiffshalter-Fische, die pointiert die vorderen Plätze auf den flachen Kopfseiten der Teufelsrochen einnehmen. Diesen Namen haben die Seefahrer den Mantas in früheren Zeiten ehrfürchtig gegeben, da die vorderen Kopfflossen wie Teufelshörner aussehen. Mit ihrem stachelartigen Schwanz schweben die Neuankömmlinge stramm in unsere Richtung, denn sie haben eine Vorliebe für die Blubberblasen, die fortwährend aus den Atemreglern entweichen. Plastisch wird mir vorgeführt, woher der Name dieser Tiere rührt, denn Manta ist die spanische Übersetzung für Decke. Ein Teufelsrochen mit seinen seitlich gelagerten Glubschaugen positioniert sich direkt über mir. Doch damit nicht genug, denn unser Tauchguide Julio löst sich von der Gruppe und gesellt sich zu mir unter die überdimensionale schwarz-weiße Knorpeldecke. Behend nimmt er sein Mundstück heraus und massiert mit dem dadurch entstehenden Wasserstrahl den Körper des Tieres. Das könnte ich selbst nicht durchführen, denn eingezwängt in das Tauchequipment reduziert sich meine Reichweite nochmal deutlich. Sowohl Ellie als auch die anderen Teilnehmer unserer Tauchgruppe ergreifen jetzt ebenfalls die Initiative. Im Schatten des Teufelsrochen kann ich spüren, dass dieser von der zärtlichen Art der Zuwendung gar nicht genug bekommen kann. Im Blickpunkt steht ein extravagantes Unterwassermassagestudio für Pazifische Riesenmantas.

Etwas unterscheidet diese Tauchsafari von allen bisherigen, und das sind die Eindrücke, die wir zusätzlich in dem von Buckelwalen bevölkerten Ozean gewinnen. Auf Wunsch können die Tauchgäste in festgelegten Zeitfenstern begrenzte Bootsausflüge mit den bereitstehenden Schlauchbooten unternehmen. In denen bleibt logischerweise kein einziger Platz frei, denn wer will sich auch die einmalige Gelegenheit entgehen lassen, den friedlichen Meereskolossen zu dieser auserwählten Jahreszeit in ihrem artgerechten Element einen Besuch abzustatten. Bereits am zweiten Tag darf ich mit Ellie im vorderen Teil eines Zodiacs Platz nehmen. Gespannt scannen alle die Meeresoberfläche, immer auf der Suche nach Wasserfontänen, die uns den Weg zu den Unterwasserriesen weisen. Geduld ist bei dieser Art der Tierbeobachtung gefragt, und so dauert es fast zwei Stunden, bis unser Versuch von Erfolg gekrönt wird. Mit dem Begriff Akrobatik würden die wenigsten eine Assoziation zu Buckelwalen herstellen, doch weit gefehlt. Mit seinem tonnenschweren Körper schießt ein ausgewachsener Bulle etwa zehn Meter vor uns schwungvoll aus der Tiefe, dreht sich dabei um seine eigene Achse und schlägt wenig später brachial auf der Wasseroberfläche auf. Wie zum Gruß winkt er mit einer seitlichen Brustflosse, wohingegen unser Schlauchboot noch ein wenig mit den Brandungswellen des Aufschlags zu kämpfen hat. Begleitet von Klickgeräuschen der Fotoapparate, versinkt die ausgezackte Fluke fast lautlos im offenen Pazifik. Obwohl das Spritzwasser die wertvollen Kameras nicht verschont hat, ertönen frenetische Jubelschreie, die bis in die weit entfernte Kombüse des Mutterschiffes zu vernehmen sind.

Sie ist untröstlich, aber Ellie befällt am vierten Tag eine Herpesinfektion an ihren Lippen. Die Symptome sind schmerzhafte Geschwüre, die sich bereits über Nacht teilweise geöffnet haben und eine Berührung mit Salzwasser unerträglich machen. Ihr Tauchsport findet hier ein jähes Ende, und es lässt sie viele Tränen in der verwaisten Schiffskabine vergießen. Also muss ich ab jetzt leider ohne sie weitertauchen. Am Nachmittag steuert die *Nautilus Belle Amie* eine Meeresenge an, die eine beachtliche Unterwasserschlucht vorweisen kann. Ab sofort tauche ich an der Seite von Julio, der weiterhin die Leitung unserer gesamten Tauchgruppe innehat. Die Strömung hat es in sich, und so benötigen wir eine Weile, bis die weit verzweigten Felsvorsprünge bei einer Wassertiefe von 25 Metern zu erkennen sind. Mit einem ausgeklügelten Trick will Julio nun Haie ködern. Durch das Zerdrücken und Quetschen einer leeren Plastikflasche imitiert er das Brechen von Fischgräten, was häufig Haie anlockt. Diesmal jedoch geht das Vorhaben schief. Soeben befinden wir uns in einem breiten Unterwasser-Canyon, da deutet mein Buddy mit einem Zeigefinger auf sein linkes Ohr. Er scheint irgendwelche Geräusche wahrzunehmen, und stufenweise registriere auch ich ein unüberhörbares Fiepen. Die hohen Töne kommen näher. Aus dem tiefen Blau nimmt eine stattliche Delfinschule zielstrebig Kurs auf unsere Tauchgruppe. Doch der Schein trügt, denn viele der stämmigen Tiere haben nur ganz allein mich im Visier. Es handelt sich um Große Tümmler, die populärste Delfinart. Viele kennen die intelligenten Tiere aus der Fernsehserie *Flipper*. Mit ihrer schnabelförmigen Mundpartie scheinen sie unaufhörlich zu lächeln. Ein Dutzend von ihnen umkreist mich, während sich zwei senkrecht hinter mir aufstellen. Einer mit dunklem Rücken und hellem Bauch beweist mir dann, warum diese Delfinart für enge soziale Kontakte und ausgiebigen Körperkontakt bekannt ist. Er mustert mich, und es erweckt den Anschein, als wolle er meine äußerliche Besonderheit aus der Nähe begutachten. Dann legt er sich waagerecht ins tiefe Blau und presst sein rechtes Auge gegen meine Tauchermaske. Wir nehmen uns auf eine Weise wahr, wie ich es bei keiner Tierbegegnung zuvor erlebt habe. Diese ausdrucksstarke Form der Kommunikation trägt geradezu menschliche Züge. Nach einer gefühlten Ewigkeit entfernt sich der Delfin von mir und kehrt zu seiner Gemeinschaft zurück. Hinter dem Atemregler sieht wohl auch meine Mundpartie so aus, als würde ich unaufhörlich lächeln. Es ist ein Herzensmoment.

Zurück an Bord finde ich selbst kaum Worte für das, was mir da soeben passiert ist. Eine Taucherin hat diese Sequenz mit ihrer Videokamera festgehalten und verspricht mir, noch am selben Abend eine Kopie davon anzufertigen. Egal was in meinem zukünftigen Taucherleben sonst noch auf mich wartet, doch diese Unterwasserbegegnung ist schwerlich zu toppen.

In Los Angeles herrscht mal wieder dicke Luft, denn die Filmmetropole der Traumfabrik Hollywood am Rande einer hügeligen Küstenregion wird tagtäglich vom Smog der Autoabgase in Mitleidenschaft gezogen. Zum wiederholten Mal werden wir von Thorsten, der uns mit einem Leihwagen zum verabredeten Termin am Flughafenterminal abholt, auf einem unserer Trips begleitet.

Die Mutter aller Straßen wird sie ehrfürchtig betitelt, denn die Route 66 hat seit ihrer Fertigstellung vor knapp einhundert Jahren unzählige Geschichten auf Lager. Vorbei an Fragmenten glorreicher Zeiten sind gealterte Tankstellen, rührend wiederhergerichtete Gebäude und verrostete Oldtimer stumme Zeugen einer längst vergangenen Ära. Ein Fotomotiv jagt hier das andere, doch unsere Mägen knurren im Dreivierteltakt.

Mit einem Bärenhunger betreten wir ein Diner, wo uns eine Frau mit schneeweißem Cowboyhut forsch begrüßt und zu sich winkt. Die Bestellung von drei Burgern und drei

Gläsern Pepsi-Cola stellt mich vor keine besonderen Herausforderungen, sodass ich noch eine Weile am Tresen hängen bleibe und mit Lucy, so stellt sie sich vor, ein paar gängige Floskeln austausche. Die Inneneinrichtung im Stile eines Western Saloons vermittelt mir ein Gefühl von Wildwest-Romantik. Auf dem Weg zu den Toiletten sind die Wände gepflastert mit vergilbten Filmplakaten und uralten Zeitungsausschnitten des bereits verstorbenen Schauspielers John Wayne. Im Laufe der 40er-Jahre avancierte der Hollywoodstar zur Leitfigur des Westerngenres, wo er gerne den furchtlosen Revolverhelden mimte, der Siedlertracks vor blutrünstigen Indianern auf ihrem Weg nach Westen beschützte.

Obwohl ich sie noch gar nicht so recht einordnen konnte, verabscheute ich schon als Zehnjähriger diese triviale Art der Darstellung und die damit verbundenen Stereotypen. Heutzutage wird deutlich, warum der klischeehafte Ausdruck „Indianer" in der öffentlichen Wahrnehmung zunehmend verpönt ist, denn selbst positive Stigmatisierung wird der gegenwärtigen Lage dieser Bevölkerungsgruppen nicht gerecht. In den heutigen USA wurde jahrzehntelanger Massenmord an den indigenen Ureinwohnern im 19. Jahrhundert von der profitorientierten Filmbranche in mannigfaltigen Produktionen entweder weichgespült oder gleich ganz unter den Teppich gekehrt. Nationalismus zieht sichtbare Zäune nach außen, birgt aber auch unsichtbare Abgrenzungen im Innen. Schmerzhaft mussten die Nachkömmlinge der Ureinwohner Amerikas, deren Lebenselixier aus dem Verbund mit der Natur und sich selbst bestand, am eigenen Leib erfahren, dass auch in vermeintlich demokratischen Strukturen das Beste nicht immer das Beste ist. Man beraubte die Überlebenden ihrer Kultur und Autonomie, entzog ihnen die Lebensgrundlagen und überließ sie anschließend ihrem elenden Schicksal. Doch ich stehe ja nicht am nächtlichen Lagerfeuer der Zeit, sondern in einem stilechten Diner an der Route 66.

Am Nachbartisch verschlingen zwei wohlgenährte Ehepaare riesengroße Rindersteaks. Alle vier tragen diese roten Caps mit der Aufschrift „Make America Great Again" auf ihren Hohlköpfen. Augenscheinlich sind sie Anhänger des erst kürzlich ins Amt gekommenen republikanischen Präsidenten, der mit seiner America-First-Doktrin permanent Öl ins Feuer derer gießt, die sich seiner revanchistischen Politik anschließen. Hätten wir den Wahlausgang vom vergangenen November nur annähernd voraussehen können, dann wäre diese Rundreise vielleicht nie vollzogen worden.

Als Lucy mit den Burgern und Getränken an unseren Tisch kommt, kippe ich vor Schreck fast vom Stuhl, denn ein Bruchteil dieser Bestellung hätte locker für alle ausgereicht. Ein Rundblick durch den Schankraum versichert mir jedoch, dass der Verzehr dieser Mengen für andere kein Hindernis darstellt. Doch ich scheitere wenig später schon bei der zweiten Hälfte des schmackhaften Hamburgers. Nach dieser Mahlzeit kann ich mich kaum auf den Beinen halten, und so verrichte ich bei Lucy in leicht gebückter Körperhaltung meinen Obolus. Beim Verlassen des Diners sticht mir über der wuchtigen Schwingtür ein Filmplakat des berühmten Westernfilms *Der schwarze Falke* mit einem unerschrockenen John Wayne auf dem Titelfoto ins Auge. Im Vorübergehen zeige ich dem alten Haudegen den ausgestreckten Mittelfinger, jedenfalls in meiner Vorstellung.

Mit Fug und Recht können wir behaupten, im Nordwesten Arizonas eines der berühmtesten Naturwunder zu bestaunen, als wir am Südrand der Megaschlucht von einem Felsvorsprung aus in die Tiefen des Grand Canyon hinuntersehen. Es ist Anfang März, und die umstehenden Kiefern sind frühmorgens noch leicht mit Schnee bedeckt. Im Licht der morgendlichen Sonnenstrahlen sind auch einzelne Dickhornschafe auszumachen, die leichtfüßig die steilen Felswände erklimmen. Wir werden es dem Weißkopfseeadler gleichtun und den Colorado River, der sich tief durch das Sedimentgestein schlängelt, bei einem Helikopterflug von oben betrachten. Eine dreiköpfige Familie aus Kansas City ist mit von der Partie, und die ersten Windböen nach dem Abheben sorgen bei allen für kurze Irritationen. Bei diesem Rundflug gibt uns der Pilot über Kopfhörer den Hinweis, dass auf dem schneebedeckten Plateau des Nordrandes eine Herde Bisons auf Futtersuche ist. Der kleine Junge neben mir fragt dem Piloten Löcher in den Bauch, während dieser bemüht ist, seiner Kundschaft geologische und zeitgeschichtliche Fachkenntnisse zu der Megaschlucht zu vermitteln. Seit Urzeiten haben tektonische Erdplattenverschiebungen und Erosion dieses Naturparadies geformt, das sich im Zwielicht der untergehenden Sonne in ein violett-rotes Farbenmeer verwandelt. Am dritten Tag kommt es uns vor, als sei dieser Nationalpark zu einem Freizeitpark mutiert. An einer steil abfallenden Felsspalte versucht Thorsten vergeblich, ein junges asiatisches Paar davon abzuhalten, waghalsige Selfies mit ihren Smartphones zu produzieren. An den Aussichtsplattformen versammeln sich scharenweise Schaulustige aus allen Erdteilen, die auf eine derart penetrante Weise vorangehen, dass wir irgendwann davon Abstand nehmen.

An der Grenze zwischen den Bundesstaaten Arizona und Utah liegt das Monument Valley, das inmitten des Navajo-

Indianer-Reservats mit seinen bizarren Felsformationen in einer einzigartigen Naturlandschaft besticht. Die rotbräunlichen Gesteinsschichten boten in vielen Hollywoodstreifen die geeignete Kulisse für zahllose Westernfilme und waren in der Filmwelt der bildhafte Ausdruck des Wilden Westens. Der Roadtrip mutet wie eine Reise in die Vergangenheit an. Viele Kindheitserinnerungen kommen dabei hoch.

Meine Indianerseele liebte die legendenhafte Winnetou-Filmreihe. Zu den Geburtstagen wünschte ich mir ausschließlich Plastikfiguren von federgeschmückten Indianern und simulierte stundenlange Gefechte mit den Cowboys einer kippeligen Postkutsche. In meiner blühenden Fantasie behielten dabei jedes Mal die Indianer die Oberhand. Am Neujahrstag besuchte ich meinen Schulfreund Edgar. Er war für mich der ideale Spielpartner, da er eine umwerfende Sammlung an amerikanischen Armeesoldaten besaß. Zu seinem Leidwesen litt er unter der strengen Regie seiner Mutter Margot, die ihre beiden Söhne mit harter Hand malträtierte. Auf dem Fliesenboden der Bauerndiele hatte Margot den hohen Kaminofen mit Sichtfenster angefeuert, damit wir uns keine Erkältung zuziehen. Für das heutige Treffen hatte ich einen ausgeklügelten Plan, denn ich wollte mit Edgar die Schlacht am Little Big Horn nachstellen, bei der im Juni 1876 das Regiment des US-Generals Custer von den Sioux und ihren Verbündeten unter der Führung des Häuptlings Sitting Bull aufgerieben wurde. Voller Enthusiasmus errichteten wir ein Schlachtfeld und positionierten die Kunststofffiguren. Letzten Herbst hatte ich einiges darüber gelesen und war baff erstaunt, dass diese hochgerüstete Armee eine derartig verheerende Niederlage einstecken musste. Edgar war zuerst gar nicht begeistert, und spielte dann aber mit der Idee, diese

Geschichte augenblicklich umzuschreiben. Doch an diesem Nachmittag hatte er die Rechnung ohne Häuptling Matze gemacht, der in weiser Indianermanier auf alle Eventualitäten vorbereitet war.

Da Edgars Armeesoldaten ihre Repetiergewehre schulterten, brachte ich kurzerhand Ladykracher ins Gefecht. Dieser Evergreen an Feuerwerkskörpern, der in den Farben rot und grün in handlichen Matten gut in den Taschen meiner Jeansjacke Platz fand, war ein Überbleibsel der vorangegangenen Silvesternacht. Streichhölzer waren schnell zur Hand, und ehe der arme Edgar sich versah, flogen ihm bereits die ersten Blauröcke um die Ohren. Dieser Knalleffekt blieb jedoch nicht ungehört. Außer sich vor Wut stürmte Margot aus der Küche und fragte nicht einmal nach dem Übeltäter. In ihrer unverkennbaren Art trampelte sie über das weitläufige Spielfeld, schmiss sämtliche Figuren von Edgar in einen Pappkarton und warf diesen in die lodernden Flammen des Kaminofens. Für meinen Schulfreund war das beinahe so, als hätte ihm die eigene Mutter einen brennenden Pfeil ins Kinderherz geschossen. Wutentbrannt und laut schreiend rannte er nach draußen, während ich durch das Kaminfenster mit ansehen konnte, wie Edgars US-Kavallerie auf dem Scheiterhaufen seiner strengen Mutter zu einem undefinierbaren Plastikklumpen dahinschmolz.

Den Fuß weg vom Gaspedal. Genau so geht Thorsten auf dem Pacific Coast Highway zu Werke, der beliebten Panoramastraße entlang der malerischen Küste Kaliforniens auf dem Weg nach San Francisco. Die hügelige Stadt im Norden Kaliforniens mit ihren steilen Serpentinen trifft unseren Nerv, denn innovative Kultur gepaart mit liberaler Lebensausrichtung sind genau unser Ding. Doch das Image der weltoffenen Stadt bekommt feine Risse, als wir auf dem Weg ins Künstlerviertel auf die zahllosen Obdachlosen unter den Stadtautobahnen stoßen. Doch damit hätten wir rechnen müssen, denn die grassierende Armut ist auch in den nordamerikanischen Metropolen ein unverrückbares Kennzeichen der globalen Misere.

Es gibt wohl kaum eine Hängebrücke, die mit ihren orange-roten Verstrebungen ein derartiges architektonisches Meisterwerk darstellt, wie die ikonische Golden Gate Bridge. Thorsten fährt uns zu einem Aussichtspunkt im Norden. Viel kitschiger kann eine Rundreise durch den Westen Nordamerikas kaum enden, denn vor den Silhouetten der schillernden Großstadt und im Licht der untergehenden Sonne glänzt das stählerne Gerüst über einem wellenlosen Pazifik in seiner vollen Pracht.

Nur wenige Wochen nach der Reise werden Ellie und ich zum zweiten Mal reich von meiner Tochter Lena beschenkt, die im August eine Tochter zur Welt bringt. Luisa erobert unsere Herzen im Sturm. Sie in meinen Armen zu halten, ist wie ein Déjà-vu, was auch in den folgenden Jahren weiter Bestand haben wird. Sowohl in ihrem Äußeren als auch in ihrem entzückenden Wesen ist sie ein Spiegelbild ihrer Mama.

Träne im Ozean

Mit Britta gehe ich liebend gerne auf den Swutsch. Bei sommerlichen 25 Grad sitzen wir uns im Biergarten gegenüber und schlabbern ein kühles Blondes, als unerwartet die dumpfen Töne einer Kirchenglocke erklingen. Es ist die Anfangsmelodie des Rockklassikers *Hells Bells* und bedeutet nichts anderes, als dass mein Handy sich gerade meldet. Am anderen Ende des Telefons erkenne ich Thorstens Stimme, doch der sollte auf einem Open-Air-Festival in der Lüneburger Heide sein. Das ist er auch, aber ich kann ihn rein akustisch kaum verstehen, denn es ist eine Mischung aus Weinen und Schreien, die er von sich gibt.

Um ihn besser hören zu können, entferne ich mich vom Tisch. Was er mir dann mitteilt, sprengt den Rahmen meiner Vorstellungskraft. Der fünfjährige Sohn seines Kindergartenfreundes Jens, dem auch ich sehr verbunden bin, ist vor wenigen Stunden in der Weser ertrunken. Schockstarre. Benommen setze ich mich auf eine nahe gelegene Bordsteinkante und höre nur noch herzzerreißendes Wehklagen durch den Lautsprecher des Handys. Minuten vergehen wie Stunden, als bliebe die Zeit stehen. Dann beruhigt er sich ein wenig. Ich kann seine Erschöpfung hören. Wir versuchen beide, nicht komplett den Boden unter den Füßen zu verlieren. Thorsten will schnellstmöglich nach Bremen kommen, um seinen Freunden beizustehen. Als ich gesenkten Hauptes zum Biergartentisch zurückkehre, will Britta von mir wissen, was denn los sei. Zuerst kann ich keine Worte finden. Tränenüberströmt berichte ich ihr von der entsetzlichen Tragödie. Nachdem ich wieder halbwegs bei Sinnen bin, bestelle ich mir ein Taxi und lasse mich, nur für den Fall, dass meine Hilfe benötigt wird, in die Notaufnahme des Klinikums Mitte bringen, wo die Eltern psychologisch betreut werden. Dort sehe ich Jens für eine Zeit lang hinter einer Glasfront auftauchen, doch er verschwindet wieder in den Katakomben des Krankenhauses. Zumindest hat er mitbekommen, dass ich hier bin, und so harre ich unter den grellen Leuchtstoffröhren des Aufenthaltsraumes aus.

In diesen Stunden gehen mir tausend Gedanken durch den Kopf, die ich allesamt gar nicht sortieren kann. Vor allem für Inga und Jens, aber auch für mich selbst ist das Ganze ein Horrorszenario. Als Vater, aber mittlerweile auch als Opa, habe ich mein Leben lang eine enge Bindung zu Kindern gehabt. Es ist eine unerträgliche Vorstellung, dass mein Kind vor mir stirbt. Wie in Trance erlebe ich die nächsten Stunden, bis Thorsten kommt und wir gemeinsam trauern können. Für die nächsten Wochen wohnt er bei uns, um Inga und Jens in ihrem unerträglichen Schmerz tagtäglich begleiten zu können. Seine mehrjährige Hospizarbeit hilft ihm dabei nur bedingt, denn dieser Schicksalsschlag ist zu nah dran. Dadurch kann er nur schwerlich die nötige Distanz aufbringen, die es braucht, um erlernte Mechanismen in Gang zu setzen. Doch in diesem Fall ist es die innige Verbundenheit mit Jens, die ihn diesen schweren Weg gehen lässt. Es sind lange und intensive Tage, die dann auf uns zukommen. Jeden Abend kommt Thorsten erschöpft nach Hause. Wir nehmen uns Zeit, die Erlebnisse offen zu besprechen und den Tränen freien Lauf zu lassen.

Die Trauer über den Tod des kleinen Henry hat unser Leben über Wochen hinweg dominiert, und so kommt die anstehende Reise wie eine seelische Verschnaufpause daher. Auf der Weltkarte erscheint Sri Lanka wie eine Träne im indischen Ozean. In seiner 2.000-jährigen Geschichte bilden spirituelle Rituale und ayurvedische Heilkunst zentrale Säulen einer vielfältigen Kultur. Mit Ellie an meiner Seite ist dies bereits der dritte Besuch in dem Land, das in seiner Vollkommenheit kaum zu überbieten ist. Ob man die nebelverhangenen Berghänge im Teeanbaugebiet des Zentralmassivs bei Kandy oder die mangrovenbewachsenen Lagunen an den palmengesäumten Stränden der südlichen Tieflandregion nimmt, überall vereinen sich unsere Sinneseindrücke zu einem inspirierenden Lebensgefühl.

Auf Sri Lanka könnten wir eine breite Palette an buddhistischen aber auch hinduistischen Pilgerorten für uns entdecken, doch wir picken nur auserwählte heraus, an denen wir mehr Zeit verbringen. In Anuradhapura suchen wir Klosteranlagen, Stupas und Tempel auf. Doch am eindrücklichsten ist eine Prozession von Gläubigen unter dem Bodhibaum, wo Buddha laut Überlieferung seine Erleuchtung fand. Die ehemalige Königsstadt Polonnaruwa, die Höhlenmalereien in den Höhlentempeln von Dambulla und die Überreste der Festung von Sigiriya haben nichts von ihren Reizen verloren. Doch was sich da mittlerweile im Süden Sri Lankas abspielt, spottet jeglicher Beschreibung. In den verschlafenen Ortschaften entlang der Küste haben leicht bekleidete Badeurlauber die Oberhand gewonnen, obwohl dies nun ganz und gar nicht dem Weltbild der strenggläubigen Inselbewohner entspricht. Mich macht so etwas wütend. Der letzte Besuch mit meiner Tochter Lena liegt nun schon eine Weile zurück. Es war in dem Jahr vor dem verheerenden Tsunami, der weite Teile des Landes dem Erdboden gleichgemacht hat. Danach nahm man sich vor, die küstennahen

Gegenden nicht mehr flächendeckend zu bebauen, doch von diesem Vorhaben ist hier nichts zu erkennen. Einzig ein paar Hinweisschilder weisen für so einen Fall ins Landesinnere. Bevor wir in acht Tagen zu unserem Tauchtrip auf die Malediven weiterfliegen, machen wir ausgiebig Strandurlaub. Doch hier ist Vorsicht geboten, da gefährliche Rippströmungen das Baden fast unmöglich machen. Unsere Lodge hat zwar einen Swimmingpool, doch was gibt es Schöneres, als sich in den Weiten des Meeres zu tummeln? Für längere Zeit sehe ich einem einheimischen Jungen zu, wie er furchtlos den Wellen Paroli bietet, um ihm wenig später nachzueifern. Doch das geht schief, denn postwendend wirft mich der tosende Ozean in hohem Bogen zurück an den Strand. Mit einer Doppelrolle vorwärts und mehreren seitlichen Körperdrehungen könnte ich bestimmt beim Bodenturnen punkten, hier jedoch bin ich heilfroh, mir keine Blessuren zuzuziehen.

Der Tod des kleinen Henry hat mich aufgewühlt, und die Erinnerung an ihn bewegt mich sehr. Auf eine gewisse Weise ist er gar nicht gegangen, sondern immer noch unter uns. In der spirituell eingefärbten Welt Sri Lankas wird mir mehr und mehr bewusst, wie sinnvoll auch Hospizarbeit ist. Zu Hause will ich versuchen, diese Gedanken zu vertiefen und gegebenenfalls mit in mein Lebens einfließen zu lassen.

Die Flugzeugtüren auf dem internationalen Flughafen von Gan öffnen sich, und schon auf den Stufen hinunter zur Landebahn verspüre ich Vorfreude. Sie ist doch die schönste Freude! Hier befinden wir uns auf einer Insel des Addu Atolls, ganz im Süden der Malediven, und sind schon Feuer und Flamme, bevor wir das Tauchschiff überhaupt betreten haben.

Tatsächlich treffen wir auf der *Carpe Diem* ein Paar, das wir schon von dem Socorro-Tauchtrip in Mexiko kennen. Im

Empfangsraum herrscht eine gelöste Stimmung, und die geräumige Außenkabine verschafft uns einen vorzüglichen Blick auf den Indischen Ozean. Derweil bespreche ich mich mit der Teamleitung, um meine wenigen Erfordernisse mit ihnen abzuklären. Doch zum allerersten Mal gibt es ein schwerwiegendes Problem. Der Hauptverantwortliche behauptet, dass es aufgrund der übermäßigen Strömungsverhältnisse nicht möglich sei, mir für den unerlässlichen Druckausgleich die Nase zuzudrücken. In Windeseile müssten die Taucher zum Meeresboden vordringen, da dort der geringste Widerstand zu erwarten sei. Immerhin seien die Tauchlehrer auch noch für den Rest ihrer Gruppe zuständig. Ich bin erst einmal bedient. Er bietet mir an, einen eigens für mich abgestellten Tauchguide von der Hauptinsel Male einfliegen zu lassen, selbstverständlich ginge das auf meine eigenen Kosten. Andere Gäste schnappen das auf und bieten mir ihre Unterstützung an, sowohl beim Anziehen des Neoprenanzuges als auch bei den wenigen Handgriffen unter Wasser. Doch ich winke ab und ziehe es vor, mich erst einmal mit Ellie zu besprechen, um nach einer handhabbaren Lösung zu suchen. Sie legt mir nahe, auf das Angebot des Tourleiters einzugehen, damit ich die kommenden Tage stressfrei genießen kann. Tauchen sei meine größte Leidenschaft, und wann werde ich wieder die Gelegenheit bekommen, auf so einer erlesenen Route unterwegs zu sein? Nachdem sich mein Nervenkostüm ein wenig entspannt hat, teile ich der Schiffscrew zähneknirschend die Entscheidung mit, dass sie jemanden herholen soll.

Noch in der Abenddämmerung legen wir ab, um gleich am nächsten Morgen in aller Frühe den ersten Tauchgang zu unternehmen. Wie auch immer sie das so schnell hinbekommen haben, doch noch vor dem Einstieg ins Wasser stehe ich neben meinem ganz persönlichen Buddy. Er wird Ellie und mich, abgekoppelt von allen anderen, fortan in die Unterwasserwelt begleiten. Staffan ist ein richtig netter Typ. Behutsam hilft er mir in die Tauchklamotten. Nur selten habe ich erlebt, dass mir bei dieser Prozedur jemand nicht in die Haut zwickt, doch bei ihm ist das anders. Er hat die Ruhe weg, lässt sich genügend Zeit und spricht alles haargenau mit mir ab. Schon der erste Spot hat es in sich, denn in dieser Zone haben die örtlichen Fischer in früheren Zeiten ihre Fischabfälle in die Fluten gekippt, und das haben sich meine Lieblingstiere hinter die Ohren geschrieben. Ein Sprung in die Tiefe offenbart ihre Anwesenheit, denn drei Tigerhaie liegen schon erwartungsvoll auf der Lauer. Die Sicht unter Wasser ist spitzenmäßig, und die vier bis fünf Meter langen Exemplare gleiten geschmeidig durchs Blauwasser. Sie schenken uns wenig Beachtung, denn Fischfutter sieht doch irgendwie anders aus. Um uns herum tummeln sich glitzernde Seidenhaie, die bis an die Wasseroberfläche in rauen Mengen vorhanden sind. Nahe der Atolle bietet der Ozean alles, was das Taucherherz begehrt: Mantarochen, Haie, Delfine, Walhaie, Schildkröten und flinke Oktopusse. Zwischen den Tauchgängen befinden Ellie und ich uns regelmäßig auf dem Sonnendeck des Schiffes und wundern uns darüber, dass die meisten Tauchgäste unter Deck ihre Videos und Fotos an Laptops bearbeiten. Von den bequemen Sonnenliegen aus haben wir diese phänomenale Kulisse bei einer leichten Brise zum Greifen nahe. In regelmäßigen Abständen entdecken wir Inseln, die aus der Ferne in Zeitlupentempo an uns vorbeiziehen. Noch abgefahrener aber ist es, wenn sich entweder Gruppen von Schweinswalen oder riesige Delfinschulen sehen lassen. Am dritten Tag finden sich in den frühen Morgenstunden Hunderte Spinnerdelfine ein, die uns in flottem Tempo überholen. Auf ihre unnachahmliche Art schießen sie aus dem Wasser und veranstalten dabei abwechselnd Kunstsprünge.

Beim Abendessen lernen wir Sarah und Pat aus den USA kennen, die über außerordentliche Taucherfahrung verfügen. Allein der Zweiundsiebzigjährige mit seinen über 9.000 Tauchgängen ist auf diesem Gebiet ein alter Hase, der jeden Trick und Tipp parat hat. In seiner Heimat besitzt er mehrere Boote und eine Tauchbasis, die an einen weitreichenden See grenzt. Auch in seiner väterlichen Art ist Pat ein brillanter Geschichtenerzähler. Der morgendliche Tauchgang bringt dann hervor, wofür das Tauchen in diesen Breitengraden zum Teil auch gefürchtet ist, nämlich die Strömungsverhältnisse. Nach dem Sprung ins Meer halten wir uns nur wenige Sekunden an der Wasseroberfläche auf, um dann geschwind auf den Meeresgrund zu gelangen. Eine unvorteilhafte Konstellation für jemanden wie mich, der für den notwendigen Druckausgleich gelegentlich etwas mehr Zeit benötigt, um seine adäquate Tauchtiefe zu erreichen. Dennoch ist die Strömung selbst tief unten noch spürbar, sodass wir bei einer Entfernung von zwei Kilometern zum Riff nicht einmal dreißig Sekunden benötigen, um dort anzugelangen. Der Sog entsteht durch Risse im Atollring, da der Ozean seine Wassermassen durch diese Bruchstellen förmlich durchpresst. Großfische haben eine Vorliebe für diese Standorte, weshalb sie perfekte Tauchziele darstellen.

Staffan ist ein erfahrener Tauchlehrer, und nach nur wenigen Tauchgängen sind wir drei ein eingespieltes Team. Mit einem Riffhaken positioniert er mich so an der Bruchkante des Atolls, dass ich eine ausgezeichnete Sicht auf die vorbeiziehenden Fischschwärme habe. Die Masse an Meeresbewohnern, die wie in einem reißenden Strom an mir vorbeizieht, kann ich gar nicht realisieren. Während ich gebannt darauf achte, was um mich herum so kreucht und fleucht, gerät über mir ein unbekanntes Flugobjekt ins Sichtfeld. Fast schwerelos, jedoch in einem Affenzahn, steuert es auf das Korallenriff im Inneren des Atolls zu. Doch es ist nicht etwa ein Astronaut im Raumanzug. Nein, es ist Ellie, die ihre Position auf dem Felsvorsprung verändern wollte und nach dem Loslösen des Riffhakens von der Wucht der Wassermassen mitgerissen wurde. Noch kurz treffen sich unsere Blicke, doch dann verabschiedet sie sich mit einem Handkuss in den schützenden Atollring. Staffan macht mir mit Handzeichen deutlich, dass Ellie dort in Sicherheit ist. Und so wende ich mich wieder dem spektakulären Unterwasseraquarium zu. Am Ende der Flugshow schweben auch Staffan und ich über die bizarre Korallenlandschaft. Ellies Geschwindigkeitsrausch lässt auch den erprobten Tauchguide nicht unberührt, der nach dem Auftauchen so herzhaft lacht, dass er sich am salzigen Meerwasser verschluckt.

Zuerst will keiner so recht mit der Sprache herausrücken, doch die langen Gesichter an Bord werfen ihre unheilvollen Schatten voraus. In unserer Abwesenheit ist von der vorigen Tauchgruppe eine Person in die Schiffsschraube geraten und schwerverletzt mit einem Schlauchboot zu einer nahegelegenen Insel gebracht worden, von wo aus sie mit einem Rettungshubschrauber in das Krankenhaus auf der Hauptinsel ausgeflogen wird. Es ist ausgerechnet der liebenswerte Pat, der von der wuchtigen Dünung unter das Tauchschiff gepresst wurde und lebensgefährliche Schnittverletzungen am Oberschenkel und im Brustbereich erlitten hat. Seine Frau begleitet ihn selbstverständlich, und damit ist für diese beiden das Abenteuer

Malediven beendet. Nicht aber für uns andere. Wären wir in Europa, dann würde ich ohne Umwege die Polizei einschalten, denn das Verhalten des Schiffskapitäns war schon von Anfang an fahrlässig. Obwohl alle Taucher vom hinteren Teil des Schiffes abspringen, lässt er jedes Mal den Motor laufen, um gegen die Dünung zu navigieren. Doch das ist mit Menschen, die sich direkt hinter der Schiffsschraube im Wasser befinden, einfach unverantwortlich. Schon am zweiten Tauchtag hatte ich ihn zur Rede gestellt, doch er hatte nur abgewinkt und mir versichert, dass er schon wüsste, was er da täte. Idiot. Nicht nur ich, auch andere Gäste werden sich beim Veranstalter beschweren, denn diese Art der Ausrichtung ist fahrlässig und grenzt an Körperverletzung. Zu allem Überfluss komme auch ich nicht ungeschoren von dem Luxusdampfer. In der Dusche des Badezimmers rutsche ich auf den spiegelglatten Bodenfliesen aus und schlage ungebremst auf dem harten Untergrund auf. Es deckt schonungslos meine Achillesferse auf, dass ich derartige Stürze mit den Händen nicht abfedern kann. Wie ein Häufchen Elend liege ich benommen auf den Kacheln und sehe nur noch Sterne. Ich bin heilfroh, dass Ellie mit in der Kabine ist. Behutsam schaut sie nach, ob ich mir irgendwelche Knochen gebrochen habe, und richtet mich dann vorsichtig wieder auf.

Auf Tauchstation werde ich heute nicht mehr gehen, habe aber dennoch Glück im Unglück, da ich mich relativ schnell erhole. Und weil die Tiefen der Weltmeere mich magisch anziehen, tauche ich tags darauf mit leichtem Brummschädel zum letzten Mal in die geheimnisvolle Unterwasserwelt der Malediven ein.

Schöne Engel

Er will partout im Freien und nicht im Schankraum Platz nehmen, also suche ich mit Hermann unter dem Baum vor der Szenekneipe Litfaß Schutz vor dem strömenden Regen. Diese Umgebung ist wie ein zweites Wohnzimmer, denn gegenüber am Ostertorsteinweg betreibt er zusammen mit seiner Frau Rita seit mehr als 20 Jahren einen florierenden Second-Hand-Laden. Die Bedienung fragt überrascht, warum wir nicht drinnen Platz nehmen wollen, doch als sie Hermann anschaut, dem die Tränen in den Augen stehen, verstummt sie und regelt die Bestellung wenig später nur mit mir. Oft hat Hermann hier bei mehreren Bierchen die Spiele seiner Fußballmannschaft Werder Bremen vor einer Großbildleinwand verfolgt. Doch jetzt hat er einen schweren Schicksalsschlag zu verkraften, denn eine Krebsdiagnose macht ihm schwer zu schaffen. Er gehört zu den Männern, die von sich behaupten, niemals zu weinen. An diesem Nachmittag bringt er seine Ängste darüber zum Ausdruck, dass er sehr bald sterben könne. Der größte Wunsch wäre es, in ferner Zukunft seine Enkelkinder aufwachsen zu sehen, die bis jetzt allerdings nur in seiner Vorstellung existieren. Auch wenn uns keine enge Freundschaft verbindet, so haben wir bei jedem Beisammensein einen guten Draht zueinander, so auch an diesem Tag. Und so schwelgen wir in alten Zeiten und hoffen beide auf ein Wunder, denn Bauchspeicheldrüsenkrebs ist eine bittere Diagnose.

Die Monate ziehen ins Land, und nach einem chirurgischen Eingriff im Herbst verbessert sich sein Zustand zusehends, im Januar wird er von seinem behandelnden Arzt sogar als geheilt entlassen. Hermann kann sein Glück kaum fassen und so sprechen wir telefonisch ab, dass es bald mal wieder Zeit für ein paar Kaltgetränke sei. Umso größer der Schock, als er kurz darauf einen Rückfall erleidet und nach beklemmenden Wochen noch im Frühjahr verstirbt. Bei der Trauerfeier in einer kleinen Kapelle treffe ich auf viele Weggefährten der vergangenen Jahrzehnte. Seine Tochter Laura hält vor annähernd 100 Menschen in einem Café an der Weser die Trauerrede. Sie macht das auf eine Art und Weise, die nicht nur mich beeindruckt und dem guten Hermann ein Lächeln ins Gesicht gezaubert hätte.

Ein Anruf genügt, und schon sitze ich in den Büroräumen des Bremer Hospizvereins Horn im gleichnamigen Stadtteil. Angeschlossen an ein Seniorenwohnheim findet im kommenden Quartal ein Hospizkurs statt, für den ich Interesse anmelde. Bevor ich meine Teilnahme zusage, möchte ich noch offene Fragen erörtern. In erster Linie will ich sicherstellen, dass der Kurs keine religiösen Formen annimmt. Das Gespräch mit den Hospizmitarbeitern zerstreut jegliche Bedenken, und so sage ich zu. Nur zwei Wochen später treten zwei Seminarleiter und dreizehn Seminarteilnehmer auf den Plan, um bei einem ersten Kennenlernen die Weichen für die kommenden Monate zu stellen.

Wie in vielen sozialen Arbeitsfeldern, so spiegelt sich auch hier eine klassische Geschlechterverteilung wider, denn die einzigen männlichen Teilnehmer sind Bruno und ich. Zu Anfang geht es darum, die Eckpunkte des Kurses zu erörtern und auch schon mal zu horchen, bei wem ein weitergehendes Interesse an Hospizarbeit besteht. Christian und Rüdiger sind gut vorbereitet und schaffen es, alle hier Versammelten zu einem regen Gedankenaustausch zu animieren. Als ich mich der Gruppe persönlich vorstelle, werfe ich Bedenken in den Ring. Es stellt sich mir die Frage, ob die ausführliche Beschäftigung mit dem Thema Tod mein zumeist positives Lebensgefühl negativ beeinflussen könnte. Doch auf diese Frage können mir selbst die erfahrenen Teamleiter keine Antwort geben. Derlei Befürchtungen können nur eigene Erfahrungen entweder bestätigen oder ad acta legen. Da die meisten Kursteilnehmer noch im Arbeitsprozess stecken, finden die jeweiligen Seminare hauptsächlich zu vorher festgelegten Wochenendterminen statt. Die einzelnen Bausteine sind vielschichtig. Sie reichen von dem Besuch eines stationären Hospizes, eines Bestattungsinstitutes bis hin zu den Ausführungen einer Palliativmedizinerin. Die Teamleiter sind kreativ und bereiten Plattformen, anhand derer sich eine vortreffliche Gruppendynamik entwickelt. Es sind tiefgründige Seminarerfahrungen, die uns als verschworene Gemeinschaft zusammenwachsen lässt. Am letzten gemeinsamen Wochenende werden wir durch eine Sterbemeditation auf nachdrückliche Weise mit dem Sterbeprozess konfrontiert. Die Selbstreflexion von Ängsten und Verhaltensmustern kann uns in die Lage versetzen, ein erweitertes Handlungsspektrum zu erwerben, um sowohl den Herausforderungen des Lebens als auch denen des Ablebens uneingeschränkt zu begegnen.

Diese Herangehensweise liegt mir. Durch Begleitung können wir Sterbende ermutigen, im Momentum zu leben und zugleich ein Bewusstsein dafür zu entwickeln. Viele Betroffene stellen genau dann die Frage nach dem Sinn ihres Daseins, doch eine Antwort darauf werden Sterbebegleiter nicht haben. Vielmehr können wir den Menschen im Sterbeprozess dadurch zur Seite stehen, dass wir ihnen Türen öffnen, um bis zum Schluss ihr eigenes Leben zu leben. Für mich kommt dieser Hospizkurs genau zur richtigen Zeit, denn schon seit mehreren Jahren beschäftigen mich Themen wie Kommunikation und Resonanz. In einer möglichen Zeit als Sterbebegleiter wären Zuhören und Wahrnehmen die zentralen Attribute. In einer medial gestalteten Außenwelt, in der viele darauf programmiert sind, nur sich selbst zu reproduzieren und in den Vordergrund zu stellen, gerät Selbstwahrnehmung oft ins Hintertreffen. An genau dem Punkt kann auch Hospizarbeit ansetzen, um ein Umdenken zu erwirken. Am Ende des Hospizkurses überreichen mir Christian und Rüder ein Zertifikat, das mich von nun an dazu berechtigt, als ehrenamtlicher Sterbebegleiter tätig zu werden.

Meine ersten Sterbebegleitungen sind allesamt nicht von langer Dauer, da es sich um alte und schwerstkranke Menschen handelt. Bei der Begleitung einer fünfundneunzigjährigen Dame erhalte ich von den Krankenpflegerinnen des Altenheimes die Information, dass die bettlägerige Frau nur noch nonverbal kommunizieren kann. Einstweilen bin ich schon routinierter und gestalte die Besuche mit Bedacht. Zuerst einmal muss sich Frau Sturm daran gewöhnen, dass ein Mann mit kurzen Armen an ihrer Seite ist. Da ist sie jedoch unkompliziert, denn schon beim zweiten Besuch reiche ich ihr Kuchen an, und beim dritten spiele ich ihr Musik vor. Auf einem Smartphone habe ich Lieder des Sängers Johnny Glut parat, bei denen ich die Vermutung habe, dass sie auch ihr gefallen könnten. In erträglicher Lautstärke und untermalt von einem Akkordeon erschallt der Song *Wir tingeln überall* durch das Zimmer. Zufrieden stelle ich fest, dass die alte

Dame vor Vergnügen mit den Fußzehen wackelt. Es klopft an der Zimmertür, und herein spaziert eine der Pflegerinnen, die wie jeden Nachmittag Tee und Kuchen serviert. Leicht tänzelnd verlässt sie den Raum, und so mache ich mich an die Arbeit, das kleine Stückchen Schokoladenkuchen in den lauwarmem Kamillentee zu tunken, damit ihn Frau Sturm trotz fehlender Zähne mühelos kauen kann. Ratzeputz vertilgt sie das Törtchen und leckt sich zum Schluss die restlichen Schokokrümel genüsslich von der Oberlippe.

Heute bleibe ich länger, denn ich habe vor, dem kargen Raum ein paar Farbtupfer zu verpassen. Nach Absprache mit dem Pflegepersonal hänge ich ein paar blumige Bilder an den Wänden auf. Diese entreiße ich einem Kalender, den mir neulich ein Mitarbeiter der Sparkassenfiliale untergejubelt hat. Als ich ihm verrate, dass ich diesen für meine Hospiztätigkeit verwenden werde, greift er, ohne zu überlegen, unter seinen Tresen und händigt mir einen ganzen Stapel davon aus. Da Frau Sturm noch einigermaßen gut sehen kann, bringt diese Veränderung ein wenig Glanz in diese triste Hütte. Nach fast einem Jahr ist es eine Genugtuung, dass sie im Einklang mit sich und der Welt friedvoll gehen kann.

Meiner Seele tut es gut, nach intensiven Sterbebegleitungen einen gewissen Abstand herzustellen. In dieser regenerativen Auszeit, aber natürlich auch während der aktiven Begleitphase, ist die Supervision des Hospizvereins ein probates Mittel, das Erlebte zu reflektieren und somit leichter zu verarbeiten. Es werden unweigerlich Einzelschicksale auf mich warten, mit denen ich in Berührung komme. Von Christian aus dem Hospizbüro erhalte ich den Anruf, dass es die Anfrage einer Familie gäbe, ihren 43-jährigen Sohn im Sterbeprozess zu begleiten. Bei Ralph, der im Bremer Stadtteil Schwachhausen wohnhaft ist, wurde vor einem Dreivierteljahr ein bösartiger Hirntumor diagnostiziert, der in einer aufwendigen OP nicht vollständig entfernt werden konnte und sein aggressives Wachstum weiter fortsetzt.

Auch wenn er etwas wacklig auf den Beinen ist, so schafft er es bei meinem ersten Besuch dennoch, den Türöffner zu betätigen. Ein wenig mitgenommen sieht er schon aus, als ich im zweiten Stockwerk ankomme. Die Inneneinrichtung lässt erahnen, dass Ralph ein angenehmes Leben führt. Das Ledersofa in der Ecke, Hochglanzbilder von Sportwagen und eine moderne Hi-Fi-Anlage sprechen für sich. Ralph ist ein netter Typ, der mir sofort etwas zu trinken anbietet, dass ich mir aber selbst aus der Küche holen muss. Wir kommen schnell ins Gespräch und reden über Musik und Autos, wobei Letztere nicht mein Steckenpferd sind. Bevor ich gehe, spricht er dann noch seine schwere Erkrankung an. Wenn ich ihn betrachte, dann sticht die Narbe an seinem Kopf ins Auge. In groben Zügen berichtet er mir von der albtraumhaften Zeit der letzten Monate, die ihn aus der Bahn geworfen hat. Dann lächelt er mich an und bringt seine Freude darüber zum Ausdruck, dass ich hier an seiner Seite bin und vorhabe, in sechs Tagen wiederzukommen. In der darauffolgenden Woche wird mir die Wohnungstür von seiner Mama geöffnet, die schon mal Kaffee und Kuchen vorbereitet hat. Sie ist eine zuvorkommende Frau, die sich zuallererst für mein Engagement bedankt und mir daraufhin das Du anbietet. Da es Ralph immens schwer fällt, sein Bett zu verlassen, machen wir es uns halt im Wohnzimmer gemütlich, das mittlerweile zu seinem Schlafzimmer geworden ist. Die Stimmung ist gelöst, und der Käsekuchen, den Lisbeth am Vortag gebacken hat, tut sein übriges. Als ich ihr in der Küche dabei behilflich bin, das Geschirr in den Spülautomaten zu räumen, bleibt sie regungslos mitten im Raum stehen und fängt bitterlich an zu weinen. Zuerst bin ich unsicher, doch dann nehme ich sie fest in meine Arme. Nun wird mir bewusst, was Hospizarbeit auch bedeutet, nämlich Trauerbegleitung. Dieser Prozess setzt, meiner Auffassung nach, schon vor dem Tod der sterbenden Menschen ein, denn die Angehörigen sind in Extremsituationen gefangen, die keinen Ausweg aus dieser Sackgasse aufzeigen. Während die unheilbar Kranken ihren Emotionen oft freien Lauf lassen, sobald sie das Unausweichliche akzeptiert haben, verhält sich das bei den Angehörigen anders. In den meisten Fällen fällt es denen sehr schwer, ihre Liebsten loszulassen. Daher bewegen sie sich auch immer wieder am Rande der Verzweiflung. Bei meinem nächsten Besuch sind wir zu viert, denn auch Ralphs Papa will mich heute kennenlernen. Werner ist ein sanftmütiger Mann, der sich mir auf eine besondere Art vorstellt. Bevor überhaupt die Sprache auf seinen Sohn fällt, hält er ein flammendes Plädoyer auf Lisbeth, die für ihn die großartigste Frau auf Erden sei. Kaum hat er zu Ende gesprochen, da überkommen auch ihn die quälenden Emotionen, und in kürzester Zeit schüttelt ein Weinkrampf seinen Körper. In der Küche fassen wir drei uns bei den Schultern. Damit bekunden wir sowohl unser Gemeinschaftsgefühl als auch die Zuneigung füreinander.

Als wir zwei Monate später an Ralphs Bett stehen, wird dessen kritischer Zustand überdeutlich. Irgendwann aber wird der Umzug in ein Pflegeheim unausweichlich, in dem er seine letzten Tage verbringt, bevor er nach schwerer Krankheit aus dem Leben gerissen wird. Auch wenn es als Sterbebegleiter keine Selbstverständlichkeit ist, so folge ich doch gern der Einladung zu Ralphs Beerdigung. Der

Kontakt bricht nicht ab, und als Zeichen der Verbundenheit sind Ellie und ich zu einem weihnachtlichen Adventskaffee eingeladen. Neben der Kaffeetafel lächelt uns Ralph, der auf diese Weise gegenwärtig ist, von einem Bilderrahmen aus zu. Die alten Geschichten, als er noch mit dem Rennrad das weit entfernte Elternhaus aufsuchte, überdauern auch hier ihre Zeit. Nach leidvollen Erfahrungen verbindet uns ein starkes Band, und das fühlt sich gut an. Auch im Zusammenspiel mit mir fällt es Ralphs Familie leichter, die guten Zeiten zu würdigen und mit Dankbarkeit zurückzuschauen. Genau deshalb bin ich ehrenamtlicher Sterbebegleiter.

Nach Ralphs Tod melde ich mich für einige Zeit beim Hospizverein ab, denn all das Erlebte muss ich erst einmal verkraften. Mit Ellie verabrede ich einen Kurzurlaub auf die Nordseeinsel Spiekeroog, die wir nun schon zum vierten Mal besuchen. Ob es die Strandspaziergänge in den Salzwiesen, die Saunagänge im Dünen-Spa sind oder einfach nur das Popcorn beim Minions-Film im Inselkino, diese Tage an der Seite meiner Liebsten tun mir unendlich gut. Auf der naturbelassenen Insel kann ich die Seele baumeln lassen und in aller Ruhe auftanken. Das gleiche gilt für Ellie, die bei ihrer Arbeit in einer Wohngruppe für Menschen mit geistiger Einschränkung täglich vor enorme Herausforderungen gestellt wird und psychisch schon seit Jahren am Limit angelangt ist. Wie in so vielen anderen Sozialeinrichtungen sind es auch in ihrem Tätigkeitsfeld strukturelle Aspekte, die den Zielen Teilhabe und Inklusion diametral entgegenstehen.

Nach der Erholungsphase auf Spiekeroog nehmen wir uns wieder einmal vor, gute Vorsätze in den Bremer Lebensalltag zu integrieren. Der beginnt für mich bei einer Skatrunde mit

Sabine und Pharma C, für die Burkhard krankheitsbedingt abgesagt hat. Wie gut, dass wir uns zu viert zusammengeschlossen haben, so ist unser Kartenspiel auch ohne ihn möglich. An dem Abend überrascht Sabine mit wohlschmeckenden Grünkohl-Chips aus dem Backofen, die besonders Burkhard munden würden. Schon seit geraumer Zeit hat der nämlich seine Lebensweise auf vegane Ernährung umgestellt. Doch nur wenige Tage später berichtet er mir, dass unser gemeinsamer Hausarzt ihm eine schreckliche Diagnose gestellt hat. Burkhard leidet an einer unheilbaren Krankheit. Ich bin geschockt und kann diese Nachricht zuerst gar nicht einordnen. Bei der nächsten Begegnung hat er nur ein kleines Zeitfenster, da er voller Hoffnung versuchen will, eine geeignete und schonende Therapieform ausfindig zu machen. Innerlich bin ich zerrissen und gleichzeitig traurig, will mir das aber nicht anmerken lassen. Wie schon unzählige Male zuvor, verabschieden wir uns vertrauensvoll, doch diesmal fühlt es sich anders an. Nur 24 Stunden später liegt eine E-Mail in meinem Postfach, in der er sich bei mir für die innige Umarmung bedankt, die ihm sehr gut getan habe. Und genau das ist mein Freund Burkhard, so wie ich ihn von Beginn an wahrgenommen habe. Diese Art der Wertschätzung ist eine Tugend, die er den meisten entgegenbringt, auch in seinen Arbeitsprozessen. Nach jahrelangem Ringen hat er es geschafft, als Sozialarbeiter Projekte umzusetzen, die vorher undenkbar waren. Eben weil er die Fähigkeit besitzt, seinem Gegenüber auf eine ganz eigene Weise zugewandt zu sein, kann er sich als Coach im Bereich Männer gegen Männergewalt auch bei gewalttätigen Jugendlichen Gehör verschaffen, um ihnen auf ihrem Weg aus der Misere heraus hilfreich zur Seite zu stehen.

In den ersten Wochen nach der Schockdiagnose versucht Burkhard alles, um alternative Behandlungsmethoden zu prüfen, was viel Zeit in Anspruch nimmt. Wir haben nur losen Kontakt, denn ich möchte seine Konstitution in dieser Phase nicht überstrapazieren. An einem Sommertag sind wir dann endlich verabredet, und auch Sabine begleitet mich nach Fischerhude, wo er seinen Traum vom Landleben zusammen mit seiner Freundin verwirklicht hat. Die beiden sind unzertrennlich und bilden seit Langem eine glückliche Lebensgemeinschaft, genau so, wie er es sich immer gewünscht hat. Der Nachmittag ist nicht leicht für mich, da ich die große Sorge um ihn schwerlich teilen kann. Zwei Wochen später sind wir dann zu seiner Geburtstagsfeier eingeladen. Im Freundeskreis hält Burkhard eine Begrüßungsansprache, bei der er kundtut, dass ein Jahr später am selben Ort eine Tanzparty stattfinden solle. Zu seinem 60. Geburtstag wolle er selbst als DJ tätig werden, und alle wissen im Nu, mit welcher Musikrichtung er diesem Fest den Stempel aufdrücken wird. Der Reggae gehört zu ihm wie der Mond zu den Sternen, und ich kenne niemanden, der diesen Musikstil eindrücklicher auf die Tanzfläche projizieren könnte.

Sechs Wochen später bimmelt das Festnetztelefon. In Leuchtschrift sticht Sabines Namen auf dem Display hervor. Meine böse Vorahnung ist berechtigt, denn sie teilt mir mit, dass unser Freund am Vorabend verstorben ist. Verloren stehe ich mit dem Telefonhörer im Wohnzimmer herum und muss Sabine nicht groß erläutern, warum ich direkt wieder auflegen will. Eine tiefe Leere überkommt mich. Es fühlt sich so an, als würde ein Teil von mir selbst sterben. In der Folgezeit ziehe ich mich von sämtlichen Aktivitäten zurück, denn ich will meiner Trauer freien Lauf lassen. Stetig kommt mir unsere gemeinsame Portugal-Reise in den Sinn. Dort haben wir in endlosen Debatten über unser Rollenverständnis als Männer philosophiert. Schon damals war es Burkhards Ziel, über selbstreflektierte Erkenntnisse einen tieferen Zugang sowohl zu sich selbst als auch zu sozialer Arbeit zu erhalten. Auf den Autofahrten zu seinen zahlreichen Bekannten im ganzen Land stand der CD-Player nicht still. Rauf und runter haben wir die Songs von Funny van Dannen gedudelt, der mit seinen scharfsinnigen Texten seit jeher unseren Nerv traf. In Burkhards Lieblingslied *Lesbische schwarze Behinderte* vertritt der Liedermacher die Ansicht, die auch wir teilen, dass nämlich auch Vertreter gesellschaftlicher Randgruppen ätzend sein können. Es war diese gelungene Mischung aus ernsthafter Haltung und humorvoller Gelassenheit, die uns stets vereint hat.

Burkhard war im Grunde genommen ein entscheidender Faktor meiner persönlichen Entwicklungsgeschichte. Für mich ist es überhaupt nicht begreifbar, ihn binnen so kurzer Zeit verloren zu haben. Auch die Hospizarbeit bietet mir wenige Ansätze zur Trauerbewältigung, da meine innere Verbundenheit zu ihm die erworbenen Kompetenzen in den Hintergrund drängt. Nach reiflicher Überlegung fasse ich den Entschluss, in seiner Geburtsstadt Celle eine Trauerrede für ihn zu halten. Bei den Vorbereitungen stoße ich auf ein Gedicht von Antje Sabine Naegeli, das seinen Lebensmut in treffenden Worten widerspiegelt:

Es übersteigt meine Kraft. Es ist eine Zumutung.
Ich bin auch nur ein Mensch. Das schaffe ich nie.
Ich kann's, sagte die Liebe.

Noch vor der Trauerfeier suche ich meinen Hausarzt wegen ständiger Allergiebeschwerden auf und gewähre Einblick in mein Gefühlsleben. Offen lege ich ihm dar, dass sich Burkhards Tod wie eine klaffende Wunde anfühlt, die nicht aufhören will, zu bluten. Nach langem Schweigen ergreift er das Wort und sagt etwas, das mich zutiefst berührt und auch Trost spendet: „Es gibt Menschen, die uns wie Engel erscheinen. Es gibt besondere Menschen, die uns wie schöne Engel erscheinen. Wir können aber sicher sein, sie wiederzusehen."

Er erweist mir die Ehre, diese Metaphern in die Trauerrede mit einfließen zu lassen. Doch zu meinem größten Bedauern kommt es erst gar nicht dazu, denn einen Tag vor der Trauerfeier erleide ich eine so schwerwiegende Infektion, dass die Absage unausweichlich ist. Untröstlich muss ich damit fertig werden, mich nicht gebührend von dem Menschen verabschieden zu können, der bei mir einen unsterblichen Herzabdruck hinterlassen hat.

Südseekrabben beim Liebesspiel

Als uns die waschechte Polynesierin Flora auf Huahine zur Begrüßung eine Blumenkette um den Hals legt, wird der Südseetraum wachgeküsst. Der süße Duft der Frangipaniblüten ist genauso unverwechselbar wie die Freundlichkeit dieser Menschen. In einem Jeep fährt uns Flora zu ihrem Steinhaus, wo wir für drei Tage eine Bleibe haben. Von der Veranda aus sind wir nur einen Steinwurf vom Riff des Atolls entfernt. Mit voller Wucht prallen die Wellen gegen eine Steinmauer, die mit ihrer grünen Patina einen verwitterten Eindruck macht. Das Wohnhaus liegt inmitten eines botanischen Gartens, umringt von blühenden Frangipanisträuchern und Kokospalmen. Mit zur Hausgemeinschaft zählt ein Familienhund namens Brock. Der Boxer älteren Semesters hat eine putzige Eigenart, er ist nämlich Walmelder. Laut Flora kann er Wale dann orten, wenn diese ihre Fontänen ausblasen. Zurzeit ziehen Walkolonnen, von der Antarktis herkommend, durch die Südsee gen Norden, um dort in wärmeren Gewässern ihre Jungen zur Welt zu bringen. Also alle Augen auf den Ozean gerichtet, wenn Brock lauthals bellt.

Dass Restaurants nicht verfügbar sind, ist mehr oder weniger egal, da Flora eine ausgezeichnete Köchin ist. Bei ihr sind noch vier andere Gäste untergebracht, sodass wir am frühen Abend zusammen mit ihnen an einem einladenden Mahagonitisch dinieren. Schon die Vorspeise ist deliziös und wird mit Kräutern aus dem eigenen Garten zubereitet. Innerlich zuckt Ellie zusammen, denn als Hauptgericht gibt es rohen Fisch, das ist Tradition in der Südsee. Flora kredenzt ein Thunfischsashimi auf die Teller. Zu Ellies Zufriedenheit dreht sie zum Schluss eine Runde entlang des Tisches, um die rohen Filetstücke mit kochendem Kokosöl zu übergießen. Doch diese abgemilderte Form der Essenszubereitung ist eine Ausnahme. Mal sehen, welche kulinarischen Kuriositäten uns noch so in die Quere kommen. Und wie unsere Mägen darauf reagieren.

Auf Maupiti sind wir bei Sandra untergebracht, die schon am Hafen durch ihr plumpes Auftreten daherkommt. Zuerst wundern wir uns darüber, dass sie den nahegelegenen Strand anfährt, obwohl wir noch nicht einmal eingecheckt haben. Wenig später kennen wir den Grund, denn sie wollte uns nur ein wenig aufmuntern. Der fensterlose Wohnraum ist außerhalb jeglicher Vorstellungskraft. Jeder deutsche Kaninchenstall hat einen höheren Wohnwert. Auch in schwierigen Momenten haben Ellie und ich gelernt, konsequent zusammenzuhalten. Aktuell bedeutet das, aus dieser Situation herauszugehen, um nicht gänzlich in Depressionen zu verfallen. Planlos laufen wir den schmalen Weg zum Meer herunter, um andere Optionen auszuloten. Neidisch bestaunen wir das Beach Escape. Die nette Besitzerin ist zur Zeit gerade im Vorgarten, und so schildere ich ihr unsere missliche Lage. Doch erwartungsgemäß ist die Unterkunft ausgebucht, wobei in zwei Tagen etwas frei wird. Sie führt uns das Zimmer vor, welches gemütlich eingerichtet und gleich mit zwei Fenstern ausgestattet ist. Auf dem gesamten Areal stehen oder hängen Kübel voller Blumen und tropischer Pflanzen. Noch entzückender ist der Außenbereich. Für die Gäste stehen Hängematten, Liegestühle, Kajaks und sogar Tretboote zur freien Verfügung. Weniger entzückend ist der Übernachtungspreis, aber in diesen sauren Apfel müssen wir wohl beißen. Ohne zu zögern, reserviere ich und mache unmittelbar eine Anzahlung. Sandra nimmt den Wechselwunsch widerstandslos hin. Nun müssen wir nur noch die restliche Zeit überbrücken. Am nächsten Morgen entschließen wir uns dazu, den Tag im Freien zu vertrödeln.

Als „Motu" wird in Französisch-Polynesien ein den Hauptinseln vorgelagertes, zumeist unbewohntes Eiland innerhalb der Grenzen eines Atolls bezeichnet. Genau so eins wollen wir heute aufsuchen. Es liegt dem hiesigen Küstenabschnitt einen Kilometer entfernt gegenüber. Da uns das Meerwasser bis an die Hüften reicht, sollte ein Gang dahin machbar sein. Das Ganze hat sogar einen Hauch von Wassergymnastik. Schon nach wenigen Metern eskortieren uns zwei Stachelrochen und ein Babyhai. Drüben angekommen, stellt sich unweigerlich eine Art Robinson-Crusoe-Gefühl ein. Eine Ansammlung tropischer Palmenhaine, umgeben von einem fulminanten Ozean. Dummerweise haben wir die Neoprenschuhe auf Maupiti gelassen, was sich auf diesem Untergrund als problematisch erweist. Dabei hatten wir gar nicht vor, hier länger zu verweilen, doch es ist wie im Paradies. So tippeln wir auf Zehenspitzen über die scharfkantigen Muschelbänke und gönnen uns einen ergiebigen Wohlfühltag. Mit seinen ledrigen Laubblättern spendet ein Brotfruchtbaum ausreichend Schatten. Die ausgedehnten Badepausen in den vom Außenriff geschützten Bassins sind himmlisch. In denen studieren wir quirlige Südseekrabben beim Liebesspiel. Für uns Voyeuristen muten ihre Stellungen waghalsig an, aber erschwerend kommt für die Einsiedlerkrebse hinzu, dass sie ihre Muschelhäuschen auf dem Rücken herumschleppen. Sex in dieser prekären Lage ist halt nicht so leicht zu praktizieren, aber wat mutt, dat mutt.

Der Nachmittag neigt sich dem Ende entgegen. Noch ein allerletztes Bad, dann werden wir uns auf den Heimweg begeben. Ausgelassen planschen wir im kristallklaren Wasser. Da durchbricht ein gellender Aufschrei die Stille. Ellie deutet auf unseren Liegeplatz, wo jemand mit der Strandtasche unterm Arm im Gebüsch verschwindet. Wie von Sinnen hechte ich aus dem Naturpool und renne dem Dieb hinterher. Doch die Verfolgung ist zwecklos, denn mit bloßen Füßen und auf diesem Geläuf bin ich auf verlorenem Posten. Hektisch sammeln wir die Sarongs ein und biegen zu der Stelle ab, wo wir am Vormittag angelandet sind. Wir hegen die Hoffnung, dass er irgendwo ein Boot hat, um damit die Flucht anzutreten. Plötzlich stöbern wir unter Palmen zwei Gestalten auf, von denen der eine Kokosnüsse zerhackt. Ellie glaubt, den Täter ermittelt zu haben und bezichtigt ihn des Diebstahls. Der ist rein gar nicht im Bilde, doch anhand der Gestik wird ihm deutlich, worum es hier überhaupt geht. Derweil suche ich erfolglos die nähere Umgebung nach unserer Tasche ab. Der andere Typ betritt die Bildfläche und möchte wissen, was denn los sei. Er spricht etwas Englisch und will Licht ins Dunkel bringen. In aller Deutlichkeit bringt er zum Ausdruck, dass sie Brüder seien und ihrer Haupttätigkeit nachgingen, nämlich Kokosnüsse zu Öl zu verarbeiten. Im weiteren Verlauf wird mir der Vorwurf langsam peinlich, und ich entschuldige mich aufrichtig. Der Verdächtigte steht immer noch neben sich, und wir können heilfroh sein, dass er nicht weiter eskaliert. Schließlich treffen Ellie und ich eine zweifelhafte Entscheidung. Sie geht zurück zur Insel, und ich versuche, weitere Nachforschungen anzustellen, um im besten Fall einen Teil von dem zu retten, was uns gestohlen wurde. Es geht um die wasserdichte Strandtasche, in der sich Ellies brandneues iPhone, ihre Gleitsichtsonnenbrille, zwei Tauchermasken, Badeklamotten und Sonnencremes befinden. Mit einem flüchtigen Kuss verabschiedet sich Ellie von mir. Der Englisch sprechende Bruder stellt sich mir als Edward vor und will behilflich sein. Er holt seine Machete hervor und gibt damit die Richtung an, in der ich ihm in den dichten Dschungel folgen soll. Ich atme tief durch und schließe mich an.

Strammen Schrittes geht er voran und positioniert die Machete derart auf seiner Schulter, dass diese sich in Tuchfühlung zu meiner Halsschlagader befindet. Während er immerhin ausgelatschte Sandalen trägt, laufe ich barfuß. Mein Herz pocht ohne Unterlass. Da ist diese feuchtwarme Hitze, die mir immer mehr zu schaffen macht. Alles dreht sich, es rumort in mir, und tausend Gedanken schießen gleichzeitig durch meinen Kopf. Wer ist dieser Edward überhaupt? Waren die vermeintlichen Brüder tatsächlich bei der Arbeit? Sind sie Freunde oder Feinde? In regelmäßigen Abständen verschwinden weltweit Menschen abseits der altbekannten Routen. Und hier bin ich sogar an einem der einsamsten Orte auf diesem Planeten gestrandet. Wird Ellie sicher ankommen? Wir haben niemandem von dem Vorhaben in Kenntnis gesetzt, dem Eiland einen Besuch abzustatten. Kein Mensch würde uns hier vermuten. Ständig gerät die messerscharfe Machete in mein Sichtfeld, mit der Edward uns einen Weg durch das Buschwerk freischlägt. Irgendwann taumele ich nur noch, werde panisch und bleibe abrupt stehen. Hier ist für mich Endstation. Irritiert blinzelt Edward mich an. Ich will einfach umkehren und am Strand auf ihn warten. Er nickt zustimmend und setzt seinen Weg fort. Meine Trinkflasche ist fast leer, doch den letzten Schluck daraus nehme ich erst an der Wasserkante zu mir. Der Blick schweift nach Maupiti, wo Ellie in der Ferne durch das flache Meerwasser stapft. Nach einer Viertelstunde kommt Edward mit leeren Händen zurück. Doch er hat noch ein weiteres Ass im Ärmel. Er berichtet mir von einem Typen namens Nawa, der im Zentrum des Motus eine illegale Behausung errichtet hat. Der Kerl sei polizeibekannt, da er schon mehrfach Touristen bestohlen hat. Schon vor langer Zeit sollte er für diese Vergehen hinter Gitter gebracht werden, doch die Mühlen der Justiz mahlen hier eher gemächlich. Heute nun will Edward ihn ausfindig machen und in meiner Gegenwart mit der Anschuldigung konfrontieren. Doch dafür müssen wir eine ganz andere Richtung einschlagen. Eine Zeit lang gehen wir am Ufer entlang, bis mein Begleiter nach links in den Regenwald abbiegt. Zu ihm habe ich nun ein Vertrauensverhältnis aufgebaut, und auch die monströse Machete flößt mir keine Furcht mehr ein. Der Waldboden unter unseren Füßen ist morastig und das Vorankommen beschwerlich, doch wenigstens gibt es einen schmalen Pfad, an dem wir uns orientieren können. Nach einiger Zeit kommen wir zu einer verborgenen Lichtung. Im späten Nachmittagslicht taucht eine Bretterbude auf. Überall liegt Unrat herum und es herrscht Chaos. Eine glimmende Feuerstelle und erst kürzlich abgewaschenes Plastikgeschirr zeugen von Nawas Aufenthalt. Edward durchwühlt den Verschlag, kann aber nichts finden. Im Schatten ausladender Bäume verharren wir in Lauerstellung, denn Nawa soll überrumpelt werden. Mein verschwitzter Körper ist einstweilen das Angriffsziel lästiger Tigermücken

Der Spuk dauert eine ganze Weile, dann geben wir auf. Mit der Zeit büßen auch die Sonnenstrahlen an Intensität ein. Mit einem innigen Dankeschön verabschiede ich mich von

Edward. Aufgewühlt von den Ereignissen des Tages erreiche ich die Unterkunft. Ein älterer Polizist, der die Ermittlungen aufnimmt, erwartet mich bereits in Sandras Küche. Es ist zuvorkommend von ihr, dass sie ihn alarmiert hat. Auch vor dem Hintergrund, dass wir am nächsten Tag ihre Pension verlassen werden. Der Polizist glotzt mich an, als sei ich von einem anderen Stern. Um seine Anspannung ein wenig zu lösen, reiche ich ihm unbekümmert die Hand. Nur zögerlich schlägt er ein. Sandra übersetzt für uns und schildert den Sachverhalt. Zusammen mit einem Kollegen will der Beamte am nächsten Morgen mit mir zum Motu fahren, um diesen Nawa aufzustöbern. Ich appelliere an ihn, mir auch eine Pistole auszuhändigen, doch er ignoriert den abstrusen Vorschlag, und so bleibt es bei der Verabredung.

Die Fahrt mit dem Polizeiboot ist langwierig, denn wir befinden uns auf einem maroden Holzkahn, der jede Sekunde absaufen könnte. Wollte ich auf Maupiti eine Bank ausrauben, so wäre die Flucht auf einer gut aufgeblasenen Gummiente bei entsprechendem Rückenwind ein Kinderspiel. Der Polizeibeamte hat einen jüngeren Kollege mitgenommen, der gebrochen Englisch spricht. Zum wiederholten Mal ist die Nachforschung in Nawas Behausung nicht von Erfolg gekrönt, also muss der Einsatz wohl abgebrochen werden. Doch so schnell will ich nicht aufgeben. Also bitte ich sie darum, einmal die Stelle zu inspizieren, an der wir gestern beklaut wurden. Gut möglich, dass der Räuber dort etwas verloren oder gar weggeworfen hat. Achselzuckend willigen die beiden Polizisten ein. Es ist ein beschwerlicher Weg über die Muschelpiste, doch diesmal trage ich vernünftiges Schuhwerk. Blitzartig ertönt an gleicher Stelle wieder ein Schrei, doch der kommt diesmal von mir höchstpersönlich. Im gleißenden

Sonnenlicht lehnt unsere Strandtasche am Stamm des Brotfruchtbaumes. Sofort eilen die beiden herbei und öffnen sie, um den gesamten Inhalt ordnungsgemäß auf dem Untergrund zu drapieren und mit einer Digitalkamera abzulichten. Es ist kaum zu glauben, aber nichts von den Wertgegenständen fehlt. Vor lauter Begeisterung umarmen wir drei uns. Der jüngere Beamte versichert, dass derartiges bisher noch nie vorgekommen sei. Die beiden Südsee-Cops grinsen wie zwei Honigkuchenpferde und bitten mich, Beweisfotos von ihnen zu machen. Mit Daumen nach oben posen sie und machen dann auch noch Selfies. Mit dieser Story landen sie ohne Zweifel in der örtlichen Tagespresse. Überglücklich schnalle ich mir den Beutel um und lasse ihn nun nicht mehr los. Nachdem wir mit dem Hochgeschwindigkeitspolizeiboot abgelegt haben, schippert ein Kanu auf uns zu. Wie fast jeden Tag in der Woche, so sind Edward und sein Bruder auch heute mal wieder auf dem Weg zur Arbeit. Freudestrahlend strecke ich ihnen den Beutel entgegen. Sie freuen sich mit mir, aber schon an Edwards Gesichtsausdruck kann ich selbst aus dieser Entfernung erkennen, dass er gar nicht so überrascht ist. Es ist mir schon klar, dass er bei diesem Happy End sicherlich seine Finger mit im Spiel hat. Von Weitem rufe ich ihm zu, dass ich ihn niemals vergessen werde. Da ich den restlichen Weg zu Fuß durchs Wasser zurücklegen möchte, bitte ich das Einsatzkommando darum, mich auf halbem Weg rauszulassen. So verpasse ich wenigstens nicht das Abendessen. In Sandras Resort warten alle sehnsüchtig auf meine Rückkehr. Mit ihrer Gleitsichtbrille auf der Nase rufe ich Ellie zu, dass ich heute keinen rechten Durchblick mehr habe. Verdattert sieht sie mich an, bis auch ihr auffällt, wessen Brille ich da überhaupt trage.

Den Südseeflair hat Bora Bora bereits im Namen gepachtet. Grazil erheben sich schroffe Bergspitzen, umgeben von Farnen und Tropenbäumen. Dazu dieser makellose Ozean, dessen Farbe nur schwer zu definieren ist. Der Flughafen liegt auf einem Motu, und ein Katamaran fungiert als Wassertaxi. Für den einzigen Tag haben wir den Plan ins Auge gefasst, die 32 Kilometer lange Küstenstraße per Autostopp zurückzulegen. Gleich im allerersten Wagen stellen sich uns zwei nette junge Frauen vor. Sie sind Schwestern, die sich über ein wenig Freizeit freuen, da sie soeben ihre Kinder zur Schule gebracht haben. Die beiden sind erstaunt und erfreut zugleich, dass wir so ziellos auf Erkundungstour sind. Spontan überreden sie uns zu einer kurzweiligen Wanderung auf eine steile Klippe. Die Einladung zu ihnen nach Hause lehnen wir dankend ab, denn damit wäre der Tagesausflug bereits am Vormittag beendet. Es vergehen nur kurze Phasen, ehe sich die nächste Mitfahrgelegenheit ergibt. Nie sind es Touristen, jedes Mal halten Inselbewohner, zumeist Frauen mit kleinen Kindern. Wieder und wieder geraten die küstennahen Luxusresorts mit ihren Wasserbungalows ins Blickfeld, wo vorwiegend Pauschaltouristen aus aller Welt Unsummen an Dollars verschleudern. Die Einheimischen, mit denen wir uns unterhalten, zeigen keinerlei Verständnis dafür. Zu groß ist die Diskrepanz zwischen dem, was dort an Preisen aufgerufen wird, und dem, was zum täglichen Lebensunterhalt notwendig ist. Da sich das Preisniveau in erster Linie auf Kleidung und Lebensmittel niederschlägt, müssen die Menschen entweder gut haushalten oder auf bestimmte Dinge gänzlich verzichten.

Mit Blumenkränzen auf dem Haupt nehmen uns mit Hinano und Elvina gleich zwei Polynesierinnen am Flughafen von Rangiroa in Empfang. Da dieses Atoll in Taucherkreisen gefragt ist, chauffieren uns die beiden auf Wunsch direkt zum nächstgelegenen Tauchshop. Für den folgenden Tag buchen wir zwei Tauchgänge im Tiputapass. Der ozeanische Graben liegt zwischen einem angrenzenden Motu und der Insel. Hinano (sie heißt wie die gängige Biermarke, was ich mir gut merken kann) erweist sich als hervorragende Gastgeberin. Der Steinbungalow ist hübsch eingerichtet und bietet jeglichen Komfort. Im Hauptgebäude ist heute viel los, denn Hinano und ihr Mann Willian haben Besuch aus Neukaledonien. Wir stellen uns den Familienmitgliedern vor und gehen dann zur Hütte, um die Rucksäcke auszupacken. Ein Klopfen an der Tür. Es ist Hinano, die uns überraschend zum geselligen Familienabend einlädt. Der birgt eine kulinarische Offenbarung in sich, denn es wird im Erdofen gekocht.

Diese landläufige Kochweise Französisch-Polynesiens trägt den Namen Himaa. Schon früh morgens um vier Uhr beginnen die ersten Vorbereitungen. Es wird geschnippelt, mariniert und organisiert. Gegen zehn Uhr wird in einem Erdloch ein Feuer entzündet, um die darin befindlichen Steine zu erhitzen. Die mit Palm- und Bananenblättern versiegelten Zutaten werden um die Mittagszeit im Erdofen platziert. Dieser wird mit Erde zugeschüttet, denn die Garzeit beträgt immerhin sechs Stunden. Geschniegelt und gestriegelt finden wir uns abends auf der Veranda des Haupthauses ein. Der Empfang ist überaus herzlich, und alle sind feierlich gekleidet. Die langgezogene Tafel ist im polynesischen Stil eingedeckt. Auf der gebatikten Tischdecke stehen flache Teller, die mit tahitianischen Tiareblüten dekoriert sind. Es sind dieselben Blüten, die sowohl die Frauen als auch die Männer am Ohr zur Schau stellen. Trägt man sie auf der linken Seite, so signalisiert es, dass die Person bereits vergeben ist, und umgekehrt. Willian ist nach schwerer Krankheit an einen Rollstuhl gebunden, da er sein rechtes Bein verloren hat. Er stammt aus Grenoble und hatte 15 Jahre lang mit dem eigenen Segelboot die Weltmeere umschifft, bevor es ihn in die Südsee verschlug. Dazu gesellen sich zwölf weitere Familienmitglieder. Viele von ihnen sprechen Englisch, was die Zusammenkunft an diesem Abend vereinfacht. Gegen 18 Uhr startet die Zeremonie, denn nun wird der Himaa freigeschaufelt. Heraus kommen geschnürte Päckchen aus Blättern, die den heißen Steinen entnommen werden. Die Frauen verfrachten die Köstlichkeiten in die Küche, wo sie dann sorgfältig auf Servierplatten drapiert werden. Das Schlemmen kann beginnen, und es ist ein Hochgenuss feinster polynesischer Kochkunst. Alles aufzuzählen, was hier serviert wird, ist kaum möglich. Es gibt Fisch, Huhn und etliche Gemüsesorten, von deren Herkunft wir bis heute gar nichts wussten. Bananen, auf althergebrachte Weise in Bananenblättern geschmort, tahitianischer Spinat mit Schweinefleisch und dazu das knusprige, selbstgebackene Kokosbrot. Der Nachtisch besteht aus frischen Südseefrüchten in Kokos-Vanille-Soße. Da wir mit dieser Einladung nicht rechnen konnten, holen wir wenigstens die im Supermarkt erstandenen Biervorräte hinzu. Das erweist sich als nützlich, denn auch auf den Atollen wird Alkohol in reichlichen Mengen konsumiert. Nach dem opulenten Festmahl spielt die dreiköpfige Familienband auf urigen Ukulelen und verzückt alle mit Südseeklängen. Sie alle hier vermitteln uns das Gefühl, als seien wir Teil dieser polynesischen Großfamilie.

Ein Schlauchboot mit acht Tauchern bahnt sich bei kräftigem Wellengang seinen Weg zum Tiputapass. Mit Ben bekommen Ellie und ich einen persönlichen Tauchguide zugewiesen. Kurze Rolle rückwärts, und schon geht es los. Anhand der piepsigen Töne können wir die Delfine schon vor ihrer Ankunft orten. Es sind Große Tümmler, die in kleinen Gruppen auf uns zukommen und rundherum zutraulich sind. Sie umkreisen uns und stellen sich geradezu aufreizend im Wasser auf. Normalerweise sind wir nicht darauf erpicht, irgendwelche Lebewesen beim Tauchen anzutatschen, doch diese Exemplare lassen einfach nicht locker. Voller Hingabe hält Ellie die Schwanzflosse eines Delfins in ihrer rechten Hand. So nahe sie mir auch kommen, es fehlt da die nötige Armlänge. Der Tauchguide einer nicht weit entfernten Tauchergruppe erkennt mein Dilemma. Gefühlvoll legt er seine flache Hand unter einen Tümmler und serviert ihn mir wie auf dem Silbertablett. Es macht den Eindruck, als kennen sich diese beiden schon länger. Der Delfin stellt sich auf und blinzelt mich an. Die Körpersprache drückt aus, dass ich seinen butterweichen Bauch streicheln soll. Das tue ich achtsam, denn ich will ihn nicht mit dem Tauchequipment verletzen. Kuscheln unter Wasser, mal was ganz Neues.

In einem Touristenhotel findet am Abend eine Tanzaufführung statt. So ein Spektakel ist im familiären Rahmen noch eindrücklicher. Hinano ist nervös, da ihre Tochter Poe ein Mitglied des Ensembles ist. Die Kostüme sind genauso einmalig wie die Show selbst. In ihrem naturfarbenen Bastrock ist Poe eine begnadete Tänzerin. Auf dem Parkplatz vor dem örtlichen Flughafengebäude hatte sie monatelang mit der Tanzgruppe geprobt. Am Ende der Vorführung steht für uns nur eine Frage im Raum: Wie kriegt man nur so einen hinreißenden Hüftschwung hin?

Bevor unser Flugzeug am kommenden Tag abhebt, will uns Hinano noch den urtümlichen Dorfkern zeigen. Doch dieser

Ausflug ist nur ein Vorwand. Es liegt ihr am Herzen, mit mir über ihren Mann zu sprechen. Ohne Umschweife legt sie dar, dass Willian nach der Amputation seines Beines sämtlichen Lebensmut vermissen lässt. Als sie mich zum ersten Mal sah, ist ihr meine Vitalität und Lebensfreude aufgefallen. Genau das vermisst sie in ihrer Partnerschaft. Die Hoffnungen beruhen darauf, dass allein meine Anwesenheit bei Willian eine Wirkung zeigt. Obwohl ich sie da schon verstehe, ist doch die Ausgangslage grundverschieden. Während ich meine Einschränkungen von Geburt an gewohnt bin, ist ihr Mann durch die Krankheit jäh aus dem Leben gerissen worden. Zwar kann ich Hinanos Gedankengang nachvollziehen, doch jeder Mensch geht seinen eigenen Weg. Die Bereitschaft zu elementaren Veränderungen muss aus einem selbst erwachsen. Auf Willian gemünzt bedeutet das nichts anderes, als dass er darauf aus sein sollte, ein Grundgerüst an Selbstliebe für sich wiederzuentdecken. Doch er steckt in einem Dilemma. Durch den Rückzug aus sozialen Verflechtungen und stetigen Alkoholkonsum ertränkt er seine psychischen Probleme regelrecht. Therapeutische Unterstützung wäre ein probates Mittel, doch hier im Niemandsland ist die nicht in Sicht. Abgekapselt von der Außenwelt hängt der depressive Willian den Erinnerungen nach, als er ein selbstbestimmtes Leben geführt und mit einem Segelboot die Ozeane bezwungen hatte. Darüber ist Hinano frustriert und sucht selbst nach willkommener Abwechselung. Die Vermietung des Häuschens über Internetportale ist ihr bewährtes Mittel, auch in dem Sinne, sich einen gewissen Lebensstandard zu sichern. Ich frage sie nach den Perspektiven, sowohl für sich selbst als auch für diese Region im Allgemeinen.

Ihr Fazit fällt nicht gerade rosig aus. Die grassierende Alkoholabhängigkeit vieler Inselbewohner sieht sie mit wachsender

Sorge. Früher haben die meisten vom Fischfang gelebt, heute sorgt Überfischung für leere Netze. Auch im Hinblick auf den Klimawandel und die daraus resultierenden Folgen seien die Aussichten für die Atolle katastrophal. Die Wasserpegel steigen, das kostbare Trinkwasser wird rar, und die jungen Leute verlassen in Scharen ihre Heimat. Zum Abschied liegen wir uns lange in den Armen.

In den unendlichen Weiten des pazifischen Ozeans ist Fakarava ein Insidertipp. Und Fred ein Unikum. Um den Hals trägt er eine prahlerische Kette mit Haifischzähnen, mit der er aussieht wie ein Jahrmarktverkäufer. Der Kapitän hat immer einen kessen Spruch auf den Lippen und steuert das Boot bei dem heutigen Tagesausflug zum Südpass des Atolls. Dort angelangt verschlägt es allen den Atem. Das smaragdgrüne Meerwasser ist so klar, dass man vom Bootsrand aus bis auf den Meeresgrund gucken kann. Überall tummeln sich Kleinstfische und vereinzelt patrouillieren Napoleon-Lippfische auf ihrer Suche nach Krustentieren durch die Bucht. Die Unterwasseraktivität sucht ihresgleichen, daher sollten wir keine Zeit vergeuden. Zusammen mit anderen Ausflüglern schnorcheln wir über farbenprächtigen Korallenstöcken, bevor ich meiner Lieblingsbeschäftigung nachgehe. François, mit dem ich hier tauchen werde, ist schon ganz aufgeregt. Denn jetzt geht es zum Briefing, das zu seiner großen Erleichterung von einer Französin abgehalten wird. Unter der Leitung von Cora vollziehen wir eine Rückwärtsrolle und gehen zuerst auf nur auf fünf Meter Tauchtiefe. Wie in Zeitlupe schweben wir über das sensationelle Korallenriff. Geschickt verbergen sich Steinfische, die kaum zu erkennen sind, da sie sich ihrer Umwelt nahtlos angepasst haben. In den schmalen Felsspalten gebärden sie sich wie gespenstische

Fabelwesen. Während ich mich bei gewöhnlichen Tauchgängen über eine Sichtweite von 15 Metern freue, geht sie hier gegen unendlich. Unaufhaltsam nähern wir uns dem tiefen Graben des Tetamanupasses. Hunderte Haie ziehen an uns vorbei. Sie an meinen vier Fingern abzuzählen, würde einer Sisyphusaufgabe gleichkommen. Nicht ohne Grund wird dieser Tauchspot auch „Wall of Sharks" genannt. Schwärme von Barrakudas und pfeilschnelle Gelbflossen-Thunfische komplettieren das Bild. Alle drei klammern wir uns an einen Unterwasserfelsen, wo ich mein Glück gar nicht fassen kann. Zurück an Bord vollzieht François Freudentänze auf dem schmalen Holzboot. Der Franzose hat nämlich erst 34 Tauchgänge auf dem Buckel und fällt hier aus allen Wolken. Cora kann ihn kaum bremsen, hat aber auch Bedenken, dass der außer Rand und Band geratene Landsmann ihr Bötchen zum Kentern bringen könnte. Doch genug der Hysterie, denn aus der Ferne bläst Fred zum Aufbruch.

Nach einem langen Tag läutet der Bootskapitän den Heimweg ein. Wir befinden uns noch nicht lange auf hoher See, da verlangsamt er die Fahrt. Nicht weit entfernt sichtet er Wale. Spontan passt er den Kurs an, und wir steuern direkt auf sie zu. Wohl aus reiner Neugierde zirkulieren eine Walmama und ihr Baby um unser Boot. „Schau mir in die Augen, Kleines!" Die sanften Unterwasserriesen sind zum Greifen nah und blasen gleichförmig Wasserfontänen aus. Kein Wunder, dass sich Fakarava an diesem Abend mit einem Flammenmeer am Himmel verabschiedet.

Mit Flip-Flops und Badeshorts die Passagierbrücke zum Flugzeug nach Tahiti zu besteigen, ist einfach lässig. Es vermittelt mir ein Lebensgefühl von Freiheit und Leichtigkeit. Beim Boarding auf dem Rollfeld lehnt ein Typ an der

Gangway, der sich in einem weißem Hemd mit Anstecknadel offensichtlich als Flugkapitän zu erkennen gibt. Freundlich erkundige ich mich, von welchem Platz im Flieger die beste Aussicht auf das Atoll bestehen würde. Die Antwort darauf lässt keine Wünsche offen. Zwanzig Minuten später sitzt Ellie an der Seite der smarten Cockpitbesatzung und filmt mit ihrem Handy den Start. Der Ausblick auf eines der schönsten Korallenatolle der Südsee ist schon von meinem milchigen Seitenfenster aus überwältigend. Und nachdem die Stewardess Kaffee ausgeschenkt hat, werde auch ich nach vorne beordert, um den vorgewärmten Platz im Cockpit einzunehmen. In einigen Sitzreihen sorgt der fliegende Wechsel für Getuschel und erstaunte Gesichter. Das Wetter ist umgeschlagen, und zwei Stunden später landen wir im wolkenverhangenen Papete. Bei leichtem Nieselregen bin ich der erste Fluggast, der die Maschine verlässt. Aus Schutz vor den Regentropfen stelle ich mich unter den Flügel der Propellermaschine und warte dort auf meine Frau. Die vorbeilaufenden Fluggäste würden liebend gerne wissen, warum ausgerechnet wir einen V.I.P.-Status innehaben.

Die Fähren nach Moorea fahren tagsüber in regelmäßigen Abständen. Genau wie Tahiti gehört auch sie zum Archipel der Gesellschaftsinseln im Südpazifik. Zu dieser Jahreszeit ziehen Wale hier vorüber. Schon von der Fähre aus erscheint Moorea märchenhaft, obwohl dunkle Wolken den Himmel bedecken. Ursächlich dafür sind die steilen Gebirgszüge, die der Insel ihren Ausdruck verleihen. Corinne und Joe geht es wie vielen Leuten hier, sie vermieten jeden verfügbaren Wohnraum, um das sündhaft teure Leben bestreiten zu können. Man muss sich das Haus so vorstellen: Das Kerngebäude ist aus Stein gebaut, alles andere drumherum provisorisch aus billigen Baumaterialien zusammengeschustert, auch unser Wohnraum. Über dem Bett ist das Wellblechdach angebracht, an dem man sich nach dem Aufwachen problemlos den Kopf stoßen könnte. Nach hinten heraus hat es lamellenartige Glasfenster und grenzt an eine Terrasse, die direkt am Ozean liegt. Die erste Nacht überstehen wir ohne Beulen im Stirnbereich.

Der Himmel ist azurblau. Die polynesischen Wettergötter meinen es gut mit uns, denn heute unternehmen wir eine Walbeobachtungstour. Das Taxi, das wir über das Internet gebucht haben, steht pünktlich vor dem Haus. Es sind nur noch drei Franzosen mit an Bord des Ausflugsbootes, dazu gesellen sich die Ausrichter Amo und Toreo. Die Fahrt geht in Richtung Westküste. Dort angekommen, muss alles ganz schnell gehen. Flossen anziehen und Taucherbrille aufsetzen, denn gleich wird mit Buckelwalen geschnorchelt. Toreo ist schon einige Minuten auf Walsichtung im Wasser, denn zwei sind in Sichtweite auf Tauchstation gegangen. Aber die Meeressäuger sind pfeilschnell in ihrem Element und unauffindbar. Die Suche geht weiter, doch unsere Hoffnung schwindet. Obwohl die Tiere eine enorme Körpergröße besitzen, so kommt die Suche nach ihnen im weiten Ozean der einer Stecknadel im Heuhaufen gleich. Geduldig warten wir ab und scannen immer wieder die Wasseroberfläche. Dann bemerkt Toreo eine Fontäne unweit vom Boot. Wieder geht er auf Sichtung, und diesmal mit Erfolg. Leise gleiten wir ins Wasser. Unablässig deutet Toreo mit dem Zeigefinger nach unten, doch ich sehe nur Blautöne. Binnen kurzer Zeit gewöhnen sich die Augen an die ungewohnte Umgebung, und dann entdecken auch wir ihn. Nicht nur durch seinen Umfang macht der zehn Meter lange Buckelwal auf sich aufmerksam, sondern auch phonetisch. Wale können singen!

Fast regungslos liegt der Meeresriese im tiefen Blau. Hin und wieder spreizt er würdevoll eine seitliche Flosse ab. Ausgewachsene Wale harren ungefähr 20 Minuten unter Wasser aus, danach müssen sie wieder hoch, um Luft zu holen. Wie in Trance schwebe ich minutenlang über ihm. Mehr und mehr sieht es danach aus, als käme der Ozeanriese Stück für Stück näher. Dann endlich werde auch ich gewahr, dass der Wal in Begriff ist, aufzutauchen. Allerdings visiert er meine Position an, und das erzeugt bei mir ein leichtes Kribbeln. Gebannt starre ich durch die Taucherbrille und hoffe, dass wir nicht kollidieren. Nur gucken, nicht anfassen. Kurz darauf schießt er nur wenige Meter von mir entfernt aus der Tiefe hervor. Mit lautem Getöse schlägt er auf der Wasseroberfläche auf. Beim Abtauchen macht er einen Buckel und zeigt seine gigantische Schwanzflosse, ganz so, als wolle er mir mitteilen „Ich will doch nur spielen!"

Nachdem die letzten 30 Jahre schon Highlights ohne Ende bereithielten, habe ich mir mit diesem Südseemärchen einen Lebenstraum erfüllt. Die Erinnerungen daran tragen wir ewig in unseren Herzen. Diese Zeit ist in rasender Geschwindigkeit vergangen, zumindest kommt es uns so vor. Der Grund dafür liegt jedoch auf der Hand, denn jeder einzelne Tag war faszinierend und ereignisreich zugleich. Bereits die Dichter und Denker im alten Rom hatten dafür eine zutreffende Phrase parat: „Tempus fugit – die Zeit flieht!"

Käsebrot ist ein gutes Brot

Lecko mio, schon sechzig! Bereits in einer Ansprache zu meinem Geburtstag tue ich kund, wie sich bereits seit Jahren eine schleichende Entwicklung weg vom DJ Matze hin zum Opa Matze abzeichnet. Und somit bin ich voll im Flow. Den Pupsies, wie wir die Enkelkinder in unserer Patchworkfamilie spaßeshalber nennen, habe ich versprochen, jedes Jahr abwechselnd mit einem von ihnen einen Kurzurlaub zu machen.

Mit Luisa besuchte ich im Oktober letzten Jahres den Reiterhof Deichkind, wo wir die Zeit mit Ponyreiten und Kettcarfahren veredelt haben. Während der Autofahrten nach Ostfriesland hat sie sich scheckiggelacht, weil andere Autofahrer nach zögerlichem Seitenblick oftmals überrascht waren, dass unser Fahrzeug wie von Geisterhand gesteuert wird, ohne dass der Fahrer die Arme zum Lenkrad ausstreckt. Diese Fußlenkung ist in ihren Kinderaugen nur Opa Matze vorbehalten. Vom Wesen her ist Luisa ein bezauberndes Mädchen, das tanzend durchs Leben tippelt und alle anderen mit ihrer Fröhlichkeit ansteckt. In dieser herzerwärmenden Art erinnert sie mich dabei an ihre Mama, sodass mir verschiedene Erlebnisse so vorkommen, als hätte jemand meine Lebensuhr zurückgedreht.

Mit Emil, der jedem fossilen Schneidezahn den dazugehörigen Dinosaurier zuordnen kann, verweilte ich im letzten Sommer in Hamburg. Dort quartierten wir uns im Schanzenviertel bei meinem Bruder Stephan ein und hatten damit den goldrichtigen Ankerplatz. Emils Wunschzettel für tolle Ausflüge war pickepackevoll: U-Bahn-Fahren, die Geisterbahn auf dem Hamburger Doms oder die Hafenrundfahrt mit einer Barkasse. Das Fotoshooting am Millerntor, Opa Matzes zweitem Wohnzimmer, wurde dann von einer unerwarteten Frage überschattet: „Hat Mama mir nicht erzählt, dass es neben St. Pauli noch einen anderen Fußballverein in Hamburg gibt?" Doch auf den Verein mit Relegationshintergrund wollte ich nicht näher eingehen. Die lapidare Antwort kam prompt: „Ja, das stimmt, aber den finden deine Mama und ich eher uncool!" Die ganze Zeit über trällerte er dieses absurde Lied von Helge Schneider: „Käsebrot ist ein gutes Brot, Käsebrot ist ein gutes Brot, super sexy Käsebrot!" Es war so weltumspannend, dass ich am zweiten Tag fast zwangsläufig mit in den Refrain eingestiegen bin.

Drei Monate später nun sitze ich mit den Pupsies zu Hause in ihrem Bett und lese eine Gutenachtgeschichte vor. Das Buch mit dem Titel *Irgendwie Anders* handelt von einem tierähnlichen Lebewesen, das aufgrund seines Aussehens und Andersseins keine Sozialkontakte findet. Frustriert zieht es sich zurück und trifft eines Tages auf ein ebenso skurriles Geschöpf. Beide entschließen sich dazu, zusammenzuleben und alle anderen, die an ihre Türe klopfen, willkommen zu heißen. „Opa, du bist mit deinen kurzen Ärmchen doch auch irgendwie anders", wirft Luisa ein, als ich gerade die vorletzte Seite des Buches aufschlage. In dem Moment richtet sich Emil auf und entgegnet in seiner unvergleichlichen Ausdrucksweise: „Ach, weißt du, Opa, ich sehe das so: Klar hast du viel kürzere Arme als andere Menschen, die wir kennen, aber uns ist das so was von egal. Du bist unser Opa Matze. Der Rest ist unwichtig." Doch an dieser Stelle ist längst noch nicht Schluss. Seit sie zurückdenken können, erzähle ich ihnen von mir frei erfundene Fantasiegeschichten. Und so eine habe ich auch heute Abend wieder einmal parat. Also, Kuscheltiere warm halten und die Ohren gespitzt:

Es gab einmal einen VW-Bulli, dem fehlten beide Seitentüren. Voll komisch. Aber er war nun mal genauso vom Band gelaufen und hatte bereits seine erste Fahrt mit einem Blechschaden angetreten. Autohersteller sprechen da von einer limitierten Edition. Andere Autos fanden das komisch und glotzten sich die Scheinwerfer aus dem Blech. Das gefiel unserem Bulli aber gar nicht, und es dauerte ganz schön lange, bis er so richtig in die Pötte kam. Um bloß nicht aufzufallen, versteckte er sich hinter anderen Autos. Oder er lungerte zu Hause in der Garage herum. Doch eines schönen Tages sagte er sich, egal, und machte sich auf den Weg. Durch die offenen Seiten spürte er den wohltuenden Fahrtwind und fühlte sich leicht wie eine Feder.

Sein sonniges Gemüt war wie ein Sprungbrett in die richtige Richtung. Im Laufe der Jahre änderte er das Motto von „warm und trocken“ zu „wild und gefährlich“. Immer rasanter entfernte er sich von seinem Zuhause. Der Kofferraum hatte hinreichend Platz für eine gigantische Musikanlage. Ehrlich gesagt, damit hätte er praktisch die ganze Welt beschallen können. Nach wie vor fiel er an jeder Straßenecke auf, doch irgend etwas hatte sich verändert. Er war verärgert, wenn ihn andere Fahrzeuge im Scheinwerferlicht blendeten, nur um ihn anzugaffen. Also drehte er den Spieß einfach um. Wutentbrannt rammte er wildfremde Stoßstangen. Das hinterließ Kratzspuren im Lack, und zwar bei allen Beteiligten. Doch als kultiger Bulli hatte er frühzeitig gelernt, mit Blechschäden umzugehen. Bei ohrenbetäubender Rockmusik düste er durch die Straßen und machte so auf sich aufmerksam. Böse Zungen behaupteten gar, jemand hätte den Motor frisiert und der Bulli würde mit seinen Macken sogar angeben. Unerschrocken flitzte er über eine dunkelrote Ampelanlage und wurde mit Blaulicht von einer Polizeistreife aus dem Verkehr gezogen: „Hast du denn die Farbe nicht erkannt?" Schlagfertig antwortete er: „Steckt nicht in jeder Farbe auch ein bisschen Grün?"

Nur gut, dass bei unserem tollkühnen Bulli eine hochwertige Autobatterie verbaut war. Energiegeladen konnte er selbst die entlegensten Winkel des Planeten ins Visier nehmen. Auf anderen Kontinenten verursachte er erhebliche Staus, denn oftmals wurde er schon bei der Ankunft mit Argusscheinwerfern beäugt. Keiner konnte sich so richtig erklären, warum ein Bulli aus Deutschland mit derart massiven Konstruktionsfehlern überhaupt eine Zulassung erhalten konnte. Einheimische lotsten ihn an ganz außergewöhnliche Orte, die seine Ventile oftmals in Wallung brachten. Sogar die dreirädrigen Tuk Tuks in Thailand verfingen sich in dem Irrglauben, dass ein derart gehandicapter Bulli Anschub benötigte, doch da lagen sie falsch. Auch scharfe Kurven meisterte er spielend. Selbst in fernen Ländern war er hochtourig unterwegs und befand sich beharrlich auf der Überholspur. Es umgab ihn ein Gefühl von Freiheit und Abenteuer.

Rein zufällig ausgewählte Schotterpisten führten ihn zu außergewöhnlichen Orten und verliehen seinem Dasein neuen Glanz. Spannend wurde es eines Tages, als er in Ägypten von einem Automobil aus den Niederlanden ausgebremst wurde, das gänzlich ohne Fahrgestell auf Achse war. Selbst unser Bulli war verblüfft, dass dieses Fahrzeug trotz massivster Einschränkungen dazu imstande war, sich auch im Wasser zu bewegen. Fast wie ein U-Boot. Und dieses U-Boot verriet dem Bulli, er könne das auch, wenn er es nur wolle. Gesagt, getan: In einer Werkstatt befestigte ein Automechaniker breitere Scheibenwischer und seitliche Schwimmkörper. Außer sich vor Freude hüpfe er von einer Hafenkante zur nächsten. Und so ging es auch für den Bulli ab auf Tauchstation. Unterhalb der Wasseroberfläche war alles anders. Eine bunte Welt voll rätselhafter Kreaturen. Die Ruhe und Schwerelosigkeit tief unten im Ozean entsprachen seiner bisherigen Fahrweise ganz und gar nicht. Hier wurde kein Wert darauf gelegt, ob man auf Hochglanz poliert war oder nicht. Für kurze Zeit wurde er eins mit einem Lebensraum, der seine harte Blechschale aufweichen ließ. Und so schickte er dem Automobil ohne Fahrgestell einen leuchtenden Regenbogenfisch als Dank für das Wollenkönnen. Von nun an veränderte der Bulli sein Fahrverhalten über Wasser. Es war ihm nicht mehr wichtig, schnell und laut hupend durch die Lande zu fahren. Wobei – ganz verstummen konnte die Hupe wohl erst auf dem Schrottplatz.

Nach einer aufregenden Entdeckungstour landete er wieder in der heimischen Garage an. Mit leerem Tank und winzigen Dellen im Blech kühlte er langsam herunter. Immer wieder stellte er sich diese eine Frage, was denn die Zukunft noch für ihn bringen könnte? Ruckartig sprang das Autoradio an und dudelte seinen Lieblingssong *You'll never walk alone.* Von dem Moment an war er ganz sicher: Da kommt noch was! Diesem Bulli scheint doch die Sonne aus dem Auspuff!

„Komische Geschichte“, meint Luisa, „dieser freche Bulli erinnert mich irgendwie an dich.“ „Ja, mich auch“, stimmt Emil zu. Ihre müden Augen schauen mich fragend an, und auch ein verschmitztes Lächeln können sie sich nicht verkneifen. Zum Abschied decke ich sie zu und gebe beiden noch einen Gutenachtkuss. Leise schließe ich die Zimmertür, in dem Gefühl, dass auch der kommende Tag wieder wundervolle Augenblicke für uns alle bereithält.

So wie es ist, ist es gut

Nach etwas mehr als 60 Jahren ist nun die Zeit für einen Rückblick auf mein bisheriges Leben gekommen. Zufriedenheit zu erlangen, war für mich, einen contergangeschädigten Menschen mit ziemlich kurzen Armen, eine Herkulesaufgabe. Mein „Anderssein“ stimulierte in der Außenwelt Stigmatisierung bis hin zur Ausgrenzung. Es war ein Trugschluss, zu denken, diese Mechanismen seien unveränderlich oder gar notwendiges Übel. Mich davon zu distanzieren, hat reichlich Energie gekostet und schien mich in meiner Entwicklung zu behindern. Paradoxerweise hat aber genau dieser Prozess zu der inneren Stärke geführt, die es mir heute ermöglicht, mein Leben aus unterschiedlichen Perspektiven zu betrachten und am Ende auch wertzuschätzen. Verschiedene Faktoren beeinflussten meine Sozialisation, aber der wichtigste bin ich selbst. Es können mir unüberwindbar scheinende Steine in den Weg gelegt oder goldene Brücken gebaut werden, am Ende bin ich es, der darüber entscheidet, wohin die Reise geht. „Kurze Arme = keine Kekse“ trifft in meinem Fall kaum zu, denn ich kann wahrlich nicht behaupten, grundsätzlich zu kurz gekommen zu sein. Diese kurzen Arme sind fester Bestandteil meines Lebens und haben mich genau zu dem Menschen gemacht, der ich heute bin. Glück erlebe ich als ein Wohlbefinden, das auch für mich immer in Greifweite liegt.

Aber vergessen will und kann ich an dieser Stelle die vielen Menschen mit Conterganschädigungen nicht, die aufgrund der Schwere ihrer Einschränkungen oder der daraus resultierenden psychischen Probleme nie die Möglichkeit hatten, Autonomie und Selbstbestimmung so zu leben, wie es mir möglich war. Ich will mit meiner eigenen Geschichte nichts relativieren! Die Verursacher des Arzneimittelskandals haben lange Zeit nur daran festgehalten, uns kostengünstig abzuspeisen. Die gesellschaftlichen Rahmenbedingungen im Deutschland der 1960er-Jahre haben ihnen in die Karten gespielt, denn unsere deformierten Körper passten ganz und gar nicht in das Bild einer aufstrebenden Nachkriegsgeneration, die so sehr damit beschäftigt war, Vergangenes zu verdrängen, neu anzufangen und sich dabei permanent selbst zu feiern. Das Narrativ des Wirtschaftswunders nur kurze Zeit nach dem Ende des Zweiten Weltkriegs, war unantastbar. Wer hätte damals im Restaurant schon gerne jemanden am Nebentisch sitzen gehabt, der seine Gabel mit den Füßen hält? Der Schock bei den Eltern dieser „Contergankinder" saß tief, und viele waren den Anforderungen nicht gewachsen. Andere machten sich auf, den unlösbar scheinenden Aufgaben mit viel Mut entgegenzutreten. Wie meine Mutter Annette. Ihr blindes Vertrauen in das vom Hausarzt empfohlene Medikament Contergan wurde zu meinem Verhängnis. Nach meiner Geburt konnte sie ihre seelische Erschütterung nicht in Worte fassen. Dennoch schaffte sie es, sich nicht von Schuldgefühlen, sondern von ihrer Herzenswärme und Zuneigung leiten zu lassen. Wie auch meine gesamte Familie, die mich bedingungslos an meine besonderen Hände nahm. An Bushaltestellen, in Kaufhäusern oder auf dem Bürgersteig wurde ich ein Leben lang von Frauen angesprochen, die zu jener Zeit ebenfalls Contergan-Tabletten eingenommen hatten. Nicht selten spiegelten sich in ihren Augen Ernüchterung, Verbitterung und Schmerz.

Anders als andere, die irgendwann resignieren, habe ich mir, wie eine kleine beziehungshungrige Spinne, mein eigenes soziales Netzwerk gesponnen. Nach und nach wurde mir bewusst, dass ich genügend Fähigkeiten besitze, um Menschen Bedeutsames zu geben. Und das auf meine ganz eigene Weise, durch Freimut, Aufgeschlossenheit und eine große Portion Humor. Genau diese Einsicht ermöglichte es mir, genügend Stärke und Kraft zu schöpfen, um mich den komplexen Ansprüchen des Lebens zu stellen. Eine Erkenntnis war dabei von elementarer Bedeutung: Es wäre ein Irrtum, zu glauben, dass ich durch Aufbringen der x-fachen Energie die gleiche Anerkennung erlangen würde, wie sie anderen zuteilwird. Für mich fand ich früh genug heraus, dass es ein unfairer Wettbewerb war, den ich nur verlieren konnte. Erst als ich diesen ungleichen Kampf bewusst aufgegeben habe, um meine Kraft den ureigenen Bedürfnissen und Interessen zukommen zu lassen, war es wie ein Befreiungsschlag im Ringen um mich selbst. Es gab da aber auch die Kehrseite der Medaille, bei der ich ein völlig anderes Gesicht zeigte. Vor lauter Selbstherrlichkeit legte ich eine Vehemenz an den Tag, die viele schlichtweg überrollte. Sichtbare Defizite allein durch Überheblichkeit und eine große Klappe zu kompensieren, war keine zufriedenstellende Grundhaltung.

So dauerte es eine Weile, bis ich einen ausgeglicheneren Weg durch das Leben fand. Eine wesentliche Stütze ist meine Lebenspartnerin Ellie, mit all ihrer vertrauensvollen Liebe für mich. Wir begegnen uns auf Augenhöhe. Ihr respektvoller Umgang geht mir unter die Haut, ihr habe ich mein Herz geschenkt. Nur ein Mensch wie sie, die dauerhaft mit meinen alltäglichen Erfahrungen konfrontiert ist, weiß genau, wie ich mich in bestimmten Situationen fühle. Wenn mich ein Mückenstich juckt, ich mich an der Stelle aber nicht kratzen kann. Wenn ich meines Weges gehe und alle Augenpaare auf mich gerichtet sind. Dass ich es nicht leiden kann, wenn irgendwelche Leute mich für etwas in den Himmel heben, was andere mit langen Armen problemlos bewerkstelligen können. Durch Ellie habe ich zudem eine nützliche Eigenschaft entwickelt, die vorher nur in Ansätzen vorhanden war – Nachsicht. „Sei etwas nachsichtiger, mein lieber Matze!“ Mehr und mehr habe ich Frieden geschlossen mit der Außenwelt, dabei Widerstand und Zorn in Offenheit und Herzlichkeit wandeln können. Heute lebe ich im Einklang mit mir und der Welt. Die Entscheidung, nicht als Pädagoge für Menschen mit Einschränkungen tätig zu werden, sondern als DJ die Welt zu erobern, habe ich nie bereut. Berufliche Selbstständigkeit ermöglichte es mir, meinen größten Leidenschaften nachzugehen, dem Reisen und dem Tauchen. Durch Hospizarbeit teile ich sowohl mein Glück als auch meine Dankbarkeit mit anderen. Ich befinde mich schon längst nicht mehr in der Wartehalle des Lebens, sondern erwäge immer, den Augenblick zu leben. Ein Gedanke ist ständiger Wegbegleiter: So wie es ist, ist es gut.

Der Contergan-Skandal

Zu Beginn der 1960er-Jahre sorgte der größte Arzneimittelskandal der Nachkriegsgeschichte für einen Aufschrei im Wirtschaftswunderland Deutschland und darüber hinaus. Auslöser war das Schlaf- und Beruhigungsmittel Contergan mit dem Wirkstoff Thalodomid. Von der Aachener Firma Grünenthal entwickelt und nur in Tierversuchen getestet, erhielt das Medikament 1957 eine Zulassung und wurde vier Jahre lang rezeptfrei in Apotheken verkauft. Erst am 1. August 1961 wurde Contergan rezeptpflichtig und vier Monate später ganz vom Markt genommen. In den USA wurde die Zulassung aufgrund unzureichender Testergebnisse verweigert.

Und so nahm auch mein Schicksal seinen Lauf. Vor allem durch Werbung wurde schwangeren Frauen suggeriert, dass Contergan nicht nur besonders gut verträglich sei, sondern auch die lästige Übelkeit in den Morgenstunden gemindert würde. Auch meine Mutter hatte die Hoffnung, durch Contergan-Tabletten in ihrer Schwangerschaft entlastet zu werden. Sie sagte mir einmal: „Damals habe ich die Einnahme von Contergan so empfunden, als würde ich heutzutage Aspirin schlucken. Hilft schnell und schadet nicht."

In der Folge kam es bei etwa knapp 5.000 Neugeborenen hierzulande und bis zu 10.000 weltweit zu zahlreichen Missbildungen. Wie bei mir kam es zu Fehlbildungen an Gliedmaßen, in anderen Fällen waren diese gar nicht vorhanden oder innere Organe waren schwer geschädigt. Die betroffenen Familien fühlten sich hilflos und im Stich gelassen. Die Medienlandschaft zu jener Zeit war geprägt durch Radio und

Fernsehen, es gab noch kein Internet. Es dauerte also eine Weile, bis dem Großteil der Bevölkerung klar war, was diese Contergan-Tabletten angerichtet hatten.

Regionale Interessengruppen schlossen sich dann 1963 zu einem Dachverband zusammen, um unter anderem gegen das Unternehmen Grünenthal einen Gerichtsprozess anzustreben. In diesem traten betroffene Eltern als Nebenkläger auf. Grünenthal schloss mit den Klägern einen Vergleich, indem der Pharmakonzern 100 Millionen DM in eine Stiftung einzahlte, allerdings gegen Aufgabe sämtlicher Ansprüche. Das heißt im Klartext, dass die Firma in dieser Sache von keinem deutschen Gericht nochmals belangt werden konnte. Gegen Ende der 1990er-Jahre waren die Vermögenswerte der Stiftung aufgebraucht.

So trat die Politik auf den Plan, um weiterhin Contergan-Renten auszuschütten. Von nun an wurden diese Mittel vom Bundeshaushalt finanziert. Schon seit vielen Jahren hat der Bundesverband Contergangeschädigter e. V. die Initiative ergriffen, um Öffentlichkeitsarbeit voranzutreiben und die Belange selbst in die Hände zu nehmen. Durch die sogenannte Heidelberger Studie aus dem Jahr 2012 wird deutlich, dass viele Betroffene nach mehr als 50 Jahren unter den weitreichenden Folgen ihrer Schädigungen leiden und auf kostspielige Hilfen angewiesen sind. Die Reaktion darauf ist die dritte Änderung des Conterganstiftungsgesetzes, wonach die Renten adäquat angehoben werden. Im Jahr 2024 leben in Deutschland noch ungefähr 2.400 Contergangeschädigte. Einer davon bin ich.

Dieses Buch widme ich
den drei herausragenden Frauen in meinem Leben,
meiner Mutter Annette,
meiner Tochter Lena
und
meiner Frau Ellie.

Mein Dank gilt all denen,
die mich bei diesem Buchprojekt tatkräftig
unterstützt haben:

Thorsten Nieuwenhuizen
Katja Meyer (Buchtitel)
Lena Lawin (Untertitel)
Clemens Bellut
Carsten Deni
Dirk Petersen
Sabine Schlüter
Gundel Oldenburg
Markus Seidel
Max Haase
Marlis Schuldt
Jörg Möhlenkamp
Alex Schug vom Omnino Verlag